Riemann
One Earth Spirit

Margrit Kennedy
Bernard Lietaer

Regional-
währungen

Neue Wege
zu nachhaltigem
Wohlstand

Übersetzung der im Original
englischen Teile von Elisabeth Liebl

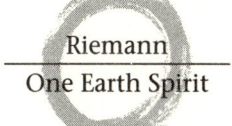

Riemann
One Earth Spirit

1. Auflage
© 2004 der Originalausgabe
Riemann Verlag, München,
in der Verlagsgruppe Random House GmbH
Redaktion: Ralf Lay, Mönchengladbach
Infografiken: Ingrid Schobel, München
Satz: Barbara Rabus, Sonthofen
Druck und Bindung: GGP Media, Pößneck
Printed in Germany
ISBN 3-570-50052-7

Inhalt

Einleitung und Dank

Warum haben wir dieses Buch zusammen geschrieben? – Es vermittelt eine Vision, die wir beide teilen. Hier geht es um die Einführung von Geldsystemen, die dem Menschen dienen – statt umgekehrt: nämlich dass die Menschen dem Geld dienen, wie es heute überwiegend der Fall ist.

Um diese Vision zu konkretisieren, das heißt, so anschaulich wie möglich zu machen, brauchten wir zum einen unser beider Erfahrungen – aus unterschiedlichen akademischen und beruflichen Zusammenhängen, aber auch aus den verschiedenen Ländern, in denen wir gelebt und gearbeitet haben. Darüber hinaus konnten wir die Lücken in unserem Wissen einfacher identifizieren und durch Beiträge von anderen Autoren ausgleichen, die bereit waren, an diesem Buch mitzuwirken. Denn ein solch komplexes Thema, wie wir es hier anschneiden, lebt aus der Fülle unterschiedlicher Sichtweisen.

Unsere früher erschienenen Bücher über monetäre Innovationen, die in viele Sprachen übersetzt wurden (siehe die Literaturempfehlungen am Ende dieses Buches), sind die Grundlage, auf der wir hier aufbauen. Eines der Ziele, die wir dabei im Auge hatten, ist auch, dass wir den gemeinnützigen Organisationen, an deren Gründung wir beteiligt waren – und den Menschen, die das Konzept der Regionalwährung theoretisch weiterzuentwickeln und in die Praxis umzusetzen versuchen –, neue Informationen zur Verfügung stellen.

Jede(r) von uns beiden hätte unabhängig von dem/der anderen über das Thema »Komplementäre Regionalwährungen« schreiben können. Aber das wären andere Bücher geworden. Die kurze Antwort auf die Frage, warum es uns sinnvoll erschien, das Buch zusammen zu schreiben, lautet: Wir waren und sind davon überzeugt, dass aus dieser Zusammenarbeit ein besseres Buch entstehen würde.

Ein Vorteil, der sich aus unseren gemeinsamen Gesprächen ergab, war die Klärung der Werte und Kriterien, die unserer Weltanschauung und den hier angebotenen Empfehlungen zugrunde liegen. So ist die folgende Liste von fünf Fragen entstanden, mit denen wir den Erfolg eines ökonomischen Systems beurteilen:

1. Ist das System ökonomisch effizient, erweitert es die Wahlmöglichkeiten für den Einzelnen und für die Gesellschaft als Ganzes, bietet es die Gelegenheit für positive Veränderungen?
2. Trägt es zur menschlichen Würde, Selbstachtung und Kreativität bei?
3. Schützt es die Verletzlichen, gibt es den Bedürftigen eine Chance, sich aus ihrer Armut zu befreien, und stärkt es die Solidarität zwischen den Individuen und verschiedenen Gemeinschaften?
4. Ist es transparent und nachhaltig, respektiert es die Vielfalt anderer Lebensformen und der Ressourcen auf unserem Planeten?
5. Steht es im Einklang mit der friedlichen, spirituellen Evolution der Menschheit?

Wir sind überzeugt davon, dass diese fünf Fragen relevant sind, um Empfehlungen und Anleitungen für bessere ökonomische Systeme zu entwickeln. Ihre Reihenfolge orientiert sich dabei eher an ihrer inneren Logik als an ihrem Gewicht.

Außer uns beiden haben so viele andere Menschen direkt und indirekt zu diesem Buch beigetragen, dass es unmöglich ist, sie alle zu nennen. Doch möchten wir zumindest diejenigen erwähnen, ohne deren substanzielle Beiträge dieses Buch in der Form, in der es nun vorliegt, nicht zustande gekommen wäre.

Wir danken besonders Dr. Hugo Godschalk für seine im Annex A enthaltene Analyse zu währungs- und bankrechtlichen Aspekten. Peter Bauer für seine Beiträge zum Einführungsprozess. Dr. Stephan Brunnhuber für die Betrachtung komplementärer Systeme in anderen Wissenschaftszweigen. Gernot Jochum-Müller für den Bericht über praktische Erfahrungen mit der Vernetzung von Komplementärwährungen. Gernot Schmidt für die Beschreibung der Interessenlage lokaler und regionaler Banken. Dr. Dag Schulze für die Konsequenzen einer Regionalwährung auf nachhaltige Verkehrssysteme. Falk Zientz und Christoph Guene für wichtige Ergänzungen zur Arbeit gemeinnützig operierender Banken. Walter Wesinger (Waldah) für seine treffenden Cartoons. Dietlind Rinke, Manfred Steinbach, Kurt Beta und Manfred Dzubiella in Bremen sowie Christian Gelleri und den Schüler(inne)n der Waldorfschule in Prien für den Mut, zwei richtungweisende praktische Projekte anzufangen. Dr. Reinhard Stransfeld und Robert Musil für ihre wissenschaftlichen Vorarbeiten und allen RegioNetzwerkern für ihren Enthusiasmus und die tatkräftige Unterstützung beim Erarbeiten der Grundlagen für neue praktische Projekte.

Bernard Lietaer bedankt sich an dieser Stelle auch noch einmal ausdrücklich bei all seinen Interviewpartnern in Japan, vor allem bei Professor Mitsuya Ichien von der Kansai-Universität (dem Autor der tief greifendsten Studien über die frühen Komplementärwährungssysteme in Japan), Tsutomo Hotta (der das Fureai-Kippu-System »erfunden« hat), Toshiharu Kato (dem Kopf des Eco-Money-Systems), Eiichi Morino (dem Begründer des WAT-Systems) und den vielen Aktivisten der verschiedenen lokalen Graswurzelsysteme in Japan, Rui Izumi (dem Autor der ausführlichsten Studie über die japanischen Graswurzelmodelle) und »Miguel« Yasuyuki Hirota für seine Hilfe bei den Recherchen auf den japanischsprachigen Internet-Seiten.

Zum Schluss möchten wir unseren beiden langjährigen Partnern und wichtigsten Unterstützern unserer Arbeit danken: Declan Kennedy und Jacqui Dunne, die zufällig im selben Krankenhaus in Dublin geboren wurden und deren irischer Humor und wunderbare Fähigkeiten, Geschichten zu erzählen, uns immer wieder inspirieren, unsere Visionen mit Leben und unser Leben mit Visionen füllen.

Margrit Kennedy, Steyerberg/Niedersachsen,
Bernard Lietaer, Boulder/Colorado,
im Dezember 2003

Kapitel I
Ein Europa der Regionen

»Globalisierung« – wohl kein anderer Begriff hat in den letzten zehn Jahren Menschen aller Gesellschaftsschichten stärker polarisiert. Dabei ist das Konzept eigentlich schon recht alt. Im Grunde kann das, was die phönizischen Handelsflotten in prähistorischer Zeit praktizierten, bereits als Vorläufer der Globalisierung gelten. Auch die wirtschaftlichen Umwälzungen im Gefolge großer Entdeckungen, wie Vasco da Gama, Kolumbus oder Sheng He sie machten, können als Frühform der Globalisierung gewertet werden. Die Politik von Handelsimperien wie der holländischen Ostindien-Compagnie oder die industrielle Revolution mit all ihren Begleit- und Folgeerscheinungen verursachten bereits ähnliche »Symptome«.

Das Novum an der Globalisierung unserer Tage, die mit dem Fall der Berliner Mauer begann, ist lediglich, dass sie weiter, schneller und tiefer wirkt als alle vergleichbaren wirtschaftlichen Veränderungen zuvor.

Rein technisch könnte man die jüngste Form der Globalisierung definieren als »die Gesamtheit aller Bestrebungen, die darauf abzielen, sämtliche politischen und regulatorischen Hindernisse zu beseitigen, die dem ungehinderten Austausch von Gütern, Dienstleistungen und Kapital über nationale Grenzen hinweg im Weg stehen«. Dabei gilt es zu beachten, worum es hier tatsächlich geht: um Güter, Dienstleistungen und Kapital. Nicht um Menschen. Und schon gar nicht um deren Wohlergehen oder dem anderer Lebensformen auf diesem Planeten.

Gibt es Alternativen?

Der Prozess der aktuellen Globalisierung »ruft ebenso viel Zustimmung wie Widerspruch hervor ... Für die einen bedeutet er Freiheit, die anderen sehen in ihm ein grausames Schicksal, das ihnen aufgezwungen wird«.[1] Mittlerweile ist ein ganzer Industriezweig entstanden, der die öffentliche Meinung mit den Argumenten von Globalisierungsgegnern und -befürwortern beliefert. Die Pro-Seite argumentiert gewöhnlich mit Schlagworten wie Effizienz des freien Marktes, weltweiter Zugang zu Gütern und Dienstleistungen sowie Modernisierung überholter Strukturen und Gepflogenheiten. Die Kontra-Seite führt die Verschärfung der Gegensätze zwischen Arm und Reich, die Konsumorientierung sowie die daraus resultierende Ausbeutung, Missachtung gewachsener Traditionen und Gemeinschaften sowie den Verlust kultureller Identität ins Feld.

Globalisierung
Der internationale Handel und die globalen Finanzmärkte haben ihre unglaubliche Fähigkeit, Reichtum zu schaffen, unter Beweis gestellt, doch sie sind nicht in der Lage, andere soziale Bedürfnisse zu erfüllen. Dazu gehören die Erhaltung des Friedens, die Beseitigung von Armut, der Umweltschutz, die Verbesserung der Arbeitsbedingungen oder die Einhaltung der Menschenrechte – alles also, was man gewöhnlich mit »Allgemeinwohl« umschreibt.[2]

Der zentrale Vorwurf an die Adresse der Globalisierungsbefür-
worter ist der eines ungehemmten »Marktfundamentalis-
mus«, das heißt einer vollkommenen Blindheit gegenüber all
jenen menschlichen Bedürfnissen, die nicht im simplizisti-
schen Modell des Homo oeconomicus, der für seine Leistung
immer nach dem Maximum an pekuniärer Entlohnung
sucht, Platz finden. Den Globalisierungsgegnern hingegen
wirft man regelmäßig vor, sie wüssten zwar, was sie nicht wollen, realistische Alterna-
tiven aber könnten sie
nicht nennen.

Beide Seiten haben
Recht: Wie der klassi-
sche Ökonom Stewart
Mills einst formulierte,
hat jede Position Recht
mit dem, was sie kri-
tisiert, und nicht mit
dem, was sie außer Acht
lässt.

Die Ungleichgewich-
te, die der Markt produ-

Wo genau sind wir denn jetzt?

ziert, sind kein Grund, den Markt als solchen zu verteufeln.
Schließlich hat in der Geschichte der Menschheit noch kein
anderes System ein ähnliches Potenzial bewiesen, Armut, Un-
wissenheit, Krankheit und Leid so vieler Menschen zu lin-
dern. Wir werden der Armut kein Ende setzen, wenn wir unser bestes System zur Schaffung von Reichtum zerstören. Kri-
minalität wird ja auch nicht durch die Abschaffung der
Gesetze beseitigt. Dass das System Ungleichgewichte erzeugt,
wirft vielmehr die Frage auf, ob die Art und Weise, wie es
funktioniert, wirklich die einzig mögliche ist.

Außerdem setzt sich vermehrt die Erkenntnis durch, dass globale Probleme wie Klimawandel, Artensterben und Umgang mit unseren Ressourcen auch globaler Lösungen bedürfen. Die Frage ist schon längst nicht mehr, ob Globalisierung nun gut oder schlecht ist, sondern, ob wir ein Globalisierungsmodell schaffen können, bei dem alle Seiten gewinnen.

Wenn wir uns dieser Herausforderung stellen wollen, müssen wir Lösungsstrategien für folgende Probleme finden:

1. Wie lässt sich weltweit eine nachhaltige Entwicklung erzielen, von der die Menschheit als Ganzes ohne Preisgabe kultureller Identitäten profitiert?
2. Wie lassen sich die im strengen Sinne wirtschaftlichen Dimensionen menschlichen Handelns mit anderen Bedürfnissen in Einklang bringen?
3. Gibt es praktikable Alternativen für die Wirtschaft der Zukunft, die uns in den Genuss der gegenwärtigen Vorteile der Globalisierung kommen lassen, ohne den Preis ihrer Nebenwirkungen zu fordern?

Kurz gesagt: Was bisher fehlt, ist ein glaubwürdiges, in sich schlüssiges Modell, ein Gegenentwurf zur aktuell praktizierten Form der Globalisierung, eine Lösungsstrategie, die den berechtigten Forderungen jener Milliarden von Menschen gerecht wird, die im Moment nur die Schattenseiten zu spüren bekommen. Doch muss uns endlich klar werden, dass hier mehr auf dem Spiel steht als unsere wirtschaftliche Entwicklung. Louis Brandeis, Richter am obersten Gerichtshof der USA, war es, der den denkwürdigen Satz prägte, wir könnten entweder eine demokratische Gesellschaft haben oder eine Menge Reichtum in den Händen einiger weniger Menschen, beides zusammen gehe nicht.

Ein erster sinnvoller Ansatz wäre daher, dem Begriff »Globalisierung« eine neue Bedeutung zu geben, welche die zuvor genannte Definition ablösen könnte. Wir möchten dazu Folgendes vorschlagen:

Globalisierung bedeutet, dass wir ein dichteres Netz zum Austausch zwischen den Volkswirtschaften, Gesellschaften und Kulturen der ganzen Welt schaffen, um die Lebensbedingungen und Entwicklungsmöglichkeiten aller Menschen zu verbessern, während wir gleichzeitig ihre kulturelle Verschiedenheit akzeptieren und für das Lebensrecht aller Wesen eintreten, mit denen wir diesen Planeten teilen.

Dieses Buch wird anhand einiger praktischer Vorschläge aufzeigen, wie sich ein solches Ziel erreichen lässt. Es geht uns nicht darum, den gegenwärtigen Prozess der Globalisierung umzukehren, was wohl ohnehin nicht möglich wäre. Stattdessen schlagen wir vor, seine Energie im Sinne einer ganzheitlichen Entwicklung umzulenken. Wir meinen, der gangbarste Weg dorthin ist es, den aktuellen Globalisierungsprozess durch einen simultanen Regionalisierungsprozess *auszugleichen*, der die einzelnen Regionen der Welt neu belebt. So ließe sich wohl auch recht effektiv der Ökonomisierung menschlicher Beziehungen entgegenwirken und unserer kulturellen Verschiedenheit Rechnung tragen. Der Zusammenstoß der Kulturen, den so viele Menschen mittlerweile als unvermeidlich betrachten, würde auf diese Weise definitiv vermieden. Und das Beste daran ist, dass wir das Modell hier und jetzt realisieren können, in einem »Europa der Regionen«.

Weshalb ein Europa der Regionen?

Europa ist wohl jener Fleck auf unserem Globus, auf dem sich eine entsprechende Strategie am besten erproben und verwirklichen lässt. Wir treten hier für ein Europa der Regionen ein – in klarem Gegensatz zum Europa der Nationen, in dem der französische Präsident de Gaulle die europäische Zukunft sah. Für einen solchen Standpunkt sprechen unter anderem folgende Punkte, die wir anschließend im Einzelnen erläutern werden:

1. Ein Europa der Regionen würde den historisch gewachsenen Reichtum an kulturellen, religiösen und ökologischen Unterschieden erhalten. Es würde die regionale Entwicklungspolitik fortsetzen, welche die Europäische Union in den letzten Jahrzehnten vertreten hat.
2. Ein Europa der Regionen ist das Modell, das den Problemen des 21. Jahrhunderts am besten begegnen könnte.
3. Neben diesem Modell stehen den Politikern der Europäischen Union nicht viele Alternativen zur Wahl.
4. Ein Europa der Regionen wäre ein Wachstumsmodell, von dem nicht nur Europa profitiert, sondern auch für Milliarden Nichteuropäer eine hochinteressante Option.

Politische Kontinuität

Die Europäische Union hat jahrzehntelang die regionale Entwicklung besonders gefördert. Einer ihrer höchst innovativen und sakrosankten Grundsätze ist ja seit jeher das »Subsidiaritätsprinzip«. Diese Wortneuschöpfung – der Begriff tauchte zum ersten Mal zu Beginn des 20. Jahrhunderts, und zwar in christlichen Enzyklopädien auf – bedeutet, dass alle politischen Aufgaben auf der niedrigstmöglichen Organisationsebene gelöst werden. Für die Europäische Union heißt dies, dass sie sich nur jener Probleme annimmt, die wirklich staatenübergreifend geregelt werden müssen. Alle übrigen Entscheidungen werden auf einzelstaatlicher Ebene geregelt. Es bedeutet aber auch, dass der Nationalstaat alle lokalen Probleme in die Zuständigkeit der Länder, Regionen und Gemeinden verweist. Was also nicht länderweit geregelt werden muss, wird auf der Ebene der Städte und Kommunen entschieden.

Einige der erfolgreichsten Maßnahmen der EU verdanken sich diesem Prinzip, da die schwächeren Regionen der Union immer europaweit finanziert und gefördert wurden.

Die Schaffung eines speziellen Ausschusses der Regionen (gegründet 1991) als unabhängige Versammlung der Vertretung der regionalen und lokalen Gebietskörperschaften innerhalb der EU und zur Berücksichtigung ihrer Interessen bei der Festlegung der Gemeinschaftspolitik ist ebenfalls ein Ausdruck dieser Bemühungen.

Ein Europa der Regionen wäre also nur eine logische Fortsetzung bzw. Erweiterung dessen, was ohnehin schon EU-Prinzip ist. Würde dies letztlich nicht auch einen vielfältigeren und demokratischeren Austausch zwischen den Staaten ermöglichen? Würden nicht Schottland, die Bretagne und Galizien in direktem Umgang mehr voneinander lernen, als London, Paris und Madrid in ihrem Namen vermitteln können?

Die Probleme des 21. Jahrhunderts

Im 21. Jahrhundert werden wir uns mit Problemen konfrontiert sehen, deren Komplexität und Dringlichkeit bisher ungekannte Dimensionen erreichen werden. Hier sind der Klimawandel zu nennen, die Umweltzerstörung, die Arbeitslosigkeit, die mit dem Ende des Industriezeitalters einhergeht, aber auch eine bislang nicht gekannte Alterung der Bevölkerung. Wir stehen einer epochalen Sinnkrise gegenüber und müssen uns mit potenziellen Konflikten zwischen den Kulturen auseinander setzen. Und bis dato ist unsere einzige Handhabe eine Institution, die schon mehrere Jahrhunderte alt ist: der Nationalstaat. Sogar auf globaler Ebene agieren wir immer noch mit dem Instrument des Staates: in den Vereinten *Nationen* nämlich.

Wir vertreten jedoch den Standpunkt, dass Probleme wie die eben aufgezählten zwar momentan noch einzelstaatlich entschieden werden, so aber nicht mehr gelöst werden können. Sie müssen auf globaler Ebene behandelt werden. Doch diese Probleme sind nicht Gegenstand dieses Buches. Unser Thema ist in erster Linie, dass viele der sozialen Aufgaben, wie die Betreuung von Kindern oder älteren Menschen, die Beseitigung der Arbeitslosigkeit oder die Bereitstellung sinnvoller Angebote in der Jugendarbeit von Organisationen, die mit den regionalen Erfordernissen vertraut sind, wesentlich besser erledigt werden können. Solche Lösungsansätze müssten jene Strategien ergänzen, die von der europäischen bzw. nationalstaatlichen Ebene ausgehen. Wir fordern hier nicht, dass die EU bzw. ihre Mitgliedsstaaten sich aus diesen Gebieten zurückziehen. Unserer Auffassung nach müssten die europaweiten und nationalen Initiativen auf regionaler Ebene durch zusätzliche Maßnahmen unterstützt werden. Auch diese Idee ist keineswegs neu. Neu ist nur das Mittel, das wir zur Erreichung dieser Ziele vorschlagen, nämlich die *Einführung von Regionalwährungen, mit deren Hilfe die Regionen in die Lage versetzt würden, ihre Probleme weitgehend selbst zu lösen,* und zwar ohne den Steuerzahler auf Bundes- oder Landesebene auch nur im Geringsten zu belasten.

Mangel an Alternativen

Alles deutet darauf hin, dass Europa sich in eine Situation manövriert hat, in der ein gesunder wirtschaftlicher Aufschwung der Regionen der einzig gangbare Weg zu sein scheint. Der Stabilitätspakt, den vor allem Deutschland mit der Einführung des Euros verknüpft hat, war eigentlich dazu gedacht, die Inflation in Grenzen zu halten. Nun aber erweist er sich als Mühlstein um den Hals derer, die ihn geschaffen haben, denn das neue Risiko heißt: Deflation. Darauf zu warten, dass

---

Die Rolle der Gemeinschaft im Zeitalter der Verunsicherung

Die alten Kulturen waren geprägt von der Furcht vor Naturkatastrophen: Erdbeben, Fluten und Hungersnöten. Die Menschen jener Zeit fanden im Wesentlichen zwei Wege, um mit diesen Ängsten umzugehen. Sie personifizierten die Kräfte der Natur und machten sie zu Gottheiten, welche sie mit Ritualen günstig zu stimmen suchten. Und sie bildeten Gemeinschaften, sodass das Individuum den Härten des Schicksals nicht mehr allein ausgeliefert war.

Auch heute leiden wir unter Ängsten vor Kräften, die wir nicht kontrollieren können: Arbeitslosigkeit, Technologiewechsel, klimatische Veränderungen, Globalisierung. Leider sind wir nicht mehr in der Lage, diese Ängste in die Sprache des Mythos zu kleiden, um sie zu begreifen und so ihrer Herr zu werden. Unsere moderne Gesellschaft hat darüber hinaus das Leben in der Gemeinschaft aufgegeben, was für die Menschen noch vor ein oder zwei Generationen undenkbar war.

Die Komplementärwährungen, die bislang im Umlauf sind, haben sich zumindest auf einem Gebiet bereits als Erfolg erwiesen: Sie schaffen auf lokaler Ebene neue Gemeinschaften. Einige wurden sogar nur aus diesem Grund eingeführt.

---

die Regierungen der EU-Mitgliedsstaaten endlich die Wirtschaft ihrer Länder ankurbeln, heißt heute »Warten auf Godot«. Welche anderen Möglichkeiten gibt es also? Hier kommt der dezentrale Ansatz wieder ins Blickfeld. Was wir vorschlagen, ist ein keynesianisches Modell im regionalen Bereich, das jedoch weder auf zentraler noch auf regionaler Ebene zu neuen Defiziten im Staatssäckel führt.

Wie wichtig eine solche Perspektive in der Politik ist, wird klar, wenn wir die Natur der gegenwärtigen Wirtschaftskrise betrachten. Hierbei handelt es sich nämlich keineswegs um einen simplen Abschwung im Wirtschaftszyklus. Was wir erleben, ist der Übergang von einem Entwicklungsmodell zum nächsten. Wir sind nicht nur Zeugen des viel beschworenen »Anbrechens des Informationszeitalters« und der damit verbundenen »Wissensgesellschaft«, sondern spüren auch die Auswirkungen dessen, was wir als »Ende des Industriezeitalters« bezeichnen möchten. Was dabei in den Vordergrund rückt, ist einzig eine Frage der Perspektive ...

Der letzte Paradigmenwechsel, den die westliche Welt erlebte, war das Ende des Agrarzeitalters und das Heraufziehen der industriellen Epoche. Solche Übergänge verlaufen alles andere als schmerzlos. Denken Sie nur daran, was mit den Landarbeitern und Bauern geschah, als das Agrarzeitalter zu Ende ging. Auch die Grundbesitzer, die vorher zur Elite des Landes gehörten, mussten zusehen, wie ihre Werte, ihre Macht und ihre Traditionen zur Gänze verschwanden.

Wenn man sich dieses Übergangsmodell vor Augen hält, ist vollkommen klar, weshalb die europäischen Versuche, die eigene Wirtschaft wieder in Gang zu bringen, über ein Jahrzehnt lang scheiterten: Die Arbeitslosenzahlen blieben in den letzten Jahren nahezu unverändert auf dem höchsten Stand seit Kriegsende. Das bisher angewandte Rezept war einfach,

ein bisschen mehr dem Modell der USA zu folgen, in der Hoffnung, damit würde sich schon alles wieder einrenken. Doch seit selbst die USA hilflos dem Platzen der Hightech-Blase zusehen mussten und nun einen Abschwung erleben, der in der Geschichte seinesgleichen sucht, schwinden auch die europäischen Hoffnungen mehr und mehr dahin. Langsam machen die Europäer sich klar, dass das, was in Japan geschehen ist, durchaus auch in Deutschland möglich wäre. Das Gespenst der Deflation – ein eindeutiges Indiz für vorhandene Überkapazitäten in allen Wirtschaftszweigen – wird zum ersten Mal als real mögliche Bedrohung wahrgenommen.[3] Japan war 1990 das erste Land, das vom Syndrom des »ausgehenden Industriezeitalters« betroffen wurde. Faszinierend dabei ist, dass Japan – nachdem es alle traditionellen Methoden zur Wirtschaftsförderung ohne Erfolg ausgeschöpft hat – sich nun systematisch der Erprobung von Komplementär- und Regionalwährungen zuwendet (mehr dazu in Kapitel VII). Kurz gesagt: Japan ist zu einem gewaltigen Experimentallabor geworden, in dem verschiedene Modelle der Komplementär- bzw. Regionalwährungen auf dem Prüfstand stehen. Kann Europa sich wirklich leisten, aus den japanischen Erfahrungen nicht zu lernen?

Der Reiz regionaler Modelle und kultureller Vielfalt
Welche Konsequenzen sich ergeben können, falls Europa sich einem neuen Entwicklungsmodell der Förderung der Regionen verschreibt, wird erst dann deutlich, wenn wir einen solchen Schritt vor dem globalen Hintergrund einzuschätzen versuchen. Man macht sich nicht nur in Europa Sorgen, wohin die Globalisierung führen könnte. Sie wirft nämlich Fragen auf, die so komplex sind, dass der Einzelne sie nicht einmal mehr annähernd überblicken kann. Allerdings ist hier nicht der Ort, diesen Widerspruch erschöpfend zu diskutieren. Es genügt, wenn wir uns mit seinen wichtigsten Aspekten auseinander setzen.

Einer der klügsten Beiträge zu dieser Debatte stammt vom Oberhaupt einer religiösen Vereinigung. Jonathan Sacks, oberster Rabbi der United Hebrew Congregation of the Commonwealth, hat dazu ein Buch geschrieben, aus dem wir hier zitieren möchten (siehe Kasten).

Dass das gegenwärtige Modell der Globalisierung vor allem von den verschiedenen Regierungen der Vereinigten

Globalisierung versus Vielfalt

Die Moderne war im Wesentlichen der Triumphzug einer Hand voll eng miteinander verknüpfter Ideen. Ihr Modell war die Wissenschaft, ihr Diskurs die Vernunft, die endlich von den Verkrustungen der Tradition befreit war. Arbeitsteilung und die Öffnung der Märkte würden für Reichtum sorgen. Industrialisierung und Technologie würden die Natur bändigen. Eine strenge Kosten-Nutzen-Rechnung würde uns glücklich machen. Die Welt würde zu einer gewaltigen Bedürfnisbefriedigungsmaschine werden, die immer mehr Fortschritt hervorzaubern würde. Der Fortschritt wurde zum Maß aller Dinge. Dieser hehre, der menschlichen Wirklichkeit jedoch völlig ferne Mythos dauert auch heute noch fort im Denken diverser Marktfundamentalisten und ihrer Jünger, deren Credo immer noch lautet, dass die größtmögliche Deregulierung menschlicher Aktivitäten ganz von selbst hervorbringen würde, worin Leibniz das Paradies erblickte: die beste aller möglichen Welten, in der alles aufs Beste bestellt wäre.

Mein Modell ist ein anderes, folglich ist auch meine Sprache eine andere. Die Welt ist keine Maschine. Sie ist ein komplexes ökologisches System, dessen Vielfalt – auf biologischer, persönlicher, kultureller und religiöser Ebene – lebensnotwendig ist. Jede Beschneidung dieser Vielfalt, wie sie von den zahlreichen Fundamentalismen, seien sie nun marktideologischer, wissenschaftlicher oder religiöser Natur, gepredigt wird, würde das reiche Gewebe unseres gemeinsamen Lebens zerstören, würde den Horizont unserer Möglichkeiten so sehr verengen, dass daraus durchaus eine Katastrophe entstehen könnte. Die Natur sowie die von Menschen geschaffenen wirtschaftlichen, politischen und sozialen Systeme sind Systeme geordneter Komplexität. Aus diesem Grund sind sie schöpferisch, und ihre Entwicklung ist nicht vorhersagbar. Jeder Versuch, ihnen im Namen religiöser oder wirtschaftlicher

> »Erfordernisse« eine künstliche Einförmigkeit aufzuzwingen, beruht auf einem tragischen Missverständnis dessen, was diese Systeme zum Gedeihen brauchen. Weil wir so verschieden sind, hat jeder von uns etwas Einzigartiges beizutragen, und jeder Beitrag zählt in einem solchen System. Nur unsere prähistorischen Urinstinkte lassen uns Vielfalt als Bedrohung wahrnehmen. In einem Zeitalter, in dem das Schicksal aller Menschen so eng miteinander vernetzt ist wie heute, haben diese Instinkte keinerlei sinnvolle Funktion mehr … Führen solche Unterschiede gar zu einem Krieg, verlieren beide Kontrahenten. Tragen sie hingegen zur gegenseitigen Bereicherung bei, können beide nur gewinnen.[4]
>
> *Jonathan Sacks*

Staaten vorangetrieben wurde, ist ja kein Geheimnis. Die Erfahrungen der Amerikaner scheinen ihren monolithischen Ansatz der Weltwirtschaftspolitik zu stützen: Die USA entwickelten sich, ohne ihre Ureinwohner, die Indianer, mit einzubeziehen. Im berühmten *melting pot* des neu entstehenden Staatsgebildes verschmolz die kulturelle Vielfalt der Einwanderer zur Identität der Nation. Darüber hinaus entwickelten sich die amerikanischen Gesellschaften, indem sie die immer gleichen Produkte auf ihrem riesigen Binnenmarkt anboten. Daher kann es kaum verwundern, dass das von den USA propagierte Globalisierungsmodell darauf abzielt, kulturelle Differenzen weitestgehend auszuschalten.

Überraschender für die Welt war die extreme und gewalttätige Reaktion auf die amerikanische Politik nach den Terrorakten des 11. September 2001. Doch auch hier waren Kritiker nicht um Erklärungen verlegen: Samuel Huntington nahm die Anschläge als Beweis für den von ihm längst vorhergesehenen *clash of civilizations*.[5] Er sah im »Kampf der Kul-

Kulturelle Differenzen – das United States Erfolgsmodell

turen« ein neues Szenario, in dem die mittlerweile überholten weltanschaulichen Konflikte des Kalten Krieges vom Aufeinanderprallen der Zivilisationen ersetzt würden. Die Kulturen, die anders lebten als die westlichen, würden sich, so Huntington, gewaltsam gegen den Export einer neuen Weltordnung wehren. Im Rückblick war Benjamin Barber fast noch präziser. Er sagte in seinem Buch *Coca-Cola und Heiliger Krieg* vorher, dass der wirtschaftliche Erfolg von Molochen wie Coca-Cola und McDonald's automatisch eine Gewaltreaktion hervorrufen würde, die sich in einem Dschihad, einem »Heiligen Krieg«, niederschlüge.[6] Beide Thesen wurden von angesehenen amerikanischen Wissenschaftlern aufgestellt, die man wohl kaum antiamerikanischer Umtriebe verdächtigen kann. Die Reaktion von George W. Bush und seiner Regierung auf die Ereignisse des 11. September 2001 macht einen Kampf der Kulturen nur wahrscheinlicher.

Was also können die Europäer tun, wenn sie mehr wollen, als den Live-Reportagen auf CNN zu folgen, die uns vermutlich bald nur noch an der endlosen Geschichte von Gewalt und Gegengewalt teilhaben lassen werden? Welche Modelle der wirtschaftlichen Entwicklung können wir der Globalisierung amerikanischen Stils entgegenhalten? Welche Möglichkeiten haben wir angesichts der unumkehrbaren Dominanz der USA auf militärischem, technischem und wirtschaftlichem Gebiet sowie ihrer unbestreitbaren medialen Übermacht?

Vor diesem Hintergrund tritt die Bedeutung eines Entwicklungsmodells, das auf kulturelle Differenz setzt, statt sie als Bedrohung zu erleben, erst deutlich zutage. Die Vision eines »Europas der Regionen« liefert uns ein Modell, das Milliarden Menschen, die von der gegenwärtigen Form der Globalisierung negativ betroffen bzw. ganz ausgeschlossen sind, Hoffnung geben kann.

Fairerweise muss man erwähnen, dass in Europa – sowohl innerhalb als auch außerhalb seiner Grenzen – ebenfalls Fehler geschehen sind, die uns davor warnen sollten, uns selbst allzu sehr als Vorbild für die Welt zu betrachten. Der Kolonialismus wurde schließlich in Europa »erfunden«, und fast jedes europäische Land wurde durch imperialistische bzw. zentralistische Bestrebungen begründet, in denen eine Subkultur ihre Nachbarn dominierte und unterwarf. Diesbezüglich genügt es, die Bretonen über ihr Verhältnis zu Frankreich, die Waliser oder Schotten über ihres zu Großbritannien und die Bayern über ihre Liebe zu Großdeutschland zu befragen. Unsere »europäischen Bürgerkriege« haben das 20. Jahrhundert zum blutigsten der Geschichte gemacht. Und auch heute noch gibt es in Europa ungelöste regionale Konflikte: im Baskenland, in Nordirland oder auf dem Balkan.

Trotzdem lässt die Entwicklung Europas seit der Zeit nach dem Zweiten Weltkrieg hoffen. Die Europäische Union ist die erste Herrschaftsinstanz, in deren Zentrum ein Machtvakuum steht. Die Entscheidungsgewalt verbleibt weitgehend bei den Mitgliedsstaaten und wird nicht auf eine zentrale politische Einheit übertragen. Der Großteil der regionalen Probleme, die früher – also ohne die Europäische Union – Spannungen und Konflikte hervorriefen, wird nun auf friedlichem Wege gelöst. Die Amerikaner weisen gern und zu Recht darauf hin, dass dieser Paradigmenwechsel unter der Ägide der Pax Americana erfolgte, doch das Modell, mit dem die kriegerischste Region der Erde in einen lockeren Staatenverbund umgewandelt wurde, in dem Krieg zwischen den Mitgliedsstaaten undenkbar ist, wurde letztlich von Europäern ausgehandelt und umgesetzt.

Auch wenn Englisch sich mittlerweile eindeutig zur gemeinsamen zweiten Umgangssprache entwickelt, so bleibt uns die europäische Sprachvielfalt doch erhalten. Tatsächlich ist das stabile Umfeld einer gemeinsamen europäischen Entwicklung dem Wachsen und Gedeihen lokaler und regionaler Besonderheiten eher förderlich.

Und so fanden auch die multinationalen Konzerne europäischer Machart eine andere Form des Marktzugangs. Sie haben sich daran gewöhnt, ihre Produktreihen regionalen Erfordernissen anzupassen. Wo die Amerikaner ein einziges, gleichförmiges Erzeugnis wie Coca-Cola, Big Mac oder Windows zum Symbol eines gewaltigen Konzerns werden lassen, haben europäische und japanische Mega-Unternehmen die Fähigkeit erworben, in fragmentierten Märkten zu agieren und Produkte zu entwickeln, die sich den verschiedensten Nischen anpassen lassen.[7]

Die letzten fünfzig Jahre der europäischen Geschichte geben also Anlass zu der Hoffnung, dass wir in der Lage sein werden, ein Entwicklungsmodell zu schaffen, in dem kulturelle Unterschiede als Teil der globalen Fülle betrachtet werden und nicht als Hindernis auf dem Weg zur vereinheitlichten Gesellschaft.

Dennoch gibt es eine große Hürde, die Europa daran hindern könnte, erfolgreich unser Modell regionaler Entwicklung zu testen. Dieses Hindernis nennen wir »den unverstandenen Faktor Geld«. Mit fast allen Menschen der Moderne teilen wir diese Wahrnehmungsschwäche. Viele würden sicher zustimmen, wenn es hieße, dass für die Regionen mehr Autonomie sinnvoll wäre. Sobald es aber darum geht, dass zu diesem Zweck regionale Währungen eingeführt werden müssen, die neben dem Euro existieren, werden plötzlich andere Argumente aufs Tapet gebracht: »Der Trend geht doch eindeutig zu größeren Währungssystemen und nicht zu kleineren. Wir haben doch gerade unsere nationalen Währungen zugunsten des Euro aufgegeben. Und jetzt heißt es plötzlich, wir sollen Währungen einführen, die einen noch kleineren Gültigkeitsbereich haben als vorher die D-Mark oder die Lira!«

Genau jener Frage ist dieses Buch gewidmet. Da die Einführung regionaler Währungen für unser Entwicklungskonzept eine so entscheidende Bedeutung hat, steht sie sogar im Zentrum unserer Ausführungen. Und wir werden zeigen, dass mit der Einführung des Euro regionale Währungen noch sinnvoller und nötiger geworden sind, obwohl oder gerade weil dieses Thema das am wenigsten verstandene im Rahmen wirtschaftspolitischer Debatten ist.

Kapitel II
Geld, der unverstandene Faktor

Geld gilt normalerweise als »wertneutral«: Man geht davon aus, dass es die ausgeführten Transaktionen bzw. die Beziehungen der Menschen, die es benutzen, nicht beeinflusst. Diese Grundannahme ist seit den Tagen Adam Smith' Teil des wirtschaftswissenschaftlichen Theoriegebäudes. Daran hat sich bis heute nichts geändert. Die These galt in den Tagen des Goldstandards und gilt bis heute, beispielsweise wenn man die Verhaltensweisen der Nutzer verschiedener Nationalwährungen miteinander vergleicht. Tatsächlich macht es auch keinen Unterschied, ob man nun in Euro, Dollar oder Yen bezahlt. Diese Währungen weisen alle dieselben Charakteristika auf: »Schöpfung« durch eine zentrale Instanz, Knappheit – das heißt, man achtet darauf, dass nicht zu viel davon in Umlauf kommt – und Akkumulation mit positiven Zinsraten.

Die zuständigen Entscheidungsträger befassen sich in erster Linie damit, wie sie an das notwendige Geld für ihre Planungen herankommen. Was das Geldsystem selbst anbelangt und wie es ihre Entscheidungen beeinflusst, darüber wird kaum nachgedacht oder öffentlich diskutiert. Es scheint eher so, als wenn die diesem System zugrunde liegenden Annahmen gar nicht bewusst sind. Vergleicht man nämlich Währungen, die anderen als den für die Nationalwährungen geltenden Regeln gehorchen, dann büßen diese ihre Überlegenheit schnell ein. So zeigt sich, dass die Nutzer so genannter

Geld bedeutet für jeden etwas anderes

»Bartersysteme« ein tendenziell anderes Verhalten an den Tag legen als die Nutzer der Standardwährung.[8] Die Unterschiede treten noch stärker zutage, wenn man ein normales Geldsystem mit »sozialen Währungen« vergleicht. So haben Umfragen unter den Nutzern des japanischen Fureai-Kippu-Systems, bei dem Pflegestunden geleistet und gutgeschrieben werden, gezeigt, dass alle Betroffenen lieber von den Pflegern betreut wurden, die dies für die »Pflege-Tickets« der Fureai Kippu taten, als von solchen, die in harten Yen bezahlt wurden. Als Begründung dafür wurde meist angegeben, dass »die Beziehung zum Pfleger einfach eine andere« sei. Auch die Studien, die innerhalb von deutschen Tauschringen durchgeführt wurden, beweisen, dass die Menschen Hilfe von Freunden viel eher akzeptieren, wenn diese über das Tauschsystem verrechnet wird, als wenn sie dafür in der offiziellen Währung bezahlen.

Hier werden wir uns vor allem auf den Unterschied zwischen nationalen und lokalen oder regionalen Währungssystemen beschränken und untersuchen, welche Auswirkungen sie auf die Unabhängigkeit bzw. auf die kulturelle Eigenständigkeit der Region haben.

Um nicht allzu sehr ins Theoretische abzugleiten, wollen wir unsere Ausführungen mit konkreten Fallstudien belegen. Zunächst führen wir ein Negativbeispiel an, bei dem die nachhaltige Entwicklung der Regionen eines Landes durch die Einführung einer Nationalwährung dauerhaft zerstört wurde. Dann werden positive Beispiele zeigen, wie sehr eine regionale bzw. lokale Währung die Wirtschaft und die Gemeinschaft vor Ort stärken kann.

Wie man die nachhaltige Entwicklung einer Region kaputtmacht

Als Großbritannien Kolonialmacht in Ghana war, trafen die Briten dort auf ein interessantes Phänomen. Das Land bestand nämlich zu dieser Zeit aus einigen hundert wirtschaftlich eigenständigen Regionen in deren angestammten Siedlungsgebieten. Die Regionen trieben zwar Handel miteinander, doch war dieser auf traditionelle geschlossene Kreisläufe zwischen den einzelnen Stämmen beschränkt. Wozu aber braucht man eine Kolonie, wenn dort niemand die Handelsgüter will, die man anzubieten hat? Daher stellte sich die Frage, wie man die seit Jahrhunderten existierenden nachhaltigen Strukturen aufbrechen konnte, damit ein Bedarf an jenen

Gütern entstand, die Großbritannien in die neue Kolonie exportieren wollte.

Heute würde man wohl eine gewaltige Marketingkampagne durchführen, was damals jedoch noch nicht zum erprobten Instrumentarium gehörte. Darüber hinaus war es aus vielerlei Gründen nicht ratsam, die alten Formen des Handels zu zerstören und unter Zwang neue zu schaffen. Der Weg, der am Ende eingeschlagen wurde, war viel billiger, einfacher und eleganter. Er bestand ganz einfach darin, dass die Kolonialherren zum ersten Mal eine »ghanaische Nationalwährung« schufen – natürlich im Namen des Fortschritts – und eine bescheidene »Hüttensteuer« einführten, zu deren Begleichung nur die neue Währung akzeptiert wurde. Und siehe da: Innerhalb einiger weniger Jahre waren die traditionellen autarken Systeme verschwunden. Warum?

Jede »Hütte«, das heißt jeder Familienverband im Land, musste einen Weg finden, ein wenig von dieser neuen Währung zu verdienen, um die »Hüttensteuer« bezahlen zu können. Dies war jedoch nur möglich, indem man die traditionellen Handelsbeziehungen aufgab und versuchte, auf nationaler Ebene Handel zu treiben. Dieser Zwang genügte bereits, um ein System auszulöschen, das jahrhundertelang bestens funktioniert hatte.

Was aber bedeutet dies für unser Thema? Der Versuch, eine nachhaltige regionale oder lokale Wirtschaft zu entwickeln, während man gleichzeitig das Monopol einer nationalen bzw. supranationalen Währung aufrechterhält, ist, als würde man einen Trinker durch regelmäßige Gaben alkoholischer Getränke heilen wollen.

Während im 19. Jahrhundert die Verwalter der Kolonialländer sich durchaus bewusst waren, wie man regionale Unabhängigkeit durch die Einführung einer nationalen Währung bekämpft, wird der Faktor »Geldsystem« im Instrumentarium unserer Politiker und Verwaltungsfachleute heute so wenig verstanden, dass sie zwar viel über regionale Autonomie sprechen, aber die monetären Konsequenzen ihrer Forderung völlig ausblenden.

Dabei wurden auch in Europa lokale Tauschsysteme erst vor relativ kurzer Zeit, nämlich in den fünfziger Jahren des 20. Jahrhunderts, ganz aufgegeben. Und auch damals spielte die Geldpolitik eine entscheidende Rolle (siehe Kasten).

1950: Das Ende lokaler Tauschsysteme in Frankreich

Bei Céret, im wieder verwilderten Aspre, wo Brombeergebüsch und Ginster dominieren und baumartiges Heidekraut einen kargen Boden überwuchert, ist, wie mir Adrienne Cazeilles (am 20. Januar 1985) schrieb, »das Gleichgewicht, wie es sich auf einer nahezu vollständigen Selbstversorgung und einem winzigen Stückchen Markt eingependelt hatte, einem Markt, der mit Import-Export wenig zu tun hatte und noch stark einem Tauschmarkt glich, um 1950 endgültig zusammengebrochen. Die Bevölkerung hat aufgegeben, alles liegen und stehen gelassen, wie in Kriegszeiten, wenn eine unhaltbare Stellung evakuiert werden muss. Vorher jedoch hat sich diese Stellung selbst verteidigt. Das Leben in den Bauernhäusern des Aspres war karg, aber keineswegs elend. Wie einer meiner Freunde, Jahrgang 1899, Sohn eines Bauern, scherzend, aber zutreffend, formulierte: ›Uns fehlte es an nichts, außer an Geld.‹«[9]

Positive Beispiele

Es gibt auch positive Beispiele von regionaler Nachhaltigkeit, aber diese stützen sich auf duale Währungssysteme, nicht auf ein Zentralwährungsmonopol. Zwei davon werden wir Ihnen ausführlicher vorstellen, um zu zeigen, wie sehr sie zur Stärkung regionaler Identität und Wirtschaft beigetragen haben. Alle Fälle sind eher als lokale Komplementärwährungen zu betrachten denn als echte Regionalwährungen, wie wir sie uns vorstellen. Doch da sie Gestaltungsmerkmale und Wirkungen aufzeigen, die in die von uns angestrebte Richtung gehen, und außerdem bereits praktisch funktionieren, eignen sie sich ausgezeichnet als Vorgaben für unser Modell.

Im ersten Fall handelt es sich um ein traditionelles System, welches in Bali seit etwa einem Jahrtausend benutzt wird und Balis bemerkenswerte kulturelle Identität entscheidend mitgeprägt hat. Im zweiten um das traditionelle Muschelgeld Papua-Neuguineas. Der dritte Fall hingegen ist jüngeren Datums. Die etwa dreißig Jahre alte Lokalwährung wird in einer modernen Stadt Brasiliens eingesetzt, wo sie die sozialen und wirtschaftlichen Beziehungen deutlich verbessert hat.

Bali

Der Prozess ist wohl bekannt und lässt sich auf der ganzen Welt beobachten: Massentourismus und ein authentisches regionales Kulturleben sind zwei Phänomene, die sich durch wesensmäßige Unvereinbarkeit auszeichnen. Je mehr Touristen kommen, um die exotische Kultur zu genießen, derentwegen sie angereist sind, umso stärker tragen sie zur Zerstörung ebenjener Kultur bei, weil sie am Ende nur noch für die Touristen gelebt wird. Dieser unauflösbare Konflikt wird von Fachleuten etwa wie folgt dargestellt: »Tourismus und unberührte Paradiese [...] sind zwei vollkommen unvereinbare Erscheinungen. Denn im selben Maß, wie die Touristen sich für die Paradiese begeistern, zerstören sie dieselben auch. [...] Kaum ist das letzte Paradies auf Erden entdeckt, zieht es so viele Reisende an, dass es schnell zum verlorenen

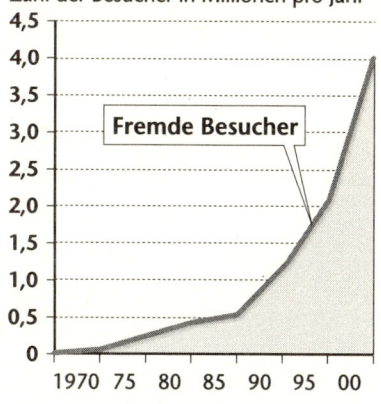

Zahl der Besucher in Millionen pro Jahr

Fremde Besucher

Paradies wird.«[10] Die einzige Ausnahme von dieser Regel scheint Bali zu sein. Dort hält sich der zerstörerische Einfluss der wachsenden Touristenscharen auf die Inselkultur in Grenzen.

Nur um es vorweg klarzustellen: Wir benutzen hier einen ethnologischen Kulturbegriff, der auf E. B. Tylor zurückgeht: Wir verstehen Kultur als vielschichtiges Ganzes, zu dem Wissen, Glauben, künstlerischer Ausdruck, Moral, Gesetze, Gewohnheiten und Verhaltensweisen gehören, die von Individuen erworben werden und ihnen ein Gefühl der Zugehörigkeit zu einer bestimmten Gesellschaft vermitteln. Was Bali angeht, so beruht das kulturelle Zusammengehörigkeitsgefühl dort vor allem auf ethnischen, sprachlichen und religiösen Kriterien.[11]

Um zu überprüfen, ob eine Kultur durch die Touristenmassen unangetastet bleibt bzw. diese aufgibt, setzen wir einen vergleichsweise einfachen »Lackmustest« ein: Wir stellen die Frage, ob kulturelle und religiöse Zeremonien weiterhin abgehalten werden und ob sie für die Inselbewohner ihre Bedeutung beibehalten, auch wenn Touristen als Zuschauer an-

wesend sind. Dies ist eine in der Ethnologie weithin anerkannte und häufig verwendete Untersuchungsmethode.[12]

Mittlerweile hat jeder gehört, dass Bali das letzte Paradies
auf Erden sein soll. Dieser hehre Ruf geht zurück auf die Zeit,
als die Abendländer das Land gegen Ende des 16. Jahrhunderts entdeckten.[13] Während des 20. Jahrhunderts wurde es
dann nachgerade zur Pflichtübung der einzelnen Ethnolo-
gengenerationen, darauf hinzuweisen, dass der Untergang
von Balis reichem kulturellem Erbe unmittelbar bevorstehe.
Eine australische Studie kam zu dem Ergebnis, dass die traditionelle Kultur eines Landes regelmäßig dann zerstört wird,
sobald die Anzahl der Touristen pro Jahr etwa einem Drittel
der Gesamtbevölkerung entspricht. Dies hat sich offenkundig
als richtig erwiesen. Wie gesagt mit einer einzigen Ausnahme:
Bali.

Heute besuchen mehr als vier Millionen Touristen jährlich[14] diese kleine Insel, die nicht mehr als drei Millionen
Einwohner zählt. Und alle sind vom überwältigenden Prunk
Tausender religiöser Zeremonien und anderer kultureller Ereignisse beeindruckt, welche die Balinesen Jahr für Jahr zur
Unterhaltung ihrer Götter und zum eigenen Vergnügen ab-
halten. Auch heute noch trifft zu, dass »sie für ihre Tempel-
feste zwei gute Gründe haben: Sie wollen ihre Götter günstig
stimmen und selbst dabei Vergnügen haben. Wir würden sogar sagen, dass diese beiden Gründe das Wesen der Balinesen
gut beschreiben.«[15]

Dieses Faktum widerspricht den Beobachtungen in anderen Ferienorten, seien sie nun in Griechenland oder Italien,
auf Hawaii, Tahiti oder den Fidschiinseln angesiedelt. Dort ist
die ursprüngliche Volkskultur nahezu ausgestorben. Das geht
so weit, dass traditionelle Tänze häufig nur noch für Touristen organisiert werden. Von den 5000 Tanzgruppen jedoch,

die die Provinzregierungen auf Bali gezählt haben, gaben nur etwa 200 an, bei touristischen Veranstaltungen aufzutreten. Mehr als 4800 werden lediglich bei Tempelfesten aktiv.[16]

Um Missverständnisse zu vermeiden: Wir sind uns natürlich durchaus bewusst, dass

- Bali und seine Kultur sich unter dem Ansturm der Modernisierung und des Tourismus verändert haben,
- der Touristenstrom sich auf die sozialen Bindungen und die Umwelt in Bali negativ auswirkt und
- einige Orte auf Bali, zum Beispiel Kuta, kulturell eher zu Miami Beach als zu einer tropischen Insel in Südostasien passen.

Über diese zerstörerischen Effekte des Tourismus auf Bali gibt es einige sehr aufschlussreiche Studien.[17] Trotzdem sind wir der Auffassung, dass der Tourismus die balinesische Kultur nicht derart zerstört hat, wie dies an so vielen anderen Orten geschehen ist.

Mögliche Gründe

Für diese Ausnahmestellung Balis werden verschiedene Gründe angegeben. Einer davon ist, dass die Balinesen auf mysteriöse Weise anders sein sollen als andere Menschen: »Bali wird immer Bali sein. Früher, vor 100 Jahren, heute und in 100 Jahren ... Der Tourismus ist für Bali da, nicht Bali für den Tourismus.«[18]

Andere wiederum machen die Religion (vor allem den Hinduismus), das komplexe Kastensystem, Rassenmerkmale oder die Organisation der Reisbewässerung dafür verantwortlich.

Wir bestreiten gar nicht, dass all diese Faktoren eine Rolle spielen, geben jedoch zu bedenken, dass keines dieser Merkmale – auch nicht in Kombination – vollkommen überzeugend wirkt, weil sie nicht nur auf Bali vorkommen. Zwei bekannte Ethnologen aber, Clifford Geertz[19] und Carol Warren[20], haben herausgefunden, was die balinesische Kultur so einzigartig macht: die extrem vernetzten lokalen Organisationsstrukturen. Diese traditionellen Strukturen, denen auch heute noch der Großteil der Balinesen angehört, teilen sich in drei verschiedene Gruppierungen auf:

1. die *Banjar*, die die zivilen Aspekte der Gemeinschaft regelt,
2. die *Subak*, die die Bewässerungsmodalitäten für die Reisfelder festlegt (für all jene, die noch in der Reisproduktion tätig sind), und
3. die *Pemaksan*, die die religiösen Riten bestimmt.

Diese drei bilden zusammen ein vielschichtiges Regelwerk, welches den sozialen und kulturellen Zusammenhalt der Balinesen stärkt und für das Land einzigartig ist. Das ist ein überzeugender Punkt bei der Begründung der balinesischen Andersartigkeit. Doch sind diese engmaschigen Organisationsstrukturen schon alles – oder gibt es noch mehr, was wir von den Balinesen lernen können?

Um das herauszufinden, verbrachte Bernard Lietaer im Jahr 2002 vier Monate in Bali, um sich dort mit traditionellen Führern der Gemeinschaft zu treffen.[21] Die Reise führte nach Ubud, das als »kulturelle Hauptstadt« Balis gilt, da dort die Verflechtungen zwischen der ursprünglichen Kultur und dem Tourismus besonders eng sind.

Tatsächlich enthüllten diese Gespräche, dass hier noch mehr im Spiel ist als simple Organisationsformen. In Wirklichkeit haben die Balinesen ein System der sozialen Mobilisierung entwickelt, das die Dynamik dieser Strukturen erklärt. Vor allem wird – besonders innerhalb der Banjar – ein duales Währungssystem benutzt.

Die Banjar

Die Banjar ist die grundlegende zivile Organisationseinheit in Bali, die »Nachbarschaft«, die über einen eigenen Rat verfügt. Alle Banjar sind auf lokaler Ebene dezentral organisiert. Es handelt sich dabei um eine sehr alte Struktur, die erste schriftliche Erwähnung geht auf das Jahr 914 zurück.[22] Im Laufe der Jahrhunderte hat sie sich als ausgesprochen anpassungsfähig erwiesen: »Die Banjar spielt auch heute noch eine wichtige Rolle. Dies gilt sogar für Familien, die ihr Leben in einem städtischen Umfeld, also weit weg von den traditionellen Reisfeldern verbringen.«[23] In der ethnologischen Literatur ist die Organisationsstruktur der Banjar ausgiebig beschrieben worden.[24] Für unsere Zwecke sind in erster Linie ihre sozioökonomischen und kulturellen Funktionen von Bedeutung.

Da ist zum einen ihre »basisdemokratische« Natur. Der Führer der Banjar, der Klian Banjar, wird mit einfacher Mehrheit von den Ratsmitgliedern gewählt, kann aber bei einer Versammlung ebenso mit einfacher Mehrheit wieder abgesetzt werden. Dies stellt sicher, dass er mehr »Handlungsbevollmächtigter als Herrscher« ist. Jedes Mitglied der Banjar ist den anderen gleichgestellt, jedes hat genau eine Stimme. Für die Mitglieder der Banjar, die einer höheren Kaste angehören oder ein größeres Vermögen besitzen, gibt es keine Ausnahmestellung. Alle 35 Tage (ein balinesischer Monat) wird der *kulkul*, ein hölzerner Gong, geschlagen, der die Ratsmitglieder zum Versammlungsplatz, dem *bale banjar*, ruft, wo sie über die Aktivitäten der Banjar im nächsten Monat entscheiden. Wann immer es nötig ist, beruft man Sonderversammlungen ein. Dabei wird über laufende Projekte berichtet, und neue werden vorgeschlagen. Außerdem entscheiden die Ratsmitglieder, wie viel an Zeit und Geld für ein bestimmtes Projekt aufgewendet werden soll. Ist eine Mehrheit der Gemeinschaft – aus welchen Gründen auch immer – gegen ein Projekt, dann wird beim nächsten monatlichen Treffen darüber entschieden, ob es weitergeführt wird.

In der Gegend um Ubud umfasst eine Banjar etwa 750 bis 1200 Mitglieder. Diese werden von den 150 bis 260 Haushaltsvorständen im Rat repräsentiert. Die größten Banjar auf Bali sind in den Städten zu Hause. So gibt es in Denpasar Banjar-Räte mit mehr als 500 Haushaltsvorständen. In den Dörfern sind es hingegen meist nicht mehr als fünfzig. Jeder Rat hat sein eigenes Regelwerk, das *awig-awig*. Dieses Regelwerk beruht zwar überall auf denselben Prinzipien, ist aber den lokalen Gegebenheiten angepasst.

Kurz gesagt: Die Banjar ist eine gemeinschaftliche Planungseinheit, die über ein zweifaches Budget verfügt: eine Zeitwährung und die indonesische Rupie.

Ein übersehenes Hilfsmittel: Das duale Währungssystem

Bei unseren Treffen mit lokalen balinesischen Führern wurden wir immer wieder darauf hingewiesen, dass es weder ein mystisches Balinesentum noch der Hinduismus seien, welche die balinesische Kultur angesichts der zunehmenden Touristenmassen vor dem Untergang bewahrten, sondern vor allem das System enger Zusammenarbeit in der Gemeinschaft, der Banjar. Die Funktion der Banjar wurde dabei so erläutert:

- »Was den Zusammenhalt in Gemeinschaft und Kultur angeht, ist die Banjar stärker als die Religion« (Pak Agung Putra, Klian Banjar Tengah).

- »Die Banjar ist es, welche die Gemeinschaft, uns alle, zusammenhält« (Pak Ketut Suartana, Klian Banjar Sambahan).
- »Die Banjar ist das wichtigste Organisationsprinzip, das den balinesischen Charakter prägt« (Pak Wayan Suwecha, Klian Banjar Kelod).

Aber was hält nun die Banjar zusammen? Die Antwort auf diese Frage war spannend, denn am Ende stellte sich heraus, dass es sich dabei um ein duales Währungssystem handelt, das der Banjar erst die Fähigkeit verleiht, lokale Ressourcen zu mobilisieren. Eine der Währungen ist die indonesische Rupie, das gesetzliche Zahlungsmittel des Archipels. Die zweite heißt *nayahan banjar*, was man wörtlich übersetzen könnte mit »Arbeit für das Gemeinwohl der Banjar«. Es handelt sich dabei um eine Zeitwährung, in der Dienstleistungen erbracht werden. Die Verrechnungseinheit innerhalb des *Nayahan*-Systems ist ein Zeitblock von etwa drei Stunden Arbeit am Morgen, Nachmittag oder Abend. Wenn Arbeit fürs Kollektiv geleistet werden muss, ruft der *kulkul*, um die Menschen zusammenzuholen. Im Durchschnitt beginnt jede Banjar zwischen sieben und zehn unterschiedliche, kleinere und größere Projekte pro Monat. Für jedes Projekt werden die Geld- bzw. Zeiteinheiten, welche jede Familie aufzuwenden hat, genauestens festgelegt. In den ärmeren Banjar wird vermutlich die Zahlungsverpflichtung als drückender empfunden, in den reicheren ist es wohl eher umgekehrt.

Doch hier sind unsere Interviewpartner streng: »Zeit ist eine Form von Geld.« Die meisten sind sogar der Auffassung, dass Zeit wichtiger ist als Bargeld, um den Zusammenhalt der Banjar aufrechtzuerhalten. Wie wichtig diese Zeitwährung innerhalb der Banjar ist, zeigt sich daran, was geschieht,

Einstein entdeckt, dass Zeit Geld ist

wenn ein Mitglied sie verweigert. Die vom Rat am häufigsten verhängte Strafe ist kein Bußgeld in Rupien, sondern eine Art Ächtung. Jemand, der es dreimal nacheinander versäumt, den Beschlüssen der Gemeinschaft nachzukommen, wird vom Banjar-Rat ausgeschlossen. Die Balinesen sagen heute noch, wer den *krama* (den Banjar-Rat) verlassen müsse, könne sich gleich zum Sterben hinlegen. Dafür gibt es einen einleuchtenden Grund: Wenn nämlich eine wichtige Familienzeremonie ansteht, eine Beerdigung, eine Hochzeit oder ein Altersritual, dann bekommt der Betreffende von seiner Banjar keine »Zeit« zur Verfügung gestellt, und er muss die Vorbereitungen ganz allein durchführen. Die ultimative Strafe ist es also, wenn man jemanden der Zeiteinheiten beraubt, welche die Gemeinschaft bereithält.

Wie aber hält diese Form der Dualwährung den Gemeinsinn am Leben und trägt so sehr zur Bewahrung der lokalen kulturellen Traditionen bei?

Eine Dualwährung für kulturelle Nachhaltigkeit

Ein duales Währungssystem innerhalb einer demokratischen Struktur, wie die Banjar sie bietet, schafft viel mehr Alternativen, als sie innerhalb der traditionellen Einwährungssysteme, die im größten Teil der Welt (vor allem in den »entwickelten« Ländern) gelten, zur Verfügung stehen. Wer viel konventionelles Geld verdient, hat gewöhnlich wenig Zeit. Menschen, die wenig in der Standardwährung verdienen, verfügen dagegen über mehr Zeit. So trägt das duale Währungssystem dazu bei, die sozialen Unterschiede automatisch einzuebnen.

Außerdem sorgt es für eine große Bandbreite der Projekte, die von der Banjar umgesetzt werden. In ärmeren Gemeinden werden zeitaufwendigere Unternehmungen angepackt als in den reicheren, wo man auch kostenintensive Maßnahmen beschließt. In einer besonders reichen Banjar stießen wir beispielsweise auf ein Projekt mit einem Budget von 1,2 Milliarden indonesischen Rupien, also etwa 120 000 Euro. Doch sogar in der ärmsten Banjar gab es eine große Tanzgruppe, die im örtlichen Tempel den *kecak* aufführte, einen Tanz, bei dem viele Menschen mitmachen, der aber keine kostspieligen Kostüme oder Utensilien erforderte. In beiden Fällen werden alle lokalen Ressourcen mobilisiert, um das auszuführen, was die Gemeinde beschließt, seien es nun kulturelle Ereignisse oder Anbauarbeiten auf dem Gemeindeland. Und jede Form von Banjar-Arbeit wird letztlich durch beides finanziert: durch Rupien und Zeiteinheiten. Unterschiedlich ist nur das Verhältnis der beiden Währungen. Daher ist in Bali nahezu jedermann an größeren religiösen oder kulturellen Ereignissen beteiligt. Sie werden nicht einer kleinen, elitären Gruppe überlassen, wie dies überall sonst der Fall zu sein scheint. Daher kann das duale Währungssystem als eigentliches Geheimnis der kulturellen Widerstandsfähigkeit des »letzten Paradieses« auf Erden gelten.

Papua-Neuguinea

Eine zweite Fallstudie – in Papua-Neuguinea, wo es ebenfalls ein duales Währungssystem gibt –, zeigt, dass die Beständigkeit der balinesischen Kultur nicht auf ein geheimnisvolles »Bali-Gen« zurückgeht, sondern tatsächlich mit der dualen Währungsstruktur zu tun hat. In Papua-Neuguinea bestand der positive Effekt des lokalen Systems nicht in der Stärkung der Widerstandsfähigkeit gegenüber anstürmenden Touristenmassen, sondern darin, dass das Land die jüngste Globalisierungswelle unbeschadet überstand. Die Globalisierung ist per definitionem darauf angelegt, die lokale Wirtschaftsstruktur für den Handel zu öffnen, und produziert daher regelmäßig einen äußerst unerwünschten Nebeneffekt: Sie zerstört das vorhandene sozioökonomische Netz.[25] In Papua-Neuguinea zeigte sich, dass der Teil der Insel, in dem die Tolai leben, seine ursprüngliche Kultur wesentlich besser bewahren konnte als der westliche Teil, wo es kein duales Geldsystem gibt. Die Tolai, eine der größten Bevölkerungsgruppen Papuas, zahlen traditionell mit Muschelgeld. Daher hat die Provinzregierung beschlossen, den weiteren Gebrauch des Muschelgeldes zu fördern.[26] Dies hat zwei Gründe: Zum einen soll damit die traditionelle Kultur gefördert werden. Zum zweiten versucht man so, die Volkswirtschaft immun gegen zerstörerische Einflüsse von außen zu machen. Im Fall von Papua-Neuguinea hat das Muschelgeld sich während der Boomzeiten in der Vergangenheit als hilfreich erwiesen. Noch wichtiger aber war es während der jüngsten Wirtschaftskrisen.

Es lassen sich also gleiche Resultate feststellen, obwohl die Ausgangsbedingungen höchst verschieden sind: Die Tolai sind in erster Linie christlich geprägt, auch wenn das Christentum auf einer alten animistischen Religion aufbaut. Auf Bali hingegen herrscht der Hinduismus vor. Die beiden Komplementärwährungen sind völlig unterschiedlich, da die Tolai mit Muschelschnüren bezahlen, die von der Sippe gefertigt werden, die Banjar in Bali aber mit Zeiteinheiten operieren. Außerdem ist die Natur der jeweiligen kulturellen Bedrohung eine andere. Und trotz all dieser Unterschiede ergeben Nachforschungen in beiden Ländern, dass die Nutzung einer regionalen Komplementärwährung die kulturelle Vitalität, die wirtschaftliche Beständigkeit und den sozialen Zusammenhalt fördert.

Warum sollten wir nicht von den Menschen lernen, die jahrhundertelang Erfahrung mit solchen Hilfsmitteln gesammelt haben? Der Fall Bali zeigt, dass solch ein System dann funktioniert, wenn es dezentral von Gruppierungen genutzt wird, die auf demokratischem Wege entscheiden, für welche Maßnahmen Geld und Zeit eingesetzt werden. Anderenfalls stünde wohl die Glaubwürdigkeit der Projekte ziemlich bald auf dem Spiel. Die Beständigkeit des balinesischen Systems beruht darauf, dass hierbei echte Basisdemokratie herrscht. Die gesamte Gemeinschaft entscheidet, was getan wird, und sobald eine Mehrheit ein beliebiges Projekt als fragwürdig einstuft, wird es gestoppt. Wenn dieser Ansatz *top-down* gehandhabt wird, was bedeutet, dass die Projekte nicht von der Gemeinschaft selbst, sondern beispielsweise von der Regierung ausgewählt werden (wie dies der Fall war, als die indonesische Regierung bei verschiedenen Projekten auf Java die Bürger um ihren zeitlich begrenzten Einsatz bat), dann verliert das Ganze seine Anziehungskraft, und das System bricht zusammen.

Sozialwissenschaftler, die auf Bali nach harten Fakten suchen, finden dort mehr als genug. Die historischen und zeitgenössischen Belege zeigen deutlich, welche Auswirkungen duale Währungssysteme haben können.

So ist unbestreitbar, dass viele wirtschaftliche Transaktionen in Bali nur stattfinden können, weil es auf lokaler Ebene eine Währung gibt, die neben der Standardwährung existiert. Diese Komplementärwährung sorgt dafür, dass auch die ärmsten Mitglieder der Gemeinschaft an kulturellen Aktivitäten teilnehmen, von denen sie ansonsten ausgeschlossen wären. Und die Balinesen selbst sind davon überzeugt, dass diese Organisationsstruktur bei dem sprichwörtlich »engen sozialen Netz«, das die balinesische Gesellschaft durchzieht, eine Schlüsselrolle spielt.

Curitiba, Brasilien

Unser dritter Fall unterscheidet sich von den ersten beiden ganz erheblich. Es geht hierbei um die Millionenstadt Curitiba, eine Provinzmetropole in Brasilien. In Curitiba werden seit zirka dreißig Jahren Komplementärwährungen eingesetzt, was dazu beigetragen hat, dass der Lebensstandard in dieser Stadt der Dritten Welt sich mittlerweile mit dem der Industrieländer messen kann. 1992 erhielt Curitiba gar den Titel einer »ökologischen Hauptstadt der Welt« von den Vereinten Nationen.

1971 wurde Jaime Lerner Bürgermeister von Curitiba, der Hauptstadt der südöstlich gelegenen Provinz Paranà. Von Beruf war er eigentlich Architekt.

In einer für die Region typischen Entwicklung war die städtische Bevölkerung explodiert. Von 120 000 Einwohnern im Jahr 1942 schnellte sie auf über eine Million, als Lerner sein Amt antrat. 1997 lebten 2,3 Millionen Menschen in Curitiba. Die meisten von ihnen hausten – und auch das war typisch – in so genannten Favelas, den Elendsvierteln mit Hütten aus Karton und Weißblech.

Eines der Probleme, die Jaime Lerner am meisten Kopfzerbrechen bereiteten, war der Müll. Die Fahrzeuge der städtischen Müllabfuhr kamen nämlich nicht einmal bis in die Favelas, weil die Straßen dort nicht breit genug waren. Daher türmte sich der Müll in den Elendsvierteln zu riesigen Bergen auf, die bald genug von allerhand Nagetieren besiedelt wurden, was zum Ausbruch zahlreicher Krankheiten führte. Ein unhaltbarer Zustand.

Da Lerner und sein Team nicht genug Mittel für »normale« Lösungen hatten, was bedeutet hätte, dass die ganze Gegend planiert und anschließend durch Straßen erschlossen würde, mussten sie kreativ werden. Sie stellten am Rand der Favelas riesige Metallcontainer auf. Diese trugen Schilder mit der Aufschrift »Glas«, »Papier«, »Plastik«, »Biomüll« usw. Für all jene, die nicht lesen konnten, wurde ein Farbsystem erfunden. Jeder, der seinen Müll vorsortiert dort abgab, bekam einen Freifahrtschein für den Bus. Für die Mülltrennung in den Schulen gab es Schreibhefte. Bald waren die Blechhüttenstraßen blitzsauber, weil zu jeder Tageszeit Tausende von Kindern dort patrouillierten und den Müll einsammelten. Sie lernten sogar, die verschiedenen Plastiktypen zu unterscheiden. Und die Eltern fuhren mit dem Bus in die Stadt zur Arbeit.

Unserer Ansicht nach schuf Jaime Lerner damit »Curitiba-Geld«. Seine Busfahrscheine waren eine Art der Komplementärwährung. Und so hätte man sein Programm »Müll, der kein Müll ist« auch ganz anders benennen können, etwa »Müll – dein Geld«.

Über 70 Prozent der Haushalte in Curitiba nehmen an diesem Programm teil. Allein die etwa sechzig ärmeren Viertel tauschen zirka 11 000 Tonnen Müll gegen fast eine Million Fahrscheine und um die 1200 Tonnen Nahrungsmittel ein. Innerhalb von etwa drei Jahren liefern mehr als hundert Schulen 200 Tonnen Müll ab und beziehen dafür 1,9 Millionen Schreibhefte für ihre weniger begüterten Schüler. Das Recycling des ganzen Papiers entspricht der Rettung von *täglich* 1200 Bäumen.

Dabei war Lerner keineswegs vom Wunsch beseelt, eine Komplementärwährung zu schaffen. Er und sein Team suchten für die ärgsten Probleme der Region eine Lösung und nutzten dafür die Mittel, die ihnen zur Verfügung standen. Daraus entstand dann unbeabsichtigt ein komplementäres Währungssystem, das zur Behebung der Schwierigkeiten beitrug.

Was als Programm zur Müllbeseitigung und Gesunderhaltung der Bevölkerung begann, führte schließlich zu einer effektiven Lösung des Transportproblems sowie zur Senkung der Arbeitslosigkeit. Das Geheimnis ist nicht, dass die Einwohner von Curitiba einzigartig begabt sind. Vielmehr hat ein ganzheitlicher Ansatz zur Problemlösung eine Komplementärwährung geschaffen, mit der sich die vorhandenen Probleme innovativ lösen ließen.

Die ökonomischen Auswirkungen dieses Systems lassen sich auch in Zahlen fassen. Das Durchschnittseinkommen lag in Curitiba 3,3-mal so hoch wie im Rest Brasiliens. Das Realeinkommen liegt allerdings noch um etwa 30 Prozent höher (das heißt in etwa das Fünffache des Mindestlohns). Diese Differenz von 30 Prozent ergibt sich aus dem Einkommen, das nicht in Standardwährung ausgezahlt wurde, sondern zum Beispiel in Nahrungsmitteln. Curitiba verfügt über das dichteste soziale Netz im ganzen Land und über Kultur- und Bildungsprogramme von einzigartiger Vielfalt. Und trotzdem zahlten die Curitibaner keinen Centavo mehr Steuern als der Rest Brasiliens.

Sogar auf der makroökonomischen Ebene war mittlerweile klar, dass in Curitiba ungewöhnliche Dinge vor sich gingen. Zwischen 1975 und 1995 wuchs das Bruttosozialprodukt pro Kopf in Curitiba um 75 Prozent schneller als in der Provinz Paranà und um 48 Prozent schneller als im ganzen Land. Und dieser Unterschied blieb bestehen: Zwischen 1993 und 1995 legte das standardisierte Bruttosozialprodukt Curitibas um 41 Prozent stärker zu als das Paranàs und um 70 Prozent stärker als das Brasiliens.[27]

Von Gunter Pauli (ZERI) erfuhren wir in einem Gespräch im Januar 2004, dass die Vorteile, in Curitiba zu leben, dazu geführt haben, dass die Stadt innerhalb der letzten Jahre ihre Einwohnerzahl noch einmal mehr als verdoppelt hat. Da dieser Zuwachs jedoch in den Favelas außerhalb der Stadtgrenzen stattfindet und damit die legalen Interventionsmöglichkeiten der Stadtverwaltung eingeschränkt sind, waren die Erfolgsrezepte der achtziger und neunziger Jahre nicht so leicht wiederholbar. Der neue Bürgermeister Cássio Taniguchi setzt jetzt auf eine verbesserte Ausbildung – denn 47 Prozent der Bevölkerung sind unter sechzehn Jahre alt. Zusammen mit der Verwaltung werden zurzeit Strategien zur Dezentralisierung von Entscheidungen im Erziehungsbereich entwickelt, um die aus dem schnellen Wachstum resultierenden Probleme zu lösen.

Trotzdem ist Curitiba ein praktisches Beispiel für die Wirkung von Lokalwährungen. Mehr als dreißig Jahre Erfahrung zeigen, dass ein System, das sowohl eine nationale Standardwährung als auch eine den Zielen gut angepasste Komplementärwährung umfasst, für alle Vorteile bringt, auch für jene, die sich hauptsächlich auf die traditionelle Wirtschaft konzentrieren, welche mit der Nationalwährung operiert. Dieses System trug dazu bei, eine Stadt, deren Lebensstandard ganz der Dritten Welt entsprach, geradewegs in die Erste Welt hineinzukatapultieren.

Was lernen wir daraus?

Am bedeutsamsten für das Thema dieses Buches ist wohl, dass die Einführung einer Regionalwährung zwar eine nötige, aber noch nicht ausreichende Bedingung für ein nachhaltiges und lebendiges regionales Entwicklungsmodell darstellt.

Der Fall Ghanas zeigt deutlich, dass die Einführung einer zentralistischen Monopolwährung, vor allem wenn diese mit einer nur in dieser Währung zu erfüllenden Steuerforderung verbunden ist, jeden Ansatz regionaler Autonomie wirkungsvoll zerstört. Bali, Papua-Neuguinea und Curitiba hingegen belegen, dass ein duales Währungsmodell, in dem die Standardwährung neben einer lokalen bzw. regionalen Komplementärwährung existiert, dazu beiträgt, das Gleichgewicht zwischen regionalen und größeren Wirtschaftsräumen wiederherzustellen. Das soll nun nicht heißen, dass Dualwährungen ein Allheilmittel für alle Probleme sind, seien sie nun sozialer, kultureller oder anderer Natur. Trotzdem können die vorgestellten Fallbeispiele in einer globalisierten Welt von Nutzen sein.

Eine der häufigsten Klagen, die uns im Rahmen der Globalisierung begegnet, ist, dass diese die kulturellen Besonderheiten auf der ganzen Welt beschneidet. Daher ist ein duales Währungssystem vor allem für jene sinnvoll, die Wert darauf legen, den sozialen Zusammenhalt innerhalb eines Landes oder einer Region bzw. deren kulturelle Eigenart zu bewahren und zu fördern, und zwar möglichst unabhängig vom Grad der wirtschaftlichen Gesamtentwicklung dieses Raums. Die basisdemokratischen Strukturen der Banjar in Bali zeigen, was nötig ist, um solche Systeme auch über lange Zeiträume hinweg am Leben zu erhalten. Und das Beispiel Curitiba beweist, dass der kreative Einsatz komplementärer Währungen eine

Gemeinschaft in die Lage versetzt, ein dichtes soziales Netz zu schaffen, ohne Fördermittel von der Landes- oder Zentralregierung zu beantragen oder die örtlichen Steuern erhöhen zu müssen.

Kapitel III
Wozu regionale Währungen für Europa?

Komplementäre Regionalwährungen gehören nicht nur in einigen Ländern der Dritten Welt zum festen Bestandteil von regionalen und lokalen Wirtschaftsförderungsmaßnahmen, wie wir im letzten Kapitel geschrieben haben, sie nahmen genau diese Aufgabe auch lange Zeit in Europa wahr, bevor sie vor ein paar hundert Jahren aus der Mode kamen. Heute klingt es für die meisten Europäer zunächst einmal unerhört, ja geradezu ketzerisch, wenn man vorschlägt, komplementäre Währungen einzuführen, um die regionale Wirtschaftsentwicklung zu fördern. Jüngere Forschungsarbeiten[28] haben jedoch nachgewiesen, dass das regionale Geld hier nicht nur auf eine altehrwürdige Geschichte zurückblickt, sondern zudem noch recht erfolgreich war – ganz im Gegensatz zu den landläufigen Vorurteilen. Außerdem verschwanden die Regionalwährungen nicht etwa, weil sie von der Zeit überholt und durch ein besseres System ersetzt worden waren. Meist wurden sie kurzerhand von einer Zentralmacht abgeschafft, die ihr eigenes Währungssystem einführen wollte, um so die Wirtschaft einer Region besser kontrollieren zu können.[29] In vielen Fällen wurden die zentralen Währungen sogar mit Militärgewalt durchgesetzt.

Nun soll damit nicht gesagt werden, dass alle Regionalwährungen grundsätzlich gut gemanagt waren und daher besser funktionierten als die Standardwährungen. Natürlich kam es auch hier zu missbräuchlicher Nutzung und zu Missmanagement, wie wir sie heute mitunter in der nationalen Währungspolitik beobachten können. Wichtig erscheint uns aber, dass während der langen Jahrhunderte, in denen es Regionalwährungen gab, diese ohne Probleme neben den nationalen und internationalen Systemen existierten. Inflation und andere Währungsprobleme traten dabei sehr viel seltener auf als in der Zeit, in der sich das Monopol der Nationalwährungen durchsetzte.

Tatsächlich wurden die modernen Nationalwährungen nicht selten Opfer von heftigen Krisen. Mit der Aufgabe des Goldstandards entwickelte sich die Inflation im 20. Jahrhundert zur Hauptgeißel der nationalen Währungen. Sogar die nach dem Zweiten Weltkrieg stabilsten Währungen – die Deutsche Mark und der Schweizer Franken – büßten zwischen 1970 und 2000 die »Kleinigkeit« von 60 Prozent ihres ursprünglichen Wertes ein.[30] Im selben Zeitraum verlor der US-Dollar 75 Prozent, das britische Pfund gar 90 Prozent. Dabei ist die weit verbreitete Inflation noch keineswegs das schlimmste Übel: Die Weltbank stellte fest, dass in den letzten 25 Jahren nicht weniger als 87 Länder den Zusammenbruch ihres Währungssystems mit ansehen mussten.

Doch kehren wir zunächst zur Geschichte der Regionalwährungen in Europa zurück.

Historische Vorläufer

In der Geschichte gibt es zahlreiche Präzedenzfälle für lokale bzw. regionale Währungssysteme. In Westeuropa lassen sie sich für einen Zeitraum von mehr als tausend Jahren – von etwa 800 bis 1800 n. Chr. – nachweisen.[31]

Die meisten Studien, die sich mit mittelalterlichen und vormodernen Finanzinstrumenten befassen, gehen einhellig davon aus, dass Europa vor der Einführung des Goldstandards ein gut vernetztes Währungssystem mit einer bunten Währungsvielfalt für die unterschiedlichsten Verwendungszwecke besaß. Das System beruhte auf einer allgemein anerkannten Verrechnungseinheit. Ausgehend von dieser Verrechnungseinheit, wurden zwei Arten von Währung ausgegeben: einmal Münzen aus reinem Gold bzw. Silber (die für den Fernhandel gebraucht wurden) und dazu kleinere Kupfer- bzw. Billonmünzen (Billon ist eine stark kupferhaltige Silberlegierung) für den regionalen Güteraustausch.[32] Zu den Gold- bzw. Silberwährungen gehörten zum Beispiel der Kölner Pfennig, verschiedene von Königen emittierte Münzen aus Frankreich und England sowie der *Bezant*, eine byzantinische Goldmünze, die wohl den Rekord für die längste Gültigkeit eines Zahlungsmittels hält.[33] Die Lokalwährungen hingegen wurden von Grundbesitzern, Städten, Bischöfen oder Klöstern ausgegeben. Mitunter gab eine örtliche Autorität auch beide Arten der Währung aus, wie dies zum Beispiel in Venedig der Fall war.[34]

Komplementäre Währungen vor der Französischen Revolution

Die bislang beste, umfangreichste Studie zur Geschichte komplementärer Währungen in Europa kommt zu dem Schluss:

>»Die monetären Dogmen der Gegenwart und der Vergangenheit unterscheiden sich erheblich. Hieß es gestern noch, dass Geld eine Verrechnungseinheit ist, deren Wert sich nach dem in den Münzen enthaltenen Edelmetallge-

halt bemisst, so geht man heute davon aus, dass Geld vor allem universal zu sein hat und ihm keine geographischen Begrenzungen auferlegt werden dürfen. Weder das eine noch das andere hätte während des Ancien Régime Sinn gehabt. Ganz im Gegenteil: Meist wurde der lokale Güteraustausch durch Münzen, deren Wert sich nicht nach dem Edelmetallstandard bemaß, lebhaft gefördert.«[35]

Daher herrscht sogar unter Münzsammlern keine Einigkeit darüber, was man vor der Französischen Revolution, genauer gesagt vor Einführung des allgemein verbindlichen Goldstandards, als Geld betrachten darf und was nicht. Tatsächlich kennt man aus dem Ancien Régime eine Vielzahl münzartiger Objekte, die sich in Form, Aussehen und Herstellung weitgehend ähneln. Gewöhnlich teilt man sie in vier Gruppen ein: *medailles* (Medaillen), *jetons* (Marken), *méreaux* und *monnaie* (worunter man die offiziellen Münzen versteht).

Studien über die Geschichte des Geldes beschränken sich meist auf die letzte Kategorie, die *monnaie* bzw. offiziellen Münzen. Die ersten drei werden dabei als münzähnliche Gebilde betrachtet, also »Pseudogeld«. Darüber hinaus beschäftigt sich der Großteil der numismatischen Fachliteratur nur mit den beiden Extremen, den Medaillen und den offiziellen Münzen, da diese den höchsten Prestige- und Geldwert besitzen. *Méreaux* und andere Marken gelten hingegen als Sammelobjekte für weniger Betuchte und werden in den historischen Nachschlagewerken geflissentlich ignoriert. Sogar in den Ländern, in denen ihre Geschichte am besten aufgearbeitet ist, gibt es nur wenige Bücher über diese Art von Zahlungsmittel,[36] denen einige Hunderte Titel über Medaillen und offizielle Münzen gegenüberstehen. Daher möchten wir Ihnen hier alle vier Geldformen kurz vorstellen:

- Medaillen waren münzähnliche Objekte, gewöhnlich aus kostbarem Metall, vergleichsweise groß und meist von künstlerischer Ausgestaltung. Oft handelte es sich um Unikate. Zumindest waren sie meist relativ selten. Fürsten, Könige und Kaiser verehrten sie ihresgleichen als Geschenk oder verliehen sie ihren Untertanen als Belohnung.

- Jetons sind ebenfalls münzähnliche Objekte, die meist zum Rechnen mit dem Abakus benutzt wurden. Diese Maschine war ursprünglich mit dem Begriff *exchequer* gemeint, der sich heute noch im Titel des »Chancellor of the Exchequer« findet, worunter man den britischen Schatzkanzler versteht. Händler und all jene, die mit Geld zu tun hatten, brauchten einen solchen Abakus, um ihre Konten ordentlich zu führen. Abakusmünzen waren also gar nicht so selten. Jetons fanden später auch Eingang ins Glücksspiel. Allgemein galten sie als Beleg dafür, dass man etwas bezahlt hatte (wie heute zum Beispiel der U-Bahn-Fahrschein), als Ausweis der Zugehörigkeit zu einer bestimmten Vereinigung (unseren Mitgliedskarten ähnlich) oder als Unterpfand dafür, dass man zu einer bestimmten Zeit an einem bestimmten Ort war (in der Kirche oder beim Treffen einer Geheimgesellschaft etwa). Bei Aufsichtsratsversammlungen in Frankreich gibt es diese *jetons de présence* heute noch.

- Die *méreaux* ähneln äußerlich den Jetons. Auch sie sind im numismatischen Sinne Marken. Sie sehen aus wie Münzen und wurden von lokalen Autoritäten ausgegeben. Typischerweise wurden sie aus Blei, Zinn, später aus Kupfer hergestellt und galten als örtliches Tauschmittel. Ein deutsches Wort für diese Art der Lokalwährung existiert nicht.

- Münzen hingegen sind als offizielles Zahlungsmittel der gesamten Numismatikergemeinde wohl bekannt.

Für unser Thema allerdings sind Aussehen, Herstellung und Ausgabe dieser Gebilde unerheblich. Wir interessieren uns ausschließlich für ihre praktische Funktion in der Gesellschaft. Unsere Definition für Geld lautet ja: »alles, was eine Gemeinschaft für sich als Tauschmittel akzeptiert hat«. Von diesem Ansatz ausgehend, lassen sich die Geltungsbereiche der vier Währungstypen klar trennen, wie aus der Illustration hervorgeht:

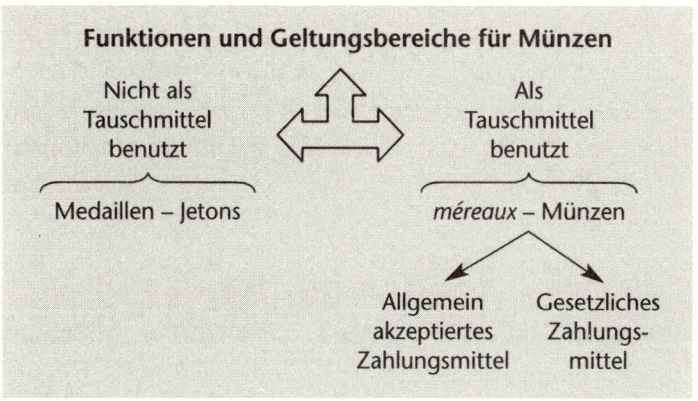

Zunächst wird danach unterschieden, ob die münzähnlichen Objekte als Tauschmittel dienten oder nicht. Dann gilt es noch zu klären, ob sie zu den »offiziellen Zahlungsmitteln« gehörten, die die Regierung bzw. das Land ausgab (und daher zur Begleichung der Steuerschuld der Bürger angenommen wurden), oder ob man sie einfach nur innerhalb der Bevölkerung austauschte, was wir dann mit dem Begriff »allgemein akzeptiertes Zahlungsmittel« bezeichnen. Für unsere Untersuchung sind also nur die *méreaux* und die Münzen interessant. Um die Beziehung dieser beiden münzähnlichen Objekte zueinander besser zu verstehen, müssen wir sie vor dem Hintergrund ihrer historischen Entstehung betrachten.

Nach dem Zusammenbruch des Römischen Reiches im 5. Jahrhundert kam es in Europa zu einer starken münztechnischen Fragmentierung; das heißt, es wurden sehr viele verschiedene Währungen ausgegeben. Karl der Große stoppte diese Entwicklung, indem er in seinem Reich (zirka 800 n. Chr.) eine einheitliche, standardisierte Währung einführte. Diese ging jedoch mit dem Ende der karolingischen Herrschaft wieder verloren. Europa musste sich erneut mit zahlreichen Währungen herumschlagen, deren Geltungsbereich noch begrenzter war als vorher. Lokale Grundherren, Bischöfe und Äbte gaben Münzen unterschiedlichster Qualität und Benennung heraus. Der König von Frankreich schaffte hier als Erster Ordnung. Ludwig IX. erließ in den Jahren 1265 bis 1266 verschiedene Anordnungen, mit denen er durchsetzte, dass nur die königliche Münze das Recht hatte, Münzen auszugeben, die im gesamten Reich Gültigkeit hatten. Ausgenommen davon war lediglich das Münzrecht der Barone. Wo dieses galt, gab es also zwei verschiedene Währungen. Außerdem ordnete er an, dass Steuerschulden nur in der königlichen Währung beglichen werden konnten.

In der Folge versuchten sämtliche französischen Könige, das Münzrecht der Barone einzuschränken, entweder durch Rückkauf oder schlicht durch Gewaltanwendung. Im letzten Jahrzehnt des 13. Jahrhunderts war die Zentralisierung der Währung so weit fortgeschritten, dass es zu einer Einschränkung der umlaufenden Geldmenge kam, was zu einer massiven wirtschaftlichen Rezession führte, welche beinahe anderthalb Jahrhunderte dauerte. Begleitet wurde sie von den ersten wirklich ausgedehnten Hungersnöten im Europa des beginnenden 14. Jahrhunderts. Die Bevölkerung wurde dadurch so geschwächt, dass sie dem erneuten Ansturm des Schwarzen Todes nichts mehr entgegenzusetzen vermochte.[37]

Eben weil sie das Recht verloren hatten, ihre eigene Währung herauszugeben, griffen die lokalen Autoritäten immer stärker auf die *méreaux* zurück. So wurden diese zum allgemein akzeptierten Zahlungsmittel auf regionaler Ebene. Die Praxis wurde dann zunehmend von ihren weniger mächtigen Nachbarn, die noch nie ein Münzrecht besessen hatten, imitiert. *Méreaux* hatte es zwar bereits in der Antike gegeben, doch richtig weit verbreitet wurde ihr Gebrauch erst nach dem Einschränken lokaler Münzrechte durch die Krone.

Ein Indiz dafür, dass die Anordnungen des Königs nicht ohne weiteres befolgt wurden, ist die Häufigkeit, mit der sie wiederholt werden mussten. So untersagte zum Beispiel die Stadt Arras den Gebrauch der *méreaux* bereits im 14. Jahrhundert. Dass diese Anordnung nicht besonders griff, bezeugen spätere Edikte gleichen Inhalts aus den Jahren 1451, 1464 und 1468.[38] Und dies ist kein Einzelfall. Etwa vier Jahrhunderte nach Ludwig IX. und seinen Erlassen zum königlichen Münzrecht treten im Jahr 1657 königliche Beamte in der Stadt Macon auf den Plan, um die Ausgabe »einer größeren Menge von Bleimarken« zu verhindern, die in der Stadt als Zahlungsmittel kursierten. Diejenigen, die sich hier das Münzrecht anmaßten, waren lokale religiöse Autoritäten, die sich mit dem Hinweis verteidigten, sie gäben schon seit 300 oder 400 Jahren solche *méreaux* heraus.[39] Zwanzig Jahre später kam es in der Stadt Autun zu einem ähnlichen Vorfall.[40]

Wie wurden nun die *méreaux* verwendet? Nehmen wir zunächst einmal die kirchlichen Bleimarken, von denen im vorigen Beispiel berichtet wurde. Neben den Mönchen, die in ihren Klöstern nach der Ordensregel lebten, gab es im Mittelalter und der frühen Neuzeit noch den »säkularen« Klerus. Jede Pfarrkirche hatte ihren Geistlichen, der ein ganz »normales« Leben unter seinen Schäfchen führte. Manchmal schlos-

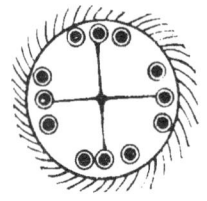

Méreaux vom Ende des 13. oder Anfang des 14. Jahrhunderts, vermutlich zur Entlohnung von Erdaushub- und Bauarbeiten eines Klosters in Saint-Omer, Frankreich.

sen sich mehrere von ihnen zu Chören zusammen, die zu Messen und anderen Andachten sangen. Daneben übten sie noch einige andere Aufgaben aus: Im Mittelalter bildeten die Priester einer Kathedrale ein Kapitel, das den örtlichen Bischof wählte. Wenn nun Mitglieder des »Domkapitels« eine Messe lasen bzw. an einer Messe teilnahmen, wurden sie in *méreaux* bezahlt, die sie später gegen Nahrung, Wein und andere Güter eintauschen konnten. Auch die zahlreichen wohltätigen Einrichtungen gaben ihre eigenen *méreaux* heraus, die man gegen Brot, Heringe, warme Mahlzeiten und Obdach eintauschen konnte. Am Ende dieser Entwicklung waren einige der Marken so weit verbreitet, dass man sie in den Städten, in denen sie ausgegeben wurden, als allgemeines Zahlungsmittel akzeptierte.

Noch bedeutsamer aber sind jene Marken, wenn damit eine Leistung im Rahmen bestimmter Arbeiten abgegolten wurde. So finden sich in den Archiven Hinweise darauf, dass zur Entlohnung der für die Kathedrale tätigen Glockengießer extra bestimmte *méreaux* geprägt wurden.[41] In Saint-Omer bezahlte ein Kloster Bauarbeiten und andere von weltlichen Arbeitern ausgeführte Tätigkeiten in *méreaux de salaire*. Sie wurden in Blei gegossen und trugen ein Emblem, das zeigte, welche Art der Arbeit ausgeführt worden war.

 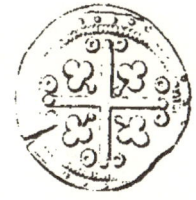 

Méreaux zur Entlohnung von Lastträgern, Flandern, Ende des 14. Jahrhunderts. Ganz rechts ebenfalls ein Lastenträger-méreaux aus dem Artois, 17. Jahrhundert.

Mit den *méreaux* konnte man beispielsweise seine Unterkunft bezahlen oder in bestimmten Wirtsstuben Wein und Mahlzeiten bekommen. Natürlich wurden die Gasthäuser vom ausgebenden Kloster beliefert, sodass ein lokaler Wirtschaftskreislauf entstand, in dem die Arbeit für das Kloster mit Produkten des Klosters bezahlt wurde. In Saint-Omer gab der Stadtrat im 17. Jahrhundert ebenfalls *méreaux* aus, mit denen er die Arbeiten an seinen Türmen und Verteidigungswällen vergütete. Auf dieselbe Weise wurden 1566 die Wälle von Lille bezahlt und 1663 die von Amiens.[42]

Sogar der König selbst bediente sich der *méreaux*, wenn er dadurch zu seinen Gunsten einen geschlossenen Wirtschaftskreislauf schaffen konnte. So entdeckten Archäologen beispielsweise *méreaux* mit dem königlichen Wappen und verschiedenen Maurerwerkzeugen. Damit wurden die Arbeiter bezahlt, die nach der berühmten Belagerung von Montségur, das 1244 im Feldzug gegen die Katharer fiel, die Festung wieder aufbauten. Später gaben die französischen Könige in Paris auch Bleimarken heraus, um ihre Bediensteten in Küche, Stall und anderen königlichen Einrichtungen zu bezahlen.[43]

An all diesen historischen Beispielen wird deutlich, dass das Vorurteil, lokale Währungen seien abgeschafft worden, um die Wirtschaft zu modernisieren und die Effizienz des Sys-

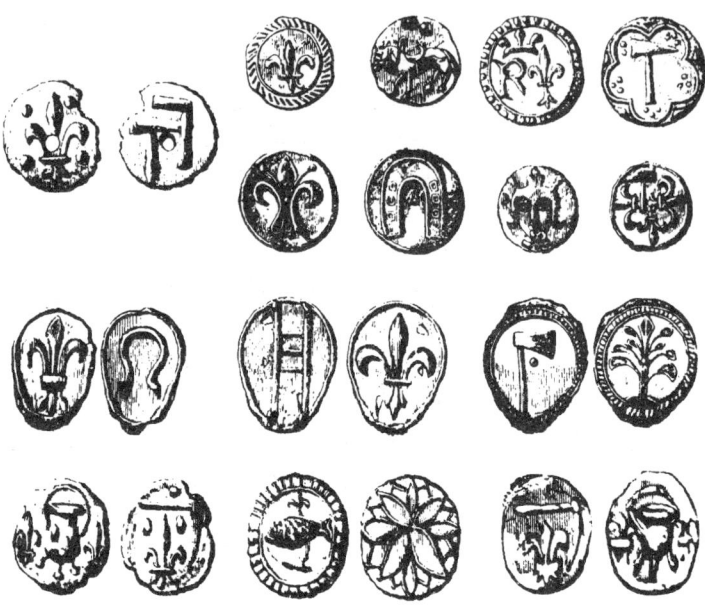

Méreaux der französischen Könige: Die oberen beiden Reihen zeigen Bleimarken zur Entlohnung von Bauarbeitern und Knechten im königlichen Pferdestall, die dritte Reihe zeigt méreaux für sonstiges Stallpersonal, die untere Reihe fürs Küchenpersonal.

tems zu steigern (wie manche moderne Währungsexperten glauben), schlicht unhaltbar ist.

Betrachteten die Zeitgenossen aber ihre *méreaux* tatsächlich als Geld? Kurz und bündig gesagt: Ja! Allein die Tatsache, dass viele dieser Marken die Aufschrift *moneta* (= »Münze«) tragen, kann hierfür als Beleg gelten. Dass die *méreaux* als »richtiges« Zahlungsmittel galten, beweist auch das Faktum, dass jeder, der sie fälschte, ebenso drastische Strafen zu gewärtigen hatte wie ein »normaler« Münzfälscher. Der Bußkatalog reichte vom Übergossenwerden mit siedendem Öl über das Naseabschneiden und das Brandmarken des Gesichts mit glühenden Eisen bis hin zum Prangerstehen, wobei man dem Volkszorn hilflos ausgeliefert war.

Und in welcher Relation stand das allgemein anerkannte zum offiziellen Zahlungsmittel? Das hing ganz von Zeit und Umständen ab. Mochte eine Marke zu Anfang nur innerhalb eines bestimmten sozialen Umfelds gelten, konnte sie sich allmählich aber immer weiter ausbreiten, bis sie schließlich in weiten Teilen der Bevölkerung als Zahlungsmittel akzeptiert wurde.

Zunächst einmal lässt sich der Stellenwert der beiden Währungssysteme nicht aufgrund archäologischer Funde ermitteln. Die meisten großen Geldfunde sind das, was wir gemeinhin als »Schatz« bezeichnen. Als solcher wird typischerweise aber nur das offizielle Zahlungsmittel betrachtet, das einen entsprechenden Gehalt an Edelmetall aufweist. Die wichtigsten Markenfunde jedoch wurden beim Ausbaggern von Flüssen innerhalb der Grenzen historischer Städte gemacht.[44] *Méreaux* und andere Marken tauchen also selten in Münzsammlungen auf, weil sie weniger schön und weniger wertvoll sind als die offiziellen Münzen. Dass archäologische Funde somit mehr Münzen als Marken zutage fördern, sollte uns nicht zu dem Fehlschluss verführen, Letztere wären kaum im Umlauf gewesen.

Wir können sogar davon ausgehen, dass diese »Ersatzzahlungsmittel« eine wesentlich größere Rolle spielten, als man heute annimmt. Der große Gelehrte Nicholas Oresme weist schon im 14. Jahrhundert darauf hin, dass man zwischen Währungen für den Zahlungsverkehr und Währungen zu Sparzwecken unterscheiden müsse. Später nahm der Begründer der Londoner Börse, Lord Gresham, seine Gedanken auf und formulierte sie zum so genannten Gresham'schen Gesetz um, in dem sich das Wertesystem des Goldstandards widerspiegelt: »Schlechtes Geld verdrängt gutes.« Die Währungen, die einen hohen Eigenwert besitzen (»gutes Geld«), werden zu Hause oder bei einer Bank aufbewahrt, wodurch sie dem allgemeinen Geldverkehr entzogen sind. Dadurch zirkuliert mehr und mehr »schlechtes« Geld, das keinen oder nur einen geringen Edelmetallgehalt hat. Daher spielte dieses Geld im Alltagsleben der Stadtbürger eine wesentlich größere Rolle, als dies auf den ersten Blick scheinen mag. Das Gegenteil gilt für große Transaktionen bzw. den Handel über die Grenzen der Region hinweg. In all diesen Fällen dominierte natürlich das offizielle Zahlungsmittel.

Bleibt die Frage, welche Bedeutung eine Geldform im Laufe der Zeit gewinnt. Dies lässt sich letztlich nur in der Rückschau beantworten. In diesem Zusammenhang ist eine Äußerung von Michel Dhenin, dem Kurator des Cabinets des Médailles der Nationalbibliothek in Paris, nicht ohne eine gewisse Pikanterie. Er meinte einmal in Bezug auf unsere aktuellen Währungen: »Man könnte ja einwenden, dass reales Geld heute weitgehend von Pseudogeld ersetzt wird, ja, dass wir in unseren Geldbörsen nur noch scheinbares Geld herumtragen. Und damit läge der Betreffende noch nicht einmal falsch.«[45]

Das System mehrerer paralleler Währungen wird häufig als Geschichte von Unzulänglichkeiten und Irrtümern beschrieben, die durch die Einführung des internationalen Goldstandards später behoben worden seien.[46] Die Verfechter dieser Ansicht betrachten ein System komplementärer Währungen als nicht ausreichend homogen und damit als hinderlich für Preisbildung und freien Güteraustausch. Doch ist auf das Nebeneinander verschiedener Währungen auch ein anderer Blick möglich, der in einer Währungsvielfalt ein bewusstes Instrument zur Aufrechterhaltung voneinander getrennter

Wirtschaftskreisläufe – lokaler, regionaler und überregionaler – sieht, das darüber hinaus die monetäre Trennung verschiedener Geldfunktionen (Aufbewahrung versus Tausch) ermöglicht. Dieser Argumentation haben sich so renommierte Experten wie Fernand Braudel und Aldo de Maddalena angeschlossen.[47]

Dass wir die verschiedenen Funktionen vormoderner monetärer Instrumente jedoch so präzise einzuschätzen vermögen, verdanken wir in erster Linie der bahnbrechenden Studie von Luigi Einaudi.[48] Jüngere Forschungsarbeiten nehmen seinen Ansatz auf und weisen damit beispielsweise nach, dass die Trennung monetärer Kreisläufe und Funktionen die entscheidende Grundlage für das finanzielle Gleichgewicht innerhalb der wirtschaftlichen und sozialen Systeme des Ancien Régime war.[49] Diese Wissenschaftler kommen zu einem interessanten Schluss:

»Das monetäre System vor der Einführung des Goldstandards war also keineswegs eine mängelbehaftete Notlösung, sondern ein stabiles System zweier Währungen. Folgt man diesem Ansatz weiter, so liefert die Finanzgeschichte des mittelalterlichen und modernen Europas erdrückende Beweise dafür, dass ein *kohärentes duales Währungssystem* auf institutioneller Ebene machbar und auch wirtschaftlich sinnvoll ist. Ein solches duales Währungssystem, das sowohl in allgemeiner als auch formeller Hinsicht als Komplementärwährung konzipiert ist, vereint monetäre Effizienz mit den Zielen des sozialen Ausgleichs.«[50]

Des Weiteren zeigt sich in der historischen Betrachtung, dass die regionalen Währungssysteme nicht abgeschafft wurden, weil sie wenig Effizienz boten oder die Bevölkerung von ihnen nicht profitierte. Der einzige Grund war vielmehr die wachsende Macht einer zentralen (das heißt königlichen oder kaiserlichen) Autorität.

Im 18. Jahrhundert griff dieser Prozess der Vereinheitlichung auf die internationale Ebene über. Zunächst wurde unter dem Druck der damals dominierenden Nation der Briten der Goldstandard eingeführt. Dass dieser im Laufe des 20. Jahrhunderts aufgegeben werden musste, hat den Vereinheitlichungsprozess der Währungen jedoch nicht gestoppt, im Gegenteil. Das Abkommen von Bretton Woods, das angeblich nur den Dollar an einen bestimmten Goldstandard band, zeitigte in der Hauptsache ein Resultat: Der dominante Global Player in Sachen Währung wurde ein anderer. Als Präsident Nixon 1971 die Garantie, dass der Dollar jederzeit zu einem bestimmten Kurs in Gold umgetauscht werden würde, fallen ließ, wurde klar, dass es auf der Welt bereits einen globalen Dollarstandard gab. Die einzig vernünftige Antwort darauf war die Bildung unabhängiger transnationaler Währungslandschaften, wie zum Beispiel der Euro-Zone. Wir werden später zeigen, dass die Schaffung des Euro nur ein erster und nötiger Schritt war, um mithilfe monetärer Innovationen die Probleme des 21. Jahrhunderts zu lösen.

Dabei sollten wir uns klar machen, dass die wichtigsten Währungsstrategen des 20. Jahrhunderts, unter ihnen John Maynard Keynes, der einige zentrale Ausschüsse in Bretton Woods leitete, eigentlich genau das Gegenteil von dem wollten, was bei dieser Zusammenkunft schließlich herauskam. Ihr Hauptziel war es, jedem Staat seine eigenständige Geldpolitik zu erlauben, die von internationalen Erfordernissen unabhängig sein sollte.[51] Es überrascht uns daher auch nicht, dass Keynes für den internationalen Zahlungsausgleich ein duales Währungssystem vorschlug. Er unterschied zwischen einer Verrechnungseinheit für den Güteraustausch (der von einer Clearing Union überwacht werden sollte) und einer anderen für internationale Darlehen (die wiederum von einer Behörde für internationale Investments kontrolliert werden sollte).[52]

Trotz der gewichtigen Stimmen, die für ein Nebeneinander monetärer Instrumente und Funktionen eintraten (zu ihnen gehörte nicht nur Keynes mit dem von ihm vorgeschlagenen Bancor, sondern auch Irving Fisher[53] mit dem »kompensierten Dollar« und Friedrich August Hayek,[54] der ebenfalls verschiedene Währungen favorisierte), schritt die Globalisierung und Vereinheitlichung des Geldes unaufhaltsam fort. Mit ihr verschwanden nicht nur die geopolitischen Grenzen zwischen den Nationalwährungen, sondern auch die Unterschiede zwischen verschiedenen wirtschaftlichen Aktivitäten bzw. ihren Akteuren. Und so erscheint uns nun das Aussterben der Vielfalt monetärer Instrumente, die jahrhundertelang Bestand hatten, als unvermeidlich. Heute benutzen wir für alle möglichen wirtschaftlichen Aktivitäten dieselbe Form von Geld, ob wir nun lokal, regional, national oder global tätig werden. Eine einzige Währung dient uns für den Handel zwischen privaten Partnern und für die Verteilung von Kaufkraft innerhalb unserer Gemeinschaften. Sie fungiert gleichzeitig als Tauschmittel, als Reserve und als Mittel zur Aufbewahrung von Werten.

Da die meisten Wirtschaftslehrbücher die historischen Fakten verschweigen, schrecken die Fachleute allein beim bloßen Gedanken an multiple Währungen zurück, weil sie diese für eine im besten Fall unorthodoxe, eher aber gefährliche Idee halten. Doch vergegenwärtigen wir uns noch einmal, was der historische Abriss erkennen ließ:

1. Der zunehmende Trend zur globalen Vereinheitlichung von Währungen ging von dem Bestreben der Zentralmächte aus, Kontrolle zu erlangen. Sie steigerte darüberhinaus die wirtschaftliche Effizienz des Systems für den Fernhandel, verschlechterte jedoch seine Effizienz auf regionaler Ebene. Und nun gibt es überzeugende historische Belege, dass gut gemanagte Regionalwährungen parallel zu nationalen bzw. supranationalen Systemen eingesetzt werden können, ohne Inflation oder andere Währungskrisen zu verursachen.

2. Der Trend zur Vereinheitlichung hat darüber hinaus den unangenehmen Nebeneffekt, das Spektrum an Lösungen für lokale und regionale Wirtschaftsprobleme erheblich einzuschränken. Darüber hinaus konzentriert sich die Finanzkraft in immer weniger Zentren.

3. Ist es daher nicht an der Zeit, dass wir uns fragen, ob diese Entwicklung überhaupt wünschenswert ist – vor allem vor dem Hintergrund der Probleme in Europa und der übrigen Welt?

Doch bevor wir uns an die Beantwortung dieser Frage machen können, müssen wir genauer definieren, was wir heute unter Regionalwährung verstehen.

Definitionen und Beschränkungen

Regionalwährungen sind eine Sonderform dessen, was man heute Komplementärwährung nennt. Dies ist deshalb wichtig, weil wir für eine auf breiter Basis funktionierende Regionalwährung kein aktuelles Modell finden. Für die Komplementärwährung allerdings gibt es genügend, auch aktuelle

Anwendungsbeispiele. Aus diesem Grund werden wir zunächst einen Blick auf die Komplementärwährung werfen, bevor wir zu Regionalwährungen kommen.

Eine der praktischen Umsetzungen des komplementären Währungskonzeptes sind die Bonusmeilen der Fluggesellschaften. Anfangs nur als Marketinggag gedacht, der die Markentreue der Fluggäste zu ihrer Airline stärken sollte, lassen sich heute damit Ferngespräche bezahlen, Taxis, Hotels oder Restaurants. Zwei Drittel der Bonusmeilen britischer Fluggesellschaften werden für etwas anderes als neue Flüge eingetauscht. In Großbritannien wurden Bonusmeilen sogar von Sainsbury, der größten Supermarktkette des Landes, akzeptiert. Und Sie können »Bonusmeilen« erwerben, ohne auch nur ein Flugticket gekauft zu haben, zum Beispiel wenn Sie für Ihre Einkäufe die Visa Card der Citibank benutzen. Bonusmeilen sind also zu einem nichtoffiziellen, zweckgebundenen Zahlungsmittel geworden. Dass hiermit erste Anfänge von Komplementärwährungen geschaffen werden und diese ein sinnvolles Geschäftsmodell sein können, ist mittlerweile eine allgemein anerkannte Tatsache (siehe Kasten).

Wie können wir nun aus dem, was wir über das Geschäftsmodell der Komplementärwährung erfahren haben, eine Definition derselben ableiten? Eine Komplementärwährung stellt eine allgemeine Übereinkunft innerhalb einer Gemeinschaft dar, etwas anderes als das offizielle gesetzliche Zahlungsmittel für den Austausch von Gütern und Dienstleistungen zu akzeptieren. Die meisten Komplementärwährungen dienen keinen kommerziellen Zwecken, weshalb man sie häufig auch »Gemeinschaftswährung« oder »Lokalwährung« nennt. Im Englischen ist darüber hinaus der Begriff *common tender* (im Gegensatz zum *legal tender*, dem gesetzlichen Zahlungsmittel) gebräuchlich. Da diese Währungen

Das Geschäftsmodell »Komplementärwährung«

Rein betriebswirtschaftlich gesehen, geht es darum, dass die Wertschöpfung für das Unternehmen höher ist als die Grenzkosten für jeden zusätzlichen Kunden. Bei den Fluggesellschaften bestehen diese Grenzkosten letztlich nur in den realen Ausgaben, die ein zusätzlicher Passagier auf dem entsprechenden Flug verursacht (also nur die Aufwendungen für die Mahlzeiten). Alle anderen Belastungen sind feste Kosten. Man nennt sie so, weil sie ohnehin anfallen, ganz egal, ob jemand den Platz im Flugzeug beansprucht oder nicht.

Sinnvoll ist solch eine Komplementärwährung also für all jene Unternehmen, die niedrige Grenzkosten haben. Es gibt durchaus Geschäftszweige, in denen die Grenzkosten bei null liegen, zum Beispiel im Kino (solange es nicht voll ist). Ein zusätzlicher Besucher verursacht keinerlei Aufwendungen, weil alle Ausgaben feste Kosten sind – ob es sich nun um die Leihgebühr für den Film, die Heizkosten oder das Gehalt des Filmvorführers handelt. Sie fallen sowieso an, egal, ob nur ein Besucher da ist oder deren 300. Ein Kino kann also einen Besucher einlassen, auch wenn er bis zu 90 Prozent des Eintritts in einer Komplementärwährung bezahlt, und steht immer noch besser da, als wenn es nicht Teil des Systems wäre. Auch wenn das Kino die Zweitwährung hinterher verfallen lässt, würde es immer noch mehr Gewinn in offizieller Währung machen als ohne diesen Besucher. Aber natürlich können der Kinobesitzer und seine Angestellten die Komplementärwährung auch nutzen und dadurch ihren Profit noch steigern.

Ein anderes Beispiel: Ein Restaurant hat gewöhnlich Grenzkosten von etwa einem Drittel der Kosten einer Mahlzeit. Diese entsprechen dem, was Sie tatsächlich auf den Teller bekommen. Ein weiteres Drittel sind Festkosten: Pacht, Heizung, Angestellte und so weiter. Nur das letzte Drittel macht den Gewinn aus. Solange das Restaurant also nicht voll ist, hat es durchaus Sinn, zusätzliche Besucher anzulocken, die zur Hälfte in offizieller Währung, zur Hälfte in einer Komplementärwährung bezahlen.

Der konventionelle Weg für einen Geschäftsinhaber, volle Auslastung zu erzielen, wären allgemeine Rabatte. Das hat jedoch den Nachteil, dass damit die Produkte auch für jene Kunden billiger werden, die ohnehin kommen würden. Wenn der Rabatt sich also nur auf die Nutzer der Komplementärwährung erstreckt, bleibt das Einkommen aus dem Besuch der Normalkunden erhalten. Außerdem kann der Inhaber selbst entscheiden, in welcher Form er den Rabatt erteilt. So kann er die Komplementärwährung zum Beispiel nur an Arbeitstagen akzeptieren, wenn er am Wochenende gewöhnlich ausgebucht ist. Aus diesem Grund operieren die Fluggesellschaften eher mit Bonusmeilen, um ihre Plätze zu füllen, statt allgemeine Rabatte zu geben. Auf solche Weise vermögen Komplementärwährungen ungenutzte Ressourcen zu mobilisieren und damit unbefriedigte Bedürfnisse zu decken. Darüber hinaus können die Unternehmen diese zusätzlichen Zahlungsmittel natürlich einsetzen, wie immer ihnen dies nützlich sein mag. An einem derartigen Programm teilzunehmen, hat nämlich auch indirekte Vorteile für die Firmen. Sie gewinnen – aus der Sicht ihrer Kunden in der Region – mit der Teilnahme an der Regionalwährung an Bedeutung, indem sie zu »aktiv tätigen Bürgern« werden und wichtige soziale Ziele, wie zum Beispiel die Umweltqualität unterstützen, ohne dass dadurch die Steuern erhöht werden müssen.

Komplementarität –
das Prinzip zur Erklärung
der Welt

gewöhnlich *neben* der gesetzlichen Verwendung finden und diese nicht etwa ersetzen, ziehen wir hier den Begriff »Komplementärwährung« (vom französischen *complément* [= »Ergänzung«]) vor.

Das Komplementärprinzip ist in der Wirtschaft zwar neu, in anderen Disziplinen wie Physik, Psychologie, Biologie oder Philosophie ist es als theoretisches Konzept durchaus gebräuchlich. Für die Physik haben Wolfgang Pauli,[55] Werner Heisenberg[56] und Niels Bohr[57] seine Nützlichkeit nachgewiesen, für die Systemtheorie tat dies Charles François,[58] für die Psychologie C. G. Jung[59], für die Medizin Victor von Weizsäcker[60] oder Thure von Uexkuell und für die Ethik Karl-Otto Apel. Sogar die Molekularbiologie arbeitet mittlerweile mit diesem Prinzip, um das Speichern von Information in der DNS zu erklären. Die östlichen Philosophien vom Taoismus bis zum Zen-Buddhismus haben die Vorstellung von der Komplementarität als Grundlage. Und ein so bedeutender Philosoph wie der Japaner Miura Baien hat sein gesamtes Denken darauf gegründet. Sie alle nutzen dasselbe Prinzip zur Erklärung der Welt. Wir können uns also vorstellen, dass das Prinzip der Komplementarität von enormer Bedeutung ist (siehe Kasten).

In den letzten zwanzig Jahren kam es zu einer Zunahme an komplementären Zahlungsmitteln, die meist eine eng begrenzte, mitunter rein lokale Funktion hatten. Tatsächlich ist dies zum ersten Mal der Fall, ohne dass hinter diesem Prozess eine Wirtschaftskrise oder ein Krieg stand. Die Grafik soll veranschaulichen, wie sehr die Anzahl solcher Zahlungsmittel in den letzten zwei Jahrzehnten zugenommen hat.

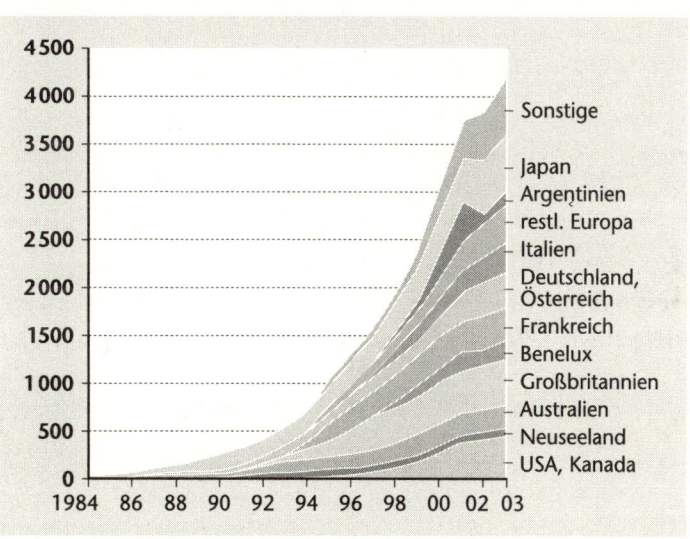

Die heutige Situation. Anzahl komplementärer Währungssysteme in zwölf Ländern (1984–2003).

Das Prinzip der Komplementarität

Was bedeutet »Komplementarität« im weitesten Sinne? Zwei Phänomene werden als komplementär zueinander beschrieben, wenn sie nicht ursächlich verbunden sind, nichtsdestotrotz jedoch beide nötig sind, um einen empirischen Prozess, ein Ereignis oder Verhalten zu verstehen und zu beschreiben. Sie verhalten sich wie eine Drehtür oder Reißverschluss zueinander. Im Hinblick auf Texte zum Beispiel verhalten sich die Kategorien »Form« und »Inhalt« zueinander komplementär: Keines der beiden Prinzipien ist Ursache des anderen, und doch kommt das eine ohne das andere nicht aus. Niemand kann einen Text richtig bewerten, wenn er sich nicht mit Form und Inhalt gleichermaßen auseinander setzt.

Dasselbe gilt etwa für die Konzepte »Kontinuität« und »Wandel«. Wenn etwas keine Kontinuität besitzt, existiert es nicht als Phänomen. Und doch machte schon Heraklit im 7. Jahrhundert v. Chr. die Beobachtung, dass alles im steten Wandel begriffen ist. Dergleichen Beispiele gibt es noch mehr: die Wellen- bzw. Teilchentheorie in der Physik, das Zusammenspiel zweier Farben in der Optik, Erklärung und Verstehen in der Hermeneutik, Syntax und Semantik in der Sprachwissenschaft, das Verhältnis zweier Archetypen in der Psychologie, und selbst die Kodierungen unseres genetischen Materials folgen dem Prinzip.

Bei diesen binären Konzepten ist das eine mit dem anderen nicht ursächlich verknüpft. Sie funktionieren vielmehr parallel. Doch um bestimmte Phänomene der materiellen Welt bzw. des menschlichen Verhaltens zu erklären, sind beide Begriffe nötig.

Wie lässt sich nun das Prinzip der Komplementarität auf die Wirtschaftswissenschaften, besonders auf monetäre Systeme anwenden? Komplementärwährungen, wie sie in diesem Buch vorgestellt werden, sind mit den Standardwährungen nicht ursächlich verknüpft, sondern existieren parallel zu ihnen. Standardwährungen (wie etwa der Yen, der Euro oder der Dollar) und Komplementärwährungen basieren auf unterschiedlichen Prinzipien, sind aber in ihrer Funktion aufeinander angewiesen. Das bedeutet, dass Komplementärwährungen eine Aufgabe übernehmen, welche die konventionellen Währungen nicht oder nicht ausreichend erfüllen können.

Ein Beispiel: Das System der Standardwährungen hat sich während des Industriezeitalters als nützlich erwiesen. Es hat erfolgreich globale Märkte geschaffen, einen großen Kapitalstock bereitgestellt und den Wettbewerb angeregt, wodurch ein bislang ungekannter Wohlstand entstanden ist. Doch es handelt sich dabei um eine zinsbasierte »Fiat«-Währung,[61] die nur aufgrund ihrer hierarchischen und monopolisierten Struktur funktioniert. Dieses System verschärft Einkommensunterschiede, zerstört unser soziales Kapital und lädt zur kurzfristigen Spekulation ein. Die negativen Seiten der Standardwährung können jedoch nicht innerhalb des Systems selbst korrigiert werden. Ein Komplementärwährungssystem aber, das auf völlig unterschiedlichen Prinzipien beruht (keine Zinsen, lokale und regionale Organisationsstruktur, Förderung des Sozialkapitals und basisdemokratische Entscheidungen), wäre genau dazu in der Lage. Beide Systeme zusammen (Standard- und Komplementärwährung) würden somit dazu beitragen, das ganze System zu stabilisieren.

Evolutionstheoretisch betrachtet, gibt es drei grundlegende Stadien der Wahrnehmung unserer Wirklichkeit, welche vonseiten des Individuums wie auch der Gemeinschaft durchlaufen werden:

1. Das präkonventionelle Stadium, in dem alles wörtlich genommen wird. Heißt es auf dieser Ebene des Weltverständnisses, dass die Sonne untergeht, dann wird dies so verstan-

den, als stiege der Himmelskörper tatsächlich »nach unten«. Es ist konkretistisch organisiert.

2. Das konventionelle Stadium, in dem verschiedene Perspektiven durch ein- oder mehrfache Reduktion miteinander verknüpft werden, so zum Beispiel wenn geistige Prozesse auf schiere Hirnfunktionen reduziert werden und umgekehrt. Etwa wenn man Gedanken, Träume, Phantasien oder Emotionen ausschließlich auf physiologische oder molekulare Vorgänge reduziert. Dieses Stadium ist demnach im Wesentlichen kausal organisiert.

3. Das postkonventionelle Stadium, in dem der komplementäre Ansatz zur dominanten Weltsicht wird. Hier wird unsere Wirklichkeit nicht nur kausal rekonstruiert, sondern es wird nach nicht weiter reduzierbaren Gegensatzbeziehungen gesucht. Geist und Materie, Yin und Yang, inneres Erleben und äußere Wirklichkeit können so komplementär ausgedeutet werden und beschreiben damit einen Zusammenhang, welcher durch eine konventionelle oder präkonventionelle Sicht nicht zugänglich ist.

So betrachtet, ist das Komplementaritätsprinzip die höchste Stufe des Verstehens, da es nicht nur das Organisationsprinzip der postkonventionellen Ebene darstellt, sondern gleichzeitig auch die konventionelle (kausale) und die präkonventionelle (konkretistische) Ebene mit berücksichtigt. Komplementär zu denken bedeutet also, dass man die wörtliche und ursächliche Ebene kennt, diese jedoch in einem dritten Schritt um eine zusätzliche Perspektive hin erweitert, welche die beiden vorhergehenden Stufen sowohl mit einschließt wie auch transzendiert.

In dem Sinne sollten Komplementärwährungen in diesem Buch verstanden werden.

Dr. Stefan Brunnhuber

Eine Region soll hier definiert werden als »geographisches Gebiet, mit dem die Menschen sich identifizieren«. Das ist eine gute und an dieser Stelle ausreichende Definition. Bekanntermaßen ist die Größe einer Region für ihr Selbstverständnis weniger bedeutsam als die potenzielle Dichte menschlicher Interaktion, natürliche geographische Grenzen, wie zum Beispiel Flüsse, Berge, Täler oder Wälder und der »Stolz auf die Zugehörigkeit zu diesem Gebiet«.

Eine Regionalwährung ist eine Form der Komplementärwährung, die zum Ziel hat, mithilfe ungenutzter Ressourcen auf regionaler Ebene bislang unbefriedigte Bedürfnisse zu stillen. Praktisch bedeutet dies, dass sie einen wesentlich breiteren Anwendungsbereich besitzt als Lokalwährungen (beispielhaft seien hier die LETS-Systeme,[62] Tauschringe oder Time Dollars[63] genannt), die in der obigen Grafik aufgeführt sind. Lokale Systeme umfassen meist nicht mehr als etwa tausend Mitglieder. (Eines der größten LETS-Netze weltweit, das Blue Mountain LETS bei Sydney, Australien, zählt etwa tausend aktive Mitglieder.) Die aktuell gültigen Währungen hingegen sind meist nationale oder transnationale Systeme, die für mehrere Millionen oder gar Hunderte Millionen (siehe Euro) Menschen gelten. Ein regionales Währungssystem sollte also dazwischen angesiedelt sein und für 10 000 bis eine Million Menschen Gültigkeit haben.

Die aktuell existierenden Lokalwährungen werden bei dem von uns vorgeschlagenen System keineswegs überflüssig. Sie nehmen einen sinnvollen und wichtigen Platz ein. Einige davon haben sich vor allem als Gemeinschaftswährung hervorgetan, indem sie den direkten Austausch zwischen Menschen erleichterten und so neue Beziehungen zwischen den Beteiligten schaffen. Außerdem ist es durchaus möglich, dass einige der lokalen Währungssysteme sich zu einem übergreifenden Netzwerk zusammenschließen und eine Regionalwährung hervorbringen, ohne auf ihre Rolle als unabhängiges Subsystem mit eigener lokaler Identität verzichten zu müssen. Darauf werden wir in Kapitel VI noch näher eingehen.

Die praktische Erfahrung mit bereits vorhandenen lokalen Systemen hat jedoch gezeigt, dass mit diesem Zahlungsmittel geregelte Tauschvolumina meist begrenzt bleiben, auch wenn die Systeme schon seit mehr als zehn Jahren existieren. Nur ganz wenige Teilnehmer geben an, dass sie mehr als ein Drittel ihres Bedarfs mithilfe einer lokalen Währung decken.[64] Und auf makroökonomischem Niveau betrachtet, machen die komplementären Währungssysteme höchstens 1 Prozent der regionalen Tauschvorgänge aus. Einer der schwer wiegendsten Gründe für diese Begrenztheit liegt allerdings in der Tatsache, dass die örtlichen Geschäfte die komplementären Zahlungsmittel nur sehr selten akzeptieren. Lokale Währungssysteme haben daher einfach zu wenig Gewicht, um einen entscheidenden wirtschaftlichen Einfluss auf eine Region auszuüben.

Dies soll jedoch ihre soziale Bedeutung für die beteiligten Menschen nicht schmälern. Denn der Mensch ist nun einmal primär sozial und nicht nur wirtschaftlich orientiert.

In diesem Buch allerdings widmen wir uns nicht allein sozialen Themen. Wir versuchen, Visionen und Strategien zu entwickeln, die als Gegengewicht zum aktuellen Globalisierungsprozess wirken können. Wir suchen also nach Modellen komplementärer Währungssysteme, die groß genug sind, um einen entscheidenden sozioökonomischen Einfluss auszuüben. Wir würden ein regionales System als erfolgreich betrachten, wenn es in der Lage wäre, bis zu 30 Prozent der ökonomischen Austauschvorgänge innerhalb eines Gebietes zu bewältigen. Dabei wollen wir hier noch einmal unterstreichen, dass es uns nicht darum geht, ein Land oder ein bestimmtes Gebiet ökonomisch von seiner Umgebung abzugrenzen, um es autark zu machen. Denn auch wenn die von uns vorgeschlagene Regionalwährung erfolgreich wäre, so würde der weitaus größte Teil des Wirtschaftskreislaufs immer noch über die offizielle Währung laufen. Vollkommene Autarkie ist in der heutigen Welt weder praktikabel noch wünschenswert.[65] Stellen Sie einfach mal zum Spaß eine Liste der Dinge auf, die Sie jeden Tag benutzen und auf die Sie verzichten müssten, wenn Sie nur verwenden könnten, was Ihre Region hervorbringt. Trotzdem zeigt die Erfahrung, dass, wenn wir Produktion und Konsum konsequent von unserem Umfeld lösen, also »delokalisieren«, auch ein entscheidendes Moment der Verankerung in diesem Umfeld verloren geht. Am sinnvollsten ist es daher, einen passenden Mittelweg zu finden, der beide Extreme vermeidet. Wo dieser Mittelweg liegt, ist für jede Region, jeden Menschen und jede Art des Konsums neu zu entscheiden.

Doch um eine Komplementärwährung zu einer echten Regionalwährung zu machen, braucht es mehr als nur eine bestimmte Menge von Nutzern und einen gewissen wirtschaftlichen Einfluss. Die Vorstellung von einer »Region« umfasst noch wesentlich subtilere Aspekte. Da ist zunächst einmal die Frage der Identität. Häufig weist »unsere« Region bestimmte natürliche Grenzen auf, die sie zu dem machen, was sie ist. Sie kann ein ganz eigenes Ökosystem, zum Beispiel ein Gebirgstal, sein. Manchmal ist damit auch eine charakteristische Biosphäre wie zum Beispiel ein Moor oder ein bestimmtes Anbau- oder Produktionsgebiet gemeint. Ziel und Zweck einer Regionalwährung ist es, einen privilegierten Informationsraum zu schaffen, der die Menschen und Ökosysteme eines bestimmten Gebietes miteinander verbindet.

Wir werden sehen, dass regionale Währungen häufig bestimmte Initiativen fördern, mit denen eine Region ihre spezifischen Probleme lösen kann, ohne eine Finanzierung von der Zentralregierung oder anderen Regionen fordern zu müssen. Eine Regionalwährung ermöglicht gebietsbezogene Problemlösungen, die ohne sie gar nicht möglich wären. Sie erweitert also unseren Handlungsspielraum.

Wann, wenn nicht jetzt?

Für eine möglichst baldige Einführung von Regionalwährungen gibt es drei gewichtige Argumente. Jeder dieser Punkte wird uns neue Einsichten in das Wesen regionaler und überregionaler Wirtschaftskreisläufe vermitteln, die uns auf den folgenden Seiten immer wieder nützlich sein werden. Daher soll uns dieses Thema noch ein wenig beschäftigen. Die drei Argumente, die hier und heute für die Einführung von Regionalwährungen sprechen, sind:

1. Regionale Währungen bieten ein Modell wirtschaftlicher Entwicklung, das zum Informationszeitalter passt.
2. Der Verunsicherung, die mit diesem Zeitalter einhergeht, können wir nur mit Flexibilität und Experimentierfreude begegnen.
3. Die komplexen Probleme in Europa erfordern ungewöhnliche neue Lösungen.

Ein Entwicklungsmodell für das Informationszeitalter
Dieses Argument geht im Wesentlichen auf einen Mann zurück, dem man solche Gedankengänge auf den ersten Blick nicht zutrauen würde. Toshiharu Kato hat fast sein ganzes Le-

ben dem METI (früher MITI) gewidmet, dem in Japan allgegenwärtigen Ministerium für Wirtschaft, Handel und Industrie (siehe auch Kapitel VII). Das METI ist eine der einflussreichsten Institutionen des Landes, da es sämtliche öffentlichen und privaten Wirtschaftsinitiativen kontrolliert. In den späten achtziger Jahren, als er schon mehr als zwanzig Dienstjahre im gehobenen Management hinter sich hatte, wurde er Vorstand der Kammer für die Dienstleistungsindustrie im METI. Seine Stellung ist und war eine der angesehensten in der öffentlichen Verwaltung Japans. Außerdem gehört er zum Vorstand des Financial Supervision Committee, der Aufsichtsbehörde für den Finanzmarkt, hat also expliziten Einblick in das Funktionieren konventioneller Währungen. Gerade dieser Hintergrund verleiht seinen Ausführungen eine große Überzeugungskraft.

Im Jahr 1993 nahm er eine Auszeit, die schließlich 36 Monate dauern sollte. Sein erklärtes Ziel dabei war es, in den USA zu leben, um zwei Modelle einer auf Hightech-Innovationen beruhenden Wirtschaftsentwicklung persönlich in Augenschein nehmen zu können: das Silicon-Valley-Modell und das Route-128-Modell. Das Route-128-Modell hat seinen Namen nach der Entwicklung am Highway 128 rund um Boston, Massachusetts. Dort siedelten sich Ende der achtziger Jahre einige Großkonzerne an (zum Beispiel Hewlett-Packard, Raytheon und andere Lieferanten des Verteidigungsministeriums), die wiederum Hunderte kleiner Hightech-Firmen anzogen, deren Ideengeber von den dortigen Universitäten (MIT [Massachusetts Institute of Technology] und Harvard) kamen. Beim Silicon-Valley-Modell hingegen geht es um die bekannte Ansammlung von Hightech-Computerfirmen und Venture-Capital-Unternehmen, die um die Universität Stanford in einem Tal südöstlich von San Francisco aus dem Boden schoss.

Kato schloss, dass das dezentrale Modell des Silicon Valley, in dem Hunderte kleiner Firmen ein dichtes Netz an Kontakten knüpften (ohne sich um mächtige Konzerne im Zentrum zu scharen), das geeignete Modell für Japans Zukunft sei. Und was noch beeindruckender ist: Er führte dieses Modell einer dezentralen Entwicklung logisch fort, indem er eine neue Art regionaler Währung einführte, die er »Eco-Money« nannte.

Seine Argumente für die Einführung dezentraler Wirtschaftsstrukturen in Japan gelten nicht nur für das krisengeschüttelte Nippon, sondern mehr oder weniger für die ganze Welt:

»Japan muss aktiv dafür Sorge tragen, dass in seinen unterschiedlichen Regionen eine neue Vielfalt entsteht, um ein sozioökonomisches System zu fördern, das die Gemeinschaft in den Vordergrund stellt. [...] Japans Weg in die Informationsgesellschaft muss geprägt sein von wirtschaftlichen und sozialen Innovationen, damit es als Vorläufer für andere Staaten wirken kann. [...] Jede einzelne Region wird ihre eigenen Industriekonglomerate entwickeln – mit eigenen wirtschaftlichen Zentren, einem eigenen unternehmerischen Umfeld und entsprechend kreativen Gemeinschaften. [...]

Die moderne Wirtschaftswissenschaft bietet uns leider keine klaren Lösungsansätze. Die traditionelle Sicht der Wirtschaftswissenschaft schließt aus der simplen Summe bestimmter Daten, in welche Richtung sich die Wirtschaft bewegt. Diese Sicht macht es jedoch unmöglich, dynamische Veränderungen von einem Attraktor zu einem anderen zu analysieren und zu begreifen. [...] Die eigentliche Aufgabe der Wirtschaftspolitik hingegen ist es, den Attraktor ins Zentrum der wirtschaftlichen Bewegung zu rücken.

Nur so ist die Wirtschaft in der Lage, Probleme zu lösen. Um dies zu leisten, dürfen wir nicht nur die Entscheidungen von Personen und Unternehmen, den gesellschaftlichen Akteuren der Makroebene, registrieren, wir müssen ebenso die Interaktionen zwischen diesen Akteuren betrachten. [...] Das neue japanische Entwicklungsmodell basiert auf der Bedeutung der Region. Es weist eine duale Struktur auf, die der regionalen Wirtschaft und der Gemeinschaft.«[66]

Toshiharu Katos Worte sind vor allem in zweierlei Hinsicht äußerst bemerkenswert:

1. Zum einen stellt er ganz richtig fest, dass die traditionellen Wirtschaftswissenschaften nicht in der Lage sind, Beziehungen zwischen den Teilnehmern des Wirtschaftssystems hinreichend zu verdeutlichen. Sie konzentrieren sich ausschließlich auf das Gesamtvolumen der Tauschvorgänge. So stellt die klassische Volkswirtschaft beispielsweise keine begrifflichen Instrumente zur Verfügung, um unterscheiden zu können, ob ein Umsatz von einer Milliarde Euro von einem Großkonzern oder von zehntausend unabhängigen Kleinunternehmen getätigt wurde. In einer Informationsgesellschaft aber ist dies von entscheidender Bedeutung, weil letzterer Fall ein robustes soziales und informationstechnisches Netz darstellt, das für eine vielfältige, stark diversifizierte Wirtschaftsstruktur spricht. Doch wie der amerikanische Autor John Perry Barlow, der für die Ausdehnung der Bürgerrechte auf den Cyberspace kämpft und sich daher gründlich mit Zukunftsmodellen beschäftigt hat, meint, sind für die Wirtschaft der Zukunft Beziehungen wichtiger als Besitztümer.

2. Zum anderen ist bemerkenswert, dass Toshiharu Kato seine neue Wirtschaftspolitik nicht in Begriffen der traditionellen Wirtschaftswissenschaft beschreibt. Die ökonomischen Standardkonzepte sind dem Newton'schen Weltbild
   entlehnt. Daher sind sie nicht in der Lage, das, was den Erfolg einer Informationsgesellschaft ausmacht, zu analysieren. Statt auf die traditionellen Vorstellungen greift Kato
   daher auf die Begriffe der Chaostheorie zurück, die entwickelt wurden, um komplexe Systeme darzustellen. So ist es
   ihm möglich, den dynamischen und interaktiven Charakter wirtschaftlicher Vorgänge adäquat zu beschreiben. Aus
   diesem Grund aber können wir seine Schlussfolgerung
   auch nur dann richtig einschätzen, wenn wir wissen, was
   ein Attraktor ist.

Die heutige japanische Wirtschaft ist durchweg auf dem
Route-128-Modell aufgebaut, das Kato für ungeeignet hält, um
die Herausforderungen der Zukunft zu meistern: Einige wenige Großkonzerne ernähren Abertausende von Kleinunternehmen und Familienbetrieben, die für die Kolosse Zubringer-
dienste leisten. Die Großkonzerne sind wiederum auf eine Art
und Weise verflochten, die aus ihnen – anders als in Europa
oder Amerika – eng verwobene Giganten (so genannte *Zai-
batsu*) macht, von denen es in ganz Japan höchstens sechs
gibt. Daher ist Japan vermutlich von allen Volkswirtschaften
diejenige, die Katos Vorstellungen von der Wirtschaft der Zukunft am allerwenigsten entspricht. Wie also stellt er sich die
weitere Entwicklung hin zu einer dezentralen Wirtschaft vor?
   Die einfache, aber dennoch revolutionäre Antwort lautet:
über ein System regionaler Währungen. Dies hat einen ganz
simplen Grund: In jedem Wirtschaftssystem ist der höchste
Attraktor Geld. Vor diesem Hintergrund kann man Ziel und

Zweck eines Unternehmens so beschreiben: Jedes Unternehmen ist bemüht, so viel Geld als möglich anzuziehen und so wenig wie möglich auszugeben. Der Markt ist nun der »Ort«, an dem alle Marktteilnehmer um das verfügbare Geld konkurrieren. Daher lässt sich die Energie des ganzen Systems fundamental verändern, wenn man ins Geldsystem eingreift. Auf diese Weise geht eine angestrebte Umstrukturierung weit schneller und kostengünstiger vonstatten, als wenn man dasselbe Ziel mithilfe der Gesetzgebung bzw. der doch recht aufwendigen Kraft der Überzeugung erreichen wollte.

In Katos Augen ist eine neue Währung, die er »Eco-Money« nennt, das Schlüsselinstrument zur Reformierung der japanischen Wirtschaft:

> »Eco-Money ist das Geld des 21. Jahrhunderts, das zum Tausch in so verschiedenen Bereichen wie Umwelt, Sozialsysteme, Gemeinschaftsleben und Kultur genutzt werden kann. Das ›Ökogeld‹ wird parallel zur gesetzlichen Währung genutzt. Auf diese Weise können beide Währungsformen am effektivsten zur Schaffung eines angemessenen Lebensstils genutzt werden.«[67]

Doch Kato hat die Nützlichkeit regionaler Währungen in der Informationsgesellschaft nicht nur theoretisch nachgewiesen. Mittlerweile koordiniert er eine ganze Reihe von »Eco-Money«-Experimenten im ganzen Land. Etwa vierzig Modelle unterschiedlicher Größenordnung und Ausgestaltung werden in Japan aktuell erprobt. Diesen verschiedenen Modellen widmet sich Kapitel VII, in dem das »Experimentallabor Japan« genauer untersucht wird.

Hier soll uns einstweilen nur die Schlussfolgerung aus Katos Erfahrungen interessieren: dass Regionalwährungen nämlich keineswegs einen Rückfall in eine primitivere Vergangenheit darstellen, wie dies einige ihrer Kritiker so leidenschaftlich behaupten. Tatsächlich sind sie ein sinnvolles Instrument für unsere Zukunft. Klar ist, dass einige Länder den Zug Richtung Informationsgesellschaft verpassen werden. Diese Staaten sind die Entwicklungsländer des 21. Jahrhunderts. Derselbe Vorgang war bereits beim Übergang von der Agrar- zur Industriegesellschaft zu beobachten. Manche Länder, die im 19. Jahrhundert noch zu den hoch entwickelten zählten, verschliefen den gesellschaftlichen Wandel und rutschten im 20. Jahrhundert in die »Dritte Welt« ab. An diesen Staaten sehen wir, wie schwer es ist, derartige Versäumnisse später noch aufzuholen.

Wenn wir ein bestimmtes Währungssystem einführen, entscheiden wir gleichzeitig über unsere Zukunft. Diese Tatsache hat vor etwa hundert Jahren schon Georg Simmel beschäftigt, der sinngemäß sagte, dass es bei der bereits damals aktuellen Debatte um die Zukunft unseres Geldes nicht etwa um Inflation oder Deflation gehe, um feste oder flexible Wechselkurse, Gold- oder Papierstandards. Sondern es gehe letztlich um die Gesellschaft, in der dieses Geld künftig wirken soll.[68]

Flexibilität gefragt

Im Moment herrscht Einigkeit darüber, dass wir uns mit nicht zu unterschätzender Geschwindigkeit auf ein »postindustrielles Zeitalter« zubewegen. Darüber aber, was dies nun genau bedeutet, gehen die Meinungen schon wieder auseinander. Eines ist sicher: Der gesellschaftliche Wandel wird unser Leben rasch und in unvorhersehbarer Weise verändern. Kurz gesagt: Wir sind ins »Zeitalter der Ungewissheit«[69] eingetreten.

Solange wir in einer Welt lebten, die sowohl vorhersagbar als auch kontrollierbar war, hatte es durchaus Sinn, Infor-

»Okay, sobald ich das Signal gebe, fangen wir an, postindustriell zu den-
ken!«

mationen zu zentralisieren und Entscheidungen den »Sach-
verständigen« zu überlassen. Das Informationsmanagement
wurde sinnvollerweise in hierarchische Ebenen aufgeteilt,
welche die Befehls- und Kontrollfunktion ausübten. Diese
Struktur durchdringt mittlerweile alle Ebenen der Gesellschaft, sodass die Vorstellung, andere Wege könnten möglicherweise effektiver und praktischer sein, gar nicht erst aufkommen kann.

Doch inzwischen sind immer mehr gesellschaftliche Subsysteme (Regierungsgewalt, Gesundheitspolitik, Umwelt, Arbeitsmarkt, Finanzmärkte usw.) von Krisen betroffen. Der
Übergang in die Informationsgesellschaft wird tatsächlich
zum »Zeitalter der Ungewissheit«. Daher sind wir der Meinung, dass wir ernsthaft überlegen sollten, ob andere Modelle uns nicht weiterbringen. Halten wir unter diesen Umständen nach wie vor an den alten hierarchischen und zentralistischen Strukturen fest, würgen wir ebenjene Neuerungen ab,
mithilfe deren wir die veränderte Situation in den Griff be-

kommen würden. Die Tabelle mit den alten und den neuen Mustern soll anschaulich machen, was der gesellschaftliche Wandel von uns verlangt.

Alte Muster (Industriezeitalter in der Reifephase)	Neue Muster (postindustrielles Zeitalter)
Vorhersagbarkeit und Kontrollierbarkeit werden vorausgesetzt.	Grundlegende strukturelle Veränderungen werden gefordert.
Wissen und Information sind zentralisiert.	Wissen und Information sind verteilt.
Experten finden Lösungen.	Neue Modelle werden von vielen Menschen erprobt.
Eindimensionale Befehls- und Kontrollfunktionen herrschen vor.	Komplexe wechselseitige Anpassungsvorgänge finden statt.

Wenn wir die anstehenden Veränderungen betrachten, wird klar, weshalb Universallösungen, die für einen Staat – oder gar über die Ländergrenzen hinweg für ganz Europa bzw. die ganze Welt – gedacht sind, nicht funktionieren können, ob es sich dabei nun um Arbeitslosigkeit, Sozialsysteme, Bildung und Erziehung oder andere Probleme handelt. Tatsächlich deutet alles darauf hin, dass die Modelle des späten Industriezeitalters in der Zukunft immer mehr an Gültigkeit verlieren werden.

Das bisher Gesagte trifft keineswegs nur auf den Wirtschafts- und Unternehmensbereich zu. Solche Vorgänge treten in allen Systemen auf, die einen bestimmten Grad an Komplexität aufweisen, das heißt in physikalischen ebenso wie in biologischen, in sozialen ebenso wie in ökonomischen.

Die Theorie komplexer Systeme besagt, dass – konträr zur Newton'schen Logik – Komplexität nicht linear zunimmt. Ihr Wachstum verläuft vielmehr in Schüben. In solchen Wachstumszeiten nimmt der Grad an Organisiertheit ab, das System nähert sich dem Chaos, ohne jedoch ganz umzuschlagen. Diese »quasichaotischen« Zustände ergeben sich immer dann, wenn die Strukturen eines Systems sich auflösen, um sich auf der nächsthöheren Ebene wieder neu zu organisieren. Zumindest ist dies die Theorie von Ilya Prigogine, der den Chemienobelpreis für seine Arbeiten über »irreversible Prozesse« erhalten hat. Später wandte er sich der physikalischen Statistik zu und der Erforschung so genannter »dissipativer Strukturen«. Er wies nach, dass auch in einfachen chemischen Systemen das Chaos, das entsteht, wenn sich eine Ebene auflöst, grundlegend für die Neuordnung auf der nächsthöheren Ebene ist. Wir sind davon überzeugt, dass wir den Zustand »am Rande des Chaos« bereits erreicht haben. Sobald unsere Umwelt aber in den strukturellen Wandel eingetreten ist, bleibt uns nur eine Chance: Wir müssen die Innovationskraft dessen nutzen, was zu Anfang als neue Unordnung erscheint, wenn wir mit den sich ergebenden Problemen fertig werden wollen. Mit anderen Worten: im Problem die Chance sehen und sie ergreifen.

Wie also sollen wir praktisch mit dem »Strukturwandel« umgehen, der in allernächster Zukunft auf uns zukommt? Wie können wir für die »Verteilung von Information« sorgen und so viele schöpferische Geister als möglich dazu ermutigen, ihre Lösungsansätze einzubringen?

Unserer Auffassung nach ist ein größeres Maß an wirtschaftlicher Freiheit auf regionaler Ebene der beste Weg. Und wie Toshiharu Kato richtig meint, können solche Experimente nur mithilfe regionaler Währungen gelingen.

Die besondere Lage Europas

Europa, der »alte Kontinent«, steht am Scheideweg. Er hat mit einer ungewöhnlichen Häufung von komplexen Problemen zu kämpfen, die bereits an vielen Stellen ausführlich behandelt wurden:[70]

- die zunehmende Überalterung der Gesellschaft, in welcher der Anteil der Rentner an der Gesamtbevölkerung höher steigen wird als je zuvor, was zur Folge hat, dass weder Renten noch die Kosten für die medizinische Versorgung bezahlbar sein werden,
- eine dauerhafte Arbeitslosigkeit, die den höchsten Punkt seit 1930 erreicht hat und an der alle konventionellen Lösungsansätze scheitern,
- eine dauerhafte Stagnation der Wirtschaft, die vor allem Deutschland betrifft, das am Rande einer Deflation zu stehen scheint, die durchaus japanische Ausmaße annehmen könnte.

Leider haben die europäischen Länder sich aller Mittel beraubt, um auf diese Situation reagieren zu können. Die Euro-Einführung war zwar in geopolitischer Hinsicht sinnvoll, das Timing jedoch hätte schlechter nicht sein können.[71] So hat die Euro-Einführung den Handlungsspielraum der beteiligten Länder dermaßen verkürzt, dass die Negativwirkungen sich auf verhängnisvolle Weise potenzieren:

- Jedes Euro-Mitgliedsland hat die geldpolitischen Zügel der Europäischen Zentralbank (EZB) übergeben. Deren Politik ist jedoch per definitionem nicht auf die Bedürfnisse einzelner Länder, sondern auf die des gesamten Wirtschaftsraumes hin ausgerichtet.

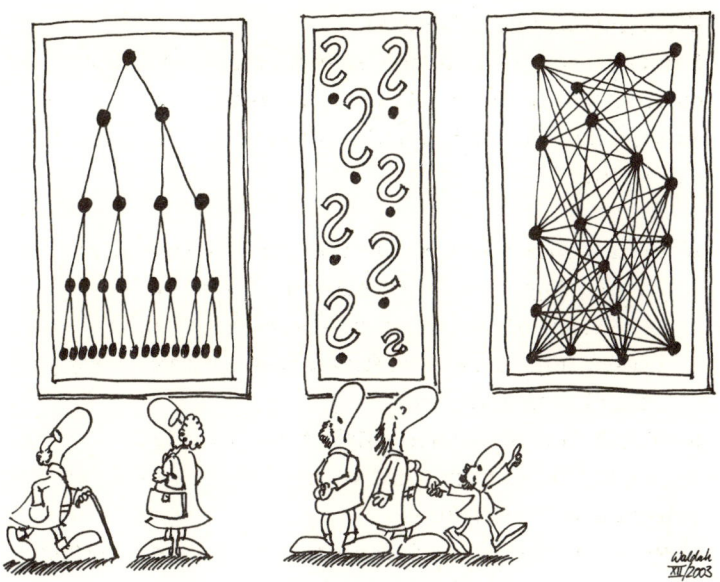

Zwischen den Zeitaltern

● Traditionell gibt es nur zwei Wege, die Wirtschaft zu stimulieren: durch Geld- oder Fiskalpolitik. Erstere senkt die
Zinsen, sodass sich für Unternehmen und Einzelpersonen der Anreiz vergrößert, in neue Produktionsmittel bzw.
Eigenheime oder Ähnliches zu investieren. Die Fiskalpolitik, auch als »keynesianisches Instrument« bekannt, erhöht in Zeiten mangelnden Wirtschaftswachstums die
Staatsausgaben. Dies jedoch wird durch den europäischen
Stabilitätspakt verhindert, der festlegt, dass kein Mitgliedsland der Euro-Zone pro Jahr mehr als 3 Prozent seines Bruttoinlandsproduktes an Neukrediten aufnehmen
darf. Damit bleibt den Regierungen aber kaum Spielraum,
um durch Anhebung der Staatsausgaben die Wirtschaft
anzukurbeln.

- Die EZB muss einen sehr harten geldpolitischen Kurs verfolgen. Der Vertrag von Maastricht sichert ihr völlige Unabhängigkeit von den Wünschen einzelner Regierungen und macht sie zur Hüterin der Preisstabilität. Ein starker Euro aber heißt letztlich, dass die Möglichkeiten, Probleme wie die Arbeitslosigkeit in den Griff zu bekommen, beschränkt sind. Und wird die staatliche Ausgabenpolitik gelockert, so dürfte die EZB den geldpolitischen Hahn noch stärker zudrehen, wie der amerikanische Ökonom Fred Bergsten schon 1997 schrieb: »Eine expansive Haushaltspolitik sowie eine rigide geldpolitische Haltung der EZB würde die neue Währung noch mehr stärken. Dies zeigt das Beispiel der amerikanischen Federal Reserve, die in den frühen achtziger Jahren des 20. Jahrhunderts den Außenwert des Dollars kontinuierlich ansteigen ließ, während Reagan ein historisches Budgetdefizit verursachte. Auch die Bundesbank hielt die Deutsche Mark stark, während Anfang der neunziger Jahre die Kosten der deutschen Einheit ein enormes Haushaltsdefizit verursachten.«[72]

All dies heißt letztlich nur eines: Die Regierungen der Euro-Länder stehen mit dem Rücken zur Wand und haben keine Möglichkeit, etwas dagegen zu unternehmen. Wenn die Arbeitslosigkeit weiter steigt, werden auch die sozialen Spannungen zunehmen. Davon profitieren letztlich alle extremistischen und nationalistischen Parteien. Für uns steht viel auf dem Spiel: der soziale Friede, die politische Ausgeglichenheit und die Legitimität des Projekts Europa. Aber natürlich haben die traditionellen Denker neoliberaler Prägung dafür auch schon eine Lösung parat: Europa muss sich strukturell wandeln, wenn es der Arbeitslosigkeit Herr werden will. Damit ist meist eine Reihe von Maßnahmen mit einer ganz bestimmten

Zielsetzung gemeint: die Abschaffung oder Lockerung des sozialen Netzes, eine spürbare Absenkung des Lebensstandards der arbeitenden Bevölkerung und ein rasantes Anwachsen der Einkommensunterschiede zwischen den reichsten 5 Prozent der Bevölkerung und dem Rest. Genau das hat sich nämlich in den USA zugetragen, wo derartige Maßnahmen in den letzten zwanzig Jahren umgesetzt wurden. Wir sind jedoch der Ansicht, dass Europa eine ganze Reihe von Gründen politischer, pragmatischer, historischer und ethischer Natur hat, einen anderen Weg zu suchen.

Deshalb schlagen wir vor, weniger konventionelle Mittel in Betracht zu ziehen. Eines dieser Mittel wären regionale Währungen, die neue, ungewöhnliche Lösungen für diese belastende Situation ins Spiel brächten. Sicher ist dabei nur eines: Europa hätte sehr viel mehr Chancen mit dem Euro und einer Reihe regionaler Währungen als mit seinen alten Nationalwährungen.

Welche Eigenschaften solche komplementären Regionalwährungen haben sollten und wie – aus der Fülle von Möglichkeiten – das richtige Modell ausgewählt werden kann, zeigt das nächste Kapitel.

Kapitel IV
Eigenschaften und Auswahl einer Regionalwährung

Aus der großen Anzahl von Beispielen für Komplementärwährungen, die es heute gibt, haben wir versucht, Eigenschaften und Auswahlkriterien zu kategorisieren, die für regionale Komplementärwährungen relevant sind (siehe Annex B). Damit wollen wir für diejenigen, die sich an die Realisierung wagen – und noch ist sie ein Wagnis –, einen Überblick über das geben, was als realisierbar und erprobt gilt.

Und so nützlich es ist, sich einen Überblick zu verschaffen über die unterschiedlichen Ziele und Möglichkeiten komplementärer Währungen, so verwirrend mag diese Vielfalt sein, wenn es darum geht, eine Auswahl zu treffen, die für die spezifischen Probleme einer Region die geeignete ist.

Die erste Frage, die sich stellen wird, lautet: Wie kommt man zu einer Entscheidung, ohne dass man alle Modelle im Detail kennt? Denn – so viel ist klar – mehr als eine Chance hat man meistens nicht. Entweder die angebotene Lösung greift und hat Erfolg, oder es wird für viele Jahre schwierig sein, Unterstützung für eine weitere solche Idee zu bekommen. Deshalb ist es wichtig, die Auswahl und Einführung der Währung sorgfältig vorzubereiten. Man analysiert die Region, was sie am dringendsten braucht, man definiert die Ziele, die eine Regionalwährung erfüllen, und die Eigenschaften, die sie haben soll, und wählt dann diejenige aus, die am erfolgversprechendsten zu sein scheint.

In diesem Kapitel werden wir an einem Beispiel die Eigenschaften und Kriterien für einen Auswahlprozess betrachten, wie wir ihn uns in Deutschland vorstellen können, und im nächsten Kapitel auf die Einführung näher eingehen.

Ausgangslage

Für die Auswahl spielt die Struktur und die Größe des Gebiets eine entscheidende Rolle. Ob es sich um eine Industrieregion in der Nähe einer Großstadt oder eine periphere, ländliche Region handelt, generell gilt: Je vielfältiger die wirtschaftliche Ausgangssituation ist, umso einfacher lässt sich eine regionale komplementäre Währung mit Erfolg einführen. Dort, wo es nur wenige Großbetriebe gibt, in denen die meisten Menschen arbeiten, kann es hingegen schwieriger sein, eine regionale Währung einzuführen, weil sie das Angebot für die vielfältigen Dinge des täglichen Lebens, die wir heute als Selbstverständlichkeit betrachten, nur eingeschränkt zur Verfügung stellen kann.

Es ist sicher kein Zufall, dass die ersten Initiativen für die Einführung von Regionalwährungen in Deutschland vor allem in ländlichen Gebieten (Chiemgau, Mangfalltal, Allgäu, Neumarkt, Münsterland und anderen) entstanden sind. Hier spüren die Menschen, dass sie den Zentren gegenüber benachteiligt sind, und sie beginnen, sich auf ihre eigenen Stärken zu besinnen.

So haben sich viele Bauern zum Ziel gesetzt, ihre Höfe zum überwiegenden Teil oder sogar zur Gänze mit erneuerbaren Energien zu versorgen, um unabhängig von fernen Energieimporten zu sein, die Wertschöpfung im eigenen Betrieb oder Umfeld zu behalten und in geschlossenen nachhaltigen Wirtschaftskreisläufen umwelt- und klimaschonend zu arbeiten. Nach dem Motto »Aus der Region – für die Region«.

Kultur und Kunst der Region werden für den Tourismus wiederentdeckt, bieten damit aber auch den Einheimischen bessere Chancen, sie als ihr eigenes Erbe wahrzunehmen. Handwerker, die etwas für die Region Besonderes leisten, gelangen als Beteiligte von Wirtschaftsförderungsmaßnahmen zu neuen Ehren, und landwirtschaftliche Betriebe schließen sich zusammen und entwickeln regionale Vermarktungsstrategien für ihre Lebensmittel mit eigenen Markenzeichen und Verteilungsnetzen. Die Nähe zwischen Konsumenten und Produzenten unserer primären Lebensgrundlage, der Landwirtschaft, ist nach den verschiedenen Lebensmittelskandalen der letzten Jahre wieder ein Vorteil bei der Vermarktung. Und der Slogan »Erste Wahl – regional« lässt sich natürlich auch auf viele andere Produkte und Dienstleistungen ebenso wie die Einführung einer regionalen Währung anwenden.

Aber auch in Berlin, Bremen und München gibt es Initiativen, die sich von verschiedenen Ausgangspunkten her der Einführung einer Regionalwährung nähern. Die Gruppe um Dietlind Rinke, die den Bremer Roland herausgibt, konzentriert sich zu Anfang auf die Vermarktung biologischer Lebensmittel aus der Region für die Stadtbevölkerung Bremens.

Für die Berliner Gruppe um Dag Schulze und Alexander Woitas bietet sich das Thema »Verkehr« bzw. »Alternativen zum eigenen Auto« als ein Einstiegspunkt an. Sie verbinden mit der Einführung einer Regionalwährung langfristig auch einen Anstieg des Nahverkehrs sowie der Nutzung regenerativer Energien und eine Stärkung der Car-Sharing-Idee (siehe Kasten). Dafür bestehen schon längst Modelle, die aber häufig an Finanzierungsproblemen wie natürlich auch an »eingefahrenen« Verhaltensmustern scheitern.

Regionales Geld und Verkehr

Die Steigerung der regionalen Wertschöpfung, die mit der Einführung von Regiogeld erreicht werden kann, führt mittelfristig auch im Verkehrssektor zu einer Reihe von Änderungen. Die drei wahrscheinlich wichtigsten Auswirkungen sind der Anstieg des Verkehrsaufkommens im Nahverkehr gegenüber einem Rückgang im Fernverkehr, die zunehmende Nutzung regenerativer Energien zum Antrieb der Fahrzeuge und die Stärkung der Nutzungs- gegenüber der Besitzorientierung.

Die zunehmende Bedeutung der regionalen gegenüber der überregionalen bzw. globalen Wertschöpfung führt automatisch zu kürzeren Transportwegen für Personen und Güter. Der Nahverkehr innerhalb einer Region nimmt zu, der Fernverkehr zwischen weit entfernten Regionen nimmt ab. Die Verbesserung der Naherreichbarkeit rückt damit in den Fokus. Wie der Ausbau von Autobahnen, Hochgeschwindigkeitsstrecken und Flughäfen zeigt, werden die Verkehrssysteme heute vor allem hinsichtlich der Fernerreichbarkeit verbessert. Bei der Eisenbahn wird die Naherreichbarkeit durch Nichtbedienung von Haltepunkten und kleinen Bahnhöfen sowie Stilllegung von Nebenstrecken heute sogar verschlechtert. Mit der steigenden Bedeutung kurzer Wege nimmt auch die Wichtigkeit von Fahrzeugreichweite und Höchstgeschwindigkeit ab. Die Nachfrage nach hoher Reichweite und Geschwindigkeit behindert heute massiv die breite Einführung alternativer Fahrzeugantriebe. Strecken von unter 100 Kilometern und Geschwindigkeiten von rund 100 Kilometern pro Stunde sind mit Elektroautos technisch und wirtschaftlich längst realisierbar.

In einer stark regional geprägten Wirtschaftsstruktur werden überwiegend heimische Ressourcen genutzt. Da nur wenige

Fotomontage von Riemann Produktdesign

Personallose Fahrradvermietstation

Regionen über fossile Energieträger oder Uran verfügen, kommt es zu einer verstärkten Nutzung erneuerbarer Energien, die in der einen oder anderen Form in jeder Region verfügbar sind. Im Verkehr werden daher zunehmend Biokraftstoffe und Elektrizität aus regenerativen Energien eingesetzt. Regionale Wirtschaftskreisläufe sind weniger materialintensiv als überregionale bzw. globale Wirtschaftssysteme, da die menschliche Arbeitskraft vor Ort besser verfügbar ist als diverse Materialien bzw. Rohstoffe. Mit der Einführung von Regiogeld wird daher die Tendenz zur Serviceorientierung im Sinne von »reparieren statt wegwerfen« und »nutzen statt besitzen« gestärkt. Dieser Trend wird durch Regiogeld mit Umlaufsicherung noch forciert, da dann das alltägliche Geldausgeben gegenüber dem Sparen (zur Anschaffung eines Ge-

Fotomontage von ION Industrial Design

Personallose Elektroroller-Vermietstation

rätes für den gelegentlichen Gebrauch) besser gestellt wird. Im Verkehr bewirkt dies eine Stärkung von Mobilitätsdienstleistungen. So wird beispielsweise Car-Sharing vermehrt genutzt. Die Entstehung neuer flächendeckender Fahrzeugvermietsysteme wird gefördert. Dieser Trend kann durch eine Regiochipkarte noch unterstützt werden, mit der anonym wie auch personalisiert (mit PIN) bezahlt werden kann und die auf Wunsch auch die Speicherung weiterer Daten wie zum Beispiel des Führerscheins zulässt. Mit der Regiochipkarte kann dann zukünftig ein Elektroroller oder Fahrrad ohne vorherige Registrierung oder Zahlung einer Kaution ganz einfach an der benachbarten Station gemietet oder das eigene Elektrofahrzeug an der nächsten Straßenlaterne wieder »betankt« werden (siehe Abbildungen).

Zielsetzungen

Für »periphere« Regionen – und dazu gehören in Zukunft die meisten, die sich nicht in Niedrigstlohnländern befinden – sind der Abfluss von Kapital, die Verlagerung von Firmen und der Verlust von Arbeitsplätzen der Beginn einer Abwärtsspirale, die sie mit herkömmlichen Mitteln nicht aufzuhalten in der Lage sind.

Während der Euro keinerlei regionale Verpflichtungen hat und an den Kapitalmärkten zumeist höhere Renditen erzielt als bei Investitionen in peripheren Regionen, fließt er aus diesen Regionen ab in die großen Finanzzentren und wird von dort weitergeleitet zu den Plätzen, an denen das meiste Geld verdient wird, zum Beispiel in den asiatischen Raum. Allein die Volksrepublik China, Hongkong und Taiwan zusammen zogen 2003 fast 70 Prozent des gesamten internationalen Investitionskapitals an. Es ist also durchaus wahrscheinlich,

»So, nun bleibt wenigstens ein Teil unserer Liquidität in der Region.«

Der Abfluss von Geld aus den Regionen

Richard Douthwaite hat dies sehr plastisch am Beispiel des überregionalen Bankensystems Westirlands beschrieben, wo das Verhältnis zwischen Einlagen und Darlehen Schätzungen zufolge durchschnittlich 2 zu 1 beträgt. In den peripheren Gebieten verändert sich dieses Verhältnis jedoch wesentlich und beträgt oft 4 zu 1 bis 6 zu 1. Werden die Ersparnisse bei überregionalen Finanzinstitutionen angelegt und von diesen nach Kriterien der Rentabilität als Kredit vergeben, kehren sie natürlich in den seltensten Fällen in die peripheren Regionen mit landwirtschaftlicher Erwerbsstruktur zurück. Diese erfüllen bekanntermaßen nicht dieselben Kriterien wie wohlhabende städtische Regionen. Wenn nämlich Ersparnisse erst einmal über den mahagonifarbenen Schalter der Bank gewandert sind, werden sie den Gemeinden, aus denen sie kommen, nicht wieder zugeführt, es sei denn zu Kapitalmarktkonditionen, die auf dem Weltmarkt festgesetzt werden.[73]

dass die peripheren ländlichen Regionen – aber in Zukunft im Grunde alle, auch die Städte, die sich nicht in Billigstlohnländern befinden – mit ihren Spareinlagen ihre eigene Arbeitslosigkeit, den Abfluss von Geld und die Abwanderung von Betrieben in diese Länder mitfinanzieren. Und das wird so bleiben – bis zur Einführung und breiten Nutzung eigener Regionalwährungen. Denn nur dadurch, dass der Abfluss finanziell mit Kosten verbunden wird, kann das Geld aus der Region wieder in die Region investiert werden.

Eine für die Region passende komplementäre Währung kann jedoch – nach dem heutigen Stand des Wissens – die folgenden Ziele unterstützen:

- eine teilweise Entkoppelung der regionalen von der globalisierten Wirtschaft ermöglichen,
- zur Entwicklung eines nachhaltigen Finanzsystems beitragen und damit auch einen besseren Schutz vor den Unwägbarkeiten globaler Finanzspekulationen bieten,
- neue finanzielle Liquidität vor allem für kleine und mittlere Betriebe schaffen und damit den Aufschwung für regionale Produkte und Dienstleistungen in die Wege leiten,
- die Arbeitslosigkeit verringern und für den Verbleib von Wertschöpfung und Überschüssen in der Region sorgen,
- eine engere Verbindung zwischen Konsumenten und Produzenten erlauben und die Transportwege und damit den Energieverbrauch reduzieren,
- öffentliche Infrastruktur-Einrichtungen (Nahverkehrssysteme, Trinkwasser- und Stromversorgung, Abwasser- und Abfallentsorgung) »re-regionalisieren«,
- die regionale Identität stärken und einen Richtungswechsel einleiten, der auch viele andere Veränderungen möglich macht.

Komponenten einer vollständigen regionalen Währung

Um alle diese Ziele zu erfüllen, muss die Regionalwährung nicht nur legal sein (siehe Annex A), sondern sie sollte realistischerweise auch in Phasen einführbar sein und in der Bevölkerung schnell Vertrauen gewinnen können. Dies alles ist – nach der heutigen Rechtslage, dem Stand des Wissens und den Erfahrungen mit komplementären Währungen in den letzten Jahren – in Deutschland nur durch die Integration verschiedener Teilmodelle in ein Gesamtmodell möglich. Es wären – um dies an einem Beispiel zu verdeutlichen – deshalb drei Komponenten miteinander zu verbinden:

1. Ein *Gutscheinsystem*, das als regionales *Zahlungsmittel* eingesetzt werden kann, etwa wie in Prien am Chiemsee, wo das so genannte Regiogeld unter der Bezeichnung »Chiemgauer« zirkuliert.
2. Ein *Kooperationsring*, der als bargeldloses *Verrechnungs- und Kreditsystem* zum *Austausch von Waren und Dienstleistungen* schwerpunktmäßig zwischen gewerblichen und professionellen Teilnehmern funktioniert, die Liquidität von kleinen und mittleren Unternehmen (KMUs) erhöht, aber auch den Bewohnern der Region eine Möglichkeit bietet, ihre Leistungen miteinander zu verrechnen. Ein gut funktionierendes Beispiel dieser Art gibt es seit 1996 mit dem Talente-Tauschkreis Vorarlberg. Ein anderes Beispiel, welches allerdings nur für KMUs funktioniert, besteht seit über fünfzig Jahren in dem Schweizer WIR-Ring.
3. Und eine *Mitgliedsbank*, die nach dem Grundsatz eines nachhaltig stabilen und nicht auf Wachstum angewiesenen *Spar- und Kreditmodells* arbeitet. Mitglieder erhalten zinslose Darlehen, die gleichzeitig mit einem Sparplan verbunden sind. Sie könnte analog zur JAK-Bank in Schweden arbeiten, die seit über vierzig Jahren erfolgreich wächst.

Diese Kombination ermöglicht es, fast alle Geldfunktionen zu erfüllen. Das Gutscheinsystem wird ähnlich dem Bargeld für die *Zahlung* kleinerer Beträge des täglichen Lebens verwendet. Der Kooperationsring erlaubt die bargeldlose *Verrechnung* für den Austausch von Gütern und Dienstleistungen sowie die Einräumung von Kreditlinien zwischen Individuen und zwi-

schen kleinen und mittleren Unternehmen. Die Mitgliedsbank dient der *Kreditgewährung* und Verwaltung wertstabiler
Spareinlagen – sowohl in Euro wie auch in der Regionalwährung – für Einzelne und Unternehmen.

Ein solches Konzept hat mehrere Vorteile: Alle Teilmodelle sind getrennt einführbar, gemeinsam werden jedoch viele
Synergieeffekte möglich, und alle drei genießen allein dadurch Vertrauen, dass sie entweder zurzeit in Europa erfolgreich eingeführt werden oder bereits seit vielen Jahren funktionieren und erprobt sind.

Die Betonung bei allen drei Komponenten liegt auf der be-
wussten Optimierung der Funktion des Geldes als Tauschmittel, Recheneinheit und Kreditmittel innerhalb der Region.
Dazu kommt eine »ethische« Funktion, für die Rudolf Steiner
einmal den Begriff »Schenkmittel« geprägt hat, nämlich die
Möglichkeit, die Währung so zu konstruieren, dass bestimmte, von den Nutzern ausgewählte gemeinnützige, soziale, kulturelle oder ökologische Zwecke entweder »automatisch« von
dem System profitieren oder zumindest eine sehr gute Chance haben, von der *Schenkfunktion* zu profitieren.

Das Gutscheinsystem

Wer kennt sie nicht, die bunten Gutscheine der Restaurant-
ketten und Einkaufszentren, die uns ins Haus flattern mit
dem Versprechen, dies und jenes billiger, besser oder schneller erwerben zu können? Es war wohl nur eine Frage der Zeit,
bis jemand auf die Idee kommen würde, daraus ein für spezi-
fische Zwecke nutzbares Zahlungsmittel zu entwickeln. Wenn
große Ketten diese Idee einsetzen konnten, warum nicht auch
eine Region? Nachdem die Idee, eine »Gutscheinwährung«
als regionales Zahlungsmittel zu verwenden, im Juni 2002 bei
einer Tagung in Steyerberg, Niedersachsen, diskutiert wur-

de,[74] war sie wenige Monate später zu einer der Grundlagen eines praktischen Projekts geworden, welches seit vielen Jahren geplant war und in den Startlöchern stand.

Der Chiemgauer, ein Gutschein, den die »Regiogeld«-Initiative der Waldorfschule in Prien am Chiemsee herausgibt, ist von seinem Initiator Christian Gelleri[75] als komplementäres regionales Tauschmittel konzipiert. Das Konzept bedient sich eines genialen »Tricks«: Die Kundentreue-Aktion – eine Werbemaßnahme, die heute fast alle Geschäftsleute als Kostenfaktor von 5 bis 10 Prozent des Umsatzes in ihren Budgets akzeptieren – bekommt eine zusätzliche Funktion, nämlich der Region ein bargeldähnliches Tauschmittel zur Verfügung zu stellen und damit allen Beteiligten Vorteile zu bieten.

Die *Geschäftsleute* werden – ohne zusätzliche Kosten – unterstützend für ihre Region tätig und können die Werbung, die als Gegenleistung für die Annahme des Chiemgauers in den entsprechenden Veröffentlichungen der Regiogeld-Initiative erscheint, als Werbungskosten steuerlich absetzen.

Gemeinnützige Vereine oder Projekte kaufen die Gutscheine von einer zentralen Ausgabestelle – im Falle des Chiemgauers von einem Schüler(innen)unternehmen der Waldorfschule – und erhalten dadurch einen Bonus (beim Chiemgauer 3 Prozent des Umsatzes).

Wie funktioniert ein Chiemgauer?

Die *Mitglieder der Vereine* kaufen die Gutscheine – sie erhalten für einen Euro einen Chiemgauer – und verhelfen damit (ohne dass ihnen Verluste entstehen) dem Verein oder Projekt ihrer Wahl und der Region, zu der sie gehören, zu mehr Liquidität. Mit den Gutscheinen können sie als Konsumenten in den Geschäften bezahlen, die die Gutscheine akzeptieren und wie sie selbst zu dem regionalen Wirtschaftsförderverein gehören.

Die Geschäftsleute haben nun die Wahl: Sie können die Gutscheine entweder bei der zentralen Ausgabestelle in Euro zurücktauschen, dann bezahlen sie eine 5-prozentige Umtauschgebühr, oder sie können sie zur Bezahlung beim Einkauf in anderen Geschäften weiterverwenden, vielleicht einen Teil der Gehälter ihrer Angestellten damit bezahlen oder der lokalen Zeitung für das Schalten von Anzeigen geben. Dann verlieren sie die 5 Prozent nicht.

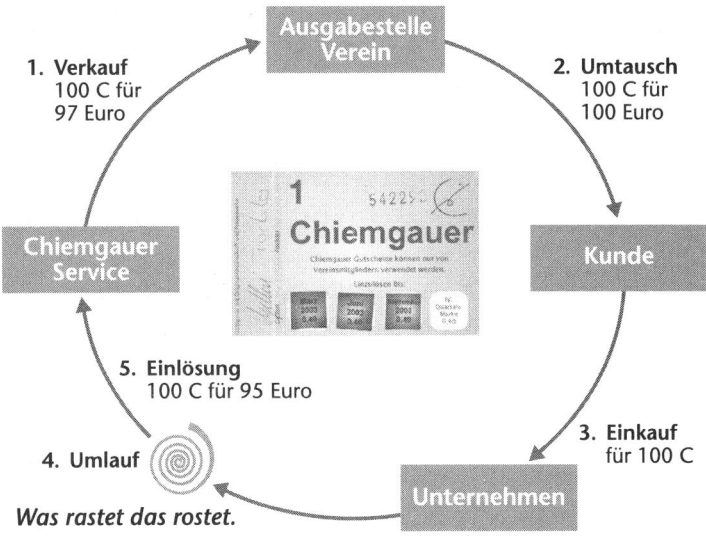

1. Verkauf
100 C für
97 Euro

Ausgabestelle Verein

2. Umtausch
100 C für
100 Euro

Chiemgauer Service

Kunde

5. Einlösung
100 C für 95 Euro

3. Einkauf
für 100 C

4. Umlauf

Was rastet das rostet.

Unternehmen

Die Zentrale – hier ein Schüler(innen)unternehmen – bezahlt ihre Unkosten aus der Marge von 2 Prozent, das heißt dem Unterschied zwischen dem 3-prozentigen Bonus, den sie den Vereinen und Projekten gewährt, und den Umtauschkosten von 5 Prozent, den die Geschäftsleute bezahlen. Gleichzeitig entsteht ein spannendes und lehrreiches Projekt für die Schüler der Oberstufe.

Die ersten Käufer des neuen Tauschmittels waren die Eltern der Waldorfschüler. Sie tauschen im Abonnement zum Beispiel monatlich 200 Euro in 200 Chiemgauer um und schaffen damit den notwendigen Impuls, den das System braucht, um zu funktionieren. Mit dem Bonus aus ihren Abonnements unterstützten sie einen Erweiterungsbau für die Schule.

Mittlerweile stehen mehrere gemeinnützige Projekte auf der Liste, und die Beteiligten kommen aus den verschiedensten Teilen der Region.[76]

Darüber hinaus akzeptieren die Kunden eine Umlaufsicherung in Form einer Gebühr in Höhe von jährlich 8 Prozent. Das heißt, alle drei Monate – also viermal im Jahr – muss eine Marke, die 2 Prozent des Wertes ausmacht, auf den Gutschein geklebt werden, damit er seinen Wert behält. Die Praxis zeigt, dass diese spezielle Eigenheit der regionalen Währung wesentlich weniger Akzeptanzprobleme verursacht, als die meisten Befürworter von Regionalwährungen vermuten. Die Mehrzahl der Teilnehmer achtet darauf, dass die Gutscheine vor dem Ablaufdatum an die Zentrale zurückgehen, womit die Umlaufsicherung ihren Zweck erfüllt, und eine kleine zusätzliche Einnahmequelle für die Projekte bietet. (Dieses umständliche Verfahren wird, da die Menge der Transaktionen ansteigt, in absehbarer Zeit durch ein elektronisches Verrechnungssystem weitgehend ersetzt und vereinfacht.)

Der Kundendienst der Zentrale besteht unter anderem darin, dass die Schüler(innen) die Geschäftsleute am Ende des Monats aufsuchen, um den Umtausch in Euro vorzunehmen. Weil die Geschäftsleute jedoch zunehmend andere Unternehmer und Gewerbetreibende in der Region mit ihrem regionalen Tauschmittel bezahlen können (und dann die 5-prozentige Rücktauschgebühr in den Euro nicht entrichten müssen), erleben die Schüler(innen) immer öfter, dass keine Gutscheine mehr in der Kasse sind, weil die Geschäftsinhaber sie woanders ausgeben konnten. Das heißt, die Rücktauschgebühr wirkt wie eine zusätzliche Umlaufsicherung und hilft der weiteren Verbreitung der Währung.

Die Wirkung auf die Kunden ist klar, sie bezahlen mit Gutscheinen, wo es möglich ist, bevor sie mit Euro bezahlen. Und genau das ist beabsichtigt. Die teilnehmenden Unternehmen im Chiemgau freuen sich über die zusätzlichen Umsätze. Die Erlöse aus der Umlaufsicherung und die Überschüsse kommen ökologischen, sozialen und kulturellen Projekten in der Region zugute.

Wer dieses regionale Tauschmittel benutzt, nimmt also einen kleinen Verlust in Kauf, wenn er es über einen längeren Zeitraum in der Tasche behält, hat dafür aber den Vorteil, dass er ein Projekt eigener Wahl mit den Einnahmen aus der umlaufgesicherten Komplementärwährung unterstützen kann. Im Unterschied zu Rabattkarten kommen den Vereinen damit größere Beträge zugute, und die Kundendaten werden nicht für Werbezwecke missbraucht (ein Hauptgrund für die Ausgabe von Rabattmarken).[77]

Der Vorteil einer solchen Konstruktion ist, dass man den Euro nur dann und nur so lange in Regionalgutscheine umtauschen wird, wie man diese auch ausgeben kann. Und das wiederum wirkt wie eine eingebaute Sicherung gegen die unbegrenzte Herausgabe von Gutscheinen, was zu einer Gutscheininflation führen könnte.

Die Euros werden auf einem Bankkonto hinterlegt und bei Vorlage der Gutscheine ausgezahlt. Geprüft werden die Vorgänge von einem Kassenprüfer und Steuerberater. Falls ein sicherer Grundbestand an Euros über mehrere Jahre hin entsteht, kann dieser möglicherweise weiteren Zwecken dienen, zum Beispiel als kurzfristiger Überziehungskredit[78] für kleine und mittlere Unternehmen zur Verfügung gestellt werden.

In einem ähnlichen, aber kommerziell ausgerichteten Projekt in Australien wurden im ersten Jahr 70 Prozent der Gutscheine in die Landeswährung zurückgetauscht, im dritten Jahr nur noch 7 Prozent. Die Gutscheine zirkulieren dort also wie eine komplementäre Währung, und die Dollars, die als Sicherheit hinterlegt waren, wurden dazu genutzt, um australische Firmen zurückzukaufen.[79]

Darin besteht ein großer Vorteil von »Gutscheinwährungen« gegenüber so genannten »Fiat«-Währungen, die praktisch aus dem Nichts geschaffen werden können, wie 1948 als die D-Mark eingeführt wurde und pro Kopf 40 Mark ausgezahlt wurden. Sicherlich könnte man sich vorstellen, dass in einer Region eine »regionale Währungsreform« stattfindet, indem pro Kopf ein bestimmter Betrag in einer Regionalwährung ausbezahlt wird.

Dies wäre in vieler Hinsicht sicher das billigste Wirtschaftsförderungsprogramm, das man sich vorstellen kann. Aber damit würden heute in Deutschland erstens rechtliche Probleme und zweitens – wie die Geschichte des Geldes immer wieder beweist[80] – die Gefahr einer unbegrenzten Ausweitung der Geldmenge entstehen. Das hat zum Beispiel dem argentinischen »Credito« – einer »Fiat«-Währung, die einige Monate landesweit phantastisch funktionierte und zwei Millionen Menschen das Überleben ermöglichte, nachdem die nationale Währung zusammengebrochen war – später in vielen Regionen Argentiniens den Garaus gemacht.[81]

Wir schaffen hier also im eigentlichen Sinne keine neue Währung, sondern nutzen die Möglichkeit, in einem durch eine Vereinssatzung definierten Rahmen dem Gutscheinmodell als Kundentreue-Aktion (wie die Bonusmeilen der Lufthansa, mit denen man verschiedene Waren und Dienstleistungen kaufen kann) eine zusätzliche soziale Funktion zu geben, nämlich als komplementäres, umlaufgesichertes Zahlungsmittel die regionale Entwicklung zu fördern.

Als die drei Hauptgründe für die Schnelligkeit, mit der diese Idee aufgegriffen und in die Praxis umgesetzt wurde, sehen wir folgende:

1. Es gibt nur wenige legale Möglichkeiten, ein regionales Tauschmittel zu schaffen, das gleichzeitig allen Beteiligten Vorteile bietet und nur so eine Chance hat, auf breiter Basis angenommen zu werden.
2. Viele Einzelne und Gruppen suchen heute nach einem Weg, wie sie einen Beitrag zur Lösung der gegenwärtigen Krise leisten können.
3. Und schließlich scheint es für viele Menschen inzwischen auch eine Reihe von anderen Gesichtspunkten zu geben, die für eine Wiederbelebung der regionalen Wirtschaft und Identität als Ausgleich zur einseitigen Tendenz der Globalisierung sprechen.

Der Kooperationsring

Während die Gutscheinwährung immer 100-prozentig auf Euro abgesichert ist und mit Euro bezahlt werden muss, wird in einem »Kooperationsring«[82] das »Geld« über eine Verrechnungseinheit[83] für Waren oder Dienstleistungen im Tausch-vorgang selbst geschaffen und auf Konten, die ähnlich wie Girokonten funktionieren, gutgeschrieben oder belastet. Gemeint ist eine Kombination aus dem im Annex B beschriebenen gemeinnützigen *Mutual Credit* und kommerziellen Bartersystemen. Sie ermöglicht auch denjenigen, die keine Euro besitzen, an einer komplementären Währung in der Region teilzuhaben, eigene Leistungen einzubringen und mit anderen in der Region über diese Verrechnungskonten Leistungen auszutauschen. In dem Maße, wie Teilnehmer aktiv sind und ihre Konten nutzen, schöpfen sie praktisch Geld. Und dieses »Geld« ist – im Gegensatz zur konventionellen Währung – immer 100-prozentig auf Leistungen abgesichert. Das heißt, eine Inflation ist von vornherein ausgeschlossen.

Dem Einwand, hiermit eine Schattenwirtschaft zu begünstigen, wird dadurch begegnet, dass von der verwaltenden Zentrale aus eine Saldoübersicht erstellt und diese der jeweiligen Steuererklärung beigefügt werden kann. Da jeder einen Steuerfreibetrag hat und damit bis zu einer gewissen Grenze Leistungen austauschen kann, wird es für einzelne Teilnehmer, die etwa im Rahmen der gesetzlich zulässigen Nachbarschaftshilfe Dienstleistungen erbringen, keine Probleme geben. Bei kleinen und mittleren Unternehmen und allen, die mit ihren Umsätzen über diesen Freibeträgen liegen, werden allerdings – genau wie bei Einkommen und Umsätzen im herkömmlichen Geld – die entsprechenden Steuern fällig. Ob diese in Euro oder in Regionalwährungseinheiten gezahlt werden müssen, hängt davon ab, ob Kommunen ein Teil des Systems sind und zum Beispiel einen bestimmten Teil der Gewerbesteuern oder andere Abgaben und Gebühren in der regionalen Währung akzeptieren. Das wäre bei der heutigen Haushaltslage der meisten Kommunen nicht nur ein Vorteil für die Steuerzahler, sondern ebenso für die Kommunen selbst, da sie mit zusätzlichen Umsätzen in der Regionalwährung letztlich auch ihr Abgaben- und Steueraufkommen erhöhen. Deshalb sollte die Einbindung der Kommunen auf jeden Fall zu den mittel- bis langfristigen Zielen jeder Regionalwährungsinitiative gehören.[84]

Für eine Zahlung in konventioneller Währung muss man Geld haben oder aufnehmen; das heißt, entweder man verliert die Zinsen, die man für sein Geld bekäme, oder man muss Zinsen zahlen. Der Zwang, diese Kosten in die Kalkulation mit einzubeziehen, verteuert die Produkte und verstärkt den Wachstumszwang, der auf der gesamten Volkswirtschaft lastet – und dadurch auch auf jedem Einzelnen.

Das ist ein Grund, warum nicht nur im internationalen Handel der Anteil der so genannten »Countertrade«-Geschäfte etwa 25 bis 30 Prozent beträgt und stetig zunimmt, sondern auch im nationalen, regionalen und lokalen Bereich neue Kooperationsringe entstehen. Was Siemens, DaimlerChrysler und andere Großunternehmen in eigens dafür zuständigen Abteilungen abwickeln, kann sich ein kleines und mittleres Unternehmen nur leisten, wenn es sich einer Organisation anschließt, die diese Dienstleistung anbietet, zum Beispiel einem regionalen Kooperationsring, idealerweise – in Zukunft – mit Verbindungen zu anderen regionalen Kooperationsringen in aller Welt. Der regionale Kooperationsring kann die Vorteile, die lokale Tauschringe bieten, mit den Vorteilen kommerzieller Barterunternehmen, die national oder weltweit operieren, verbinden:

- Er bietet einerseits durch die Beschränkung auf die Region ein begrenzteres Risiko sowohl für die Teilnehmer, die zum Beispiel berechtigt sind, Auskünfte über den Kontenstand ihrer Geschäftspartner anzufordern, wie auch für die Tauschzentrale, die die Teilnehmer kennt und »vor Ort« beraten kann.

● Er wird andererseits seine Dienstleistung preiswerter und effektiver anbieten können, wenn er gemeinnützig arbeitet und keine kommerziellen Interessen verfolgt.

● Drittens, und das ist vielleicht der wichtigste Punkt, hat er aber eine Größe, die es ihm erlaubt, professionell zu arbeiten, möglicherweise als Genossenschaft, Stiftung oder gemeinnützige GmbH.

● Das bedeutet, dass nicht nur einzelne Bewohner der Region, kleine und mittlere Unternehmen sowie Gewerbetreibende und professionelle Dienstleister daran teilnehmen, sondern auch Kommunen und Träger öffentlicher Belange Mitglieder sein könnten.

Der Kooperationsring ermöglicht eine besondere Form von Zusammenarbeit. Er ersetzt den Wettbewerb nicht, sondern ergänzt ihn. Denn die teilnehmenden Firmen und Individuen selbst räumen sich wechselseitig zinslose Waren- und Dienstleistungskredite ein. Indem sie sich in ihrem jeweils individuell mit der Zentrale abgestimmten Einkaufs- bzw. Überziehungsrahmen eine zwölfmonatige Frist setzen, ihre Minussalden durch den Verkauf eigener Leistungen auszugleichen, funktioniert das Ganze.

Einer der bekanntesten und ältesten Kooperationsringe in Europa ist der Schweizer WIR-Ring,[85] der seit 1934 existiert und heute etwa 60 000 Mitglieder zählt (das sind 20 Prozent der kleinen und mittleren Unternehmen in der Schweiz). Das Verrechnungssystem funktioniert als bargeldloser Zahlungsverkehr unter den WIR-Teilnehmern. Guthaben und Belastungen werden in der Zentrale in Basel auf entsprechenden

WIR-Konten verbucht. Als Zahlungsmittel dienen die so genannten Buchungsaufträge, ein scheckartiges Papier, der WIR-Zahlungsschein oder die WIR-Karte, die als finanztechnische Innovation in Europa sowohl für Schweizer Franken wie auch für WIR benutzbar ist. Der Grund, warum diese Lösung für WIR-Kunden eine wichtige Vereinfachung ihrer Zahlungen darstellt, ist, dass der zusätzliche Umsatz, den Teilnehmer dank des WIR-Systems erzielen, meistens nicht nur WIR-Geld beinhaltet, sondern auch Schweizer Franken, da ein Teil des Umsatzes in der Regel in Landeswährung bezahlt wird.

WIR-Kunden können WIR-Guthaben im Wareneinkauf, beim Betriebsaufwand, bei Investitionen und für private Ausgaben einsetzen sowie Mitarbeiter damit bezahlen. Da die WIR-Bank ähnlich wie die JAK-Mitgliedsbank in Schweden (auf die wir noch näher eingehen werden) als Genossenschaftsbank auch unterschiedliche Bankprodukte in Schweizer Franken sowie kombinierte Produkte in WIR und Schweizer Franken zu extrem günstigen Konditionen anbietet, wächst der Teilnehmerkreis seit Jahren kontinuierlich. Der Umsatz der WIR-Kunden im Jahr 2002 betrug immerhin 1,69 Milliarden WIR (gleich Schweizer Franken).

Ein Vorteil, den der WIR-Ring für die Schweizer Wirtschaft insgesamt bietet, ist seine antizyklische Wirkung. In Phasen eines wirtschaftlichen Booms wächst er weniger stark als der Durchschnitt der Umsätze in der Wirtschaft, in Rezessionen dagegen stärker und unterstützt damit die Stabilitätspolitik der Zentralbank (darauf gehen wir in Kapitel VIII noch ausführlicher ein).

Leider konnten sich Initiativen, die einen WIR-Ring in Deutschland einführen wollten, in der Vergangenheit nicht durchsetzen, da zur Gewährung von Krediten und zur Annahme von Guthaben oder Einlagen eine Banklizenz erforderlich ist. Deswegen könnte dieses Modell nur in Zusammenhang mit einer lokalen Bank oder einer neu zu gründenden JAK-Filiale in Deutschland umgesetzt werden.

Eine legale Möglichkeit besteht jedoch in der Umsetzung einer Mischung aus gemeinnützigem Tauschring und kommerziellem Barterbusiness. Diese Kombination ist noch eine Seltenheit im deutschsprachigen Raum.

Ein regional organisiertes Tauschsystem, welches eine solche Dienstleistung auf gemeinnütziger Basis, aber professionell betrieben im deutschsprachigen Raum anbietet, ist der Talente-Tauschkreis in Vorarlberg. Er hat – kumuliert – seit seiner Gründung 1996 bis 2003, also in insgesamt sieben Jahren, einen Umsatz von annähernd 500 000 Euro erzielt und verbindet 412 Mitglieder[86] in insgesamt sechs Regionen miteinander, darunter etwa 12 Prozent Gewerbetreibende und Landwirte.[87] Gernot Jochum-Müller, der zu den Initiatoren dieses Projekts in Vorarlberg gehört, sieht die typischen Probleme bei vielen Tauschringen in einem Überhang an Idealismus und einem Fehlbestand an solidem organisatorischem Grundlagenwissen. Dazu kommt, »... dass wir zwei Systeme gleichzeitig schaffen müssen: das Währungssystem und das soziale System. Die Anforderungen sind deshalb komplex. Das Ganze funktioniert nur, wenn der Tauschmarkt eine bestimmte Größe erlangt und nicht nur das Währungssystem, sondern auch das soziale System entwickelt wird.«[88]

So sind zum Beispiel die Aufgaben der Zentrale vielfältig und gehen über die Kontenführung, die Bestätigung der Bonität des Käufers einer Leistung – dem Erbringer einer Leistung gegenüber – und die formelle Abwicklung über Buchungsvorgänge (in Papierform oder elektronisch) hinaus. Denn die wirklichen Gefahren drohen von zu hohen Guthaben oder Schulden im System, welche die Zentrale auf ein Minimum zu reduzieren versuchen muss. Dafür sind nicht nur Bankkenntnisse, sondern auch ein Einfühlungsvermögen in die betrieblichen Abläufe und Anforderungen der einzelnen Unternehmen und Unternehmer erforderlich. Generell ist jeder Teilnehmer gut beraten, nur so viel an Leistungen zu erbringen, wie er auch an Gegenleistungen in Anspruch nehmen kann.

In dieser Hinsicht sind die kommerziellen Barterunternehmen natürlich bestens ausgerüstet. Bei ihnen besteht vielmehr das Problem, wie sie soziale Prozesse initiieren und begleiten sollen, wenn sie profitorientiert arbeiten und ihren Besitzern oder Shareholdern einen Gewinn erwirtschaften müssen. Denn ohne soziale Lernprozesse werden die wichtigsten Bestandteile eines solchen Konzepts – die da heißen: Solidarität, Transparenz und demokratische Kontrolle – nicht zu realisieren sein. Und Solidarität ist in vielen Fällen gefragt, zum Beispiel,

- indem ein Verrechnungsgeschäft auch dann getätigt wird, wenn ein ebenso vorteilhaftes Zahlungsgeschäft in Euro möglich wäre,
- indem die Preise im Kooperationsring nicht höher sind als im geldwirtschaftlichen Verkehr,
- indem man die Kunden, die zur Verrechnung übergehen, genauso zuvorkommend behandelt wie zuvor und
- indem man die Kontakte zu den Mitgliedern im Kooperationsring pflegt und sich gegenseitig unterstützt.

Wer diesen Regeln folgt, handelt nach dem Kooperationsprinzip. Er fördert den gemeinsamen Vorteil, weil es auch jeweils sein eigener ist.[89] So weit mag die Gemeinsamkeit zwischen kommerziell und gemeinnützig arbeitenden Tauschsystemen noch gehen. Eine Divergenz der Ziele entsteht jedoch, wenn die Kriterien »Transparenz« und » demokratische Kontrolle« hinzukommen, denn darauf kann sich kein kommerziell arbeitendes Barterbusiness einlassen. Genau das ist es natürlich, was eine Regionalwährung von einer konventionellen Währung und eben auch einer Barterwährung unterscheidet.

Für viele ist der Kooperationsring zuerst vielleicht nicht mehr als eine Möglichkeit, Zusatzgeschäfte zu tätigen, eine Umsatzflaute zu überbrücken, günstige Kreditmöglichkeiten auszuschöpfen[90] oder auf eine etwas einfachere Art neue Kunden zu gewinnen. Darüber hinaus kann er aber auch eine erhöhte Markttransparenz und eine Reduzierung von Betriebskosten sowie Forderungsausfällen bieten.[91] Strukturell wirkt eine solche Einrichtung jedoch auch als starkes Bindeglied zwischen den Teilnehmern, die durch ihn die geeigneten Partner für den Absatz ihrer Leistungen oder den Einkauf von Fremdleistungen finden. Erst in der praktischen Umsetzung im größeren Ausmaß wird sich erweisen, ob er eine gesunde Korrekturmöglichkeit zur einseitigen Ausrichtung auf den globalen Markt darstellt.

Zusammenfassend lässt sich jedoch feststellen, dass es im deutschsprachigen Raum viele Menschen mit ausreichenden Kenntnissen der Materie gibt. Allein in Deutschland existieren über 400 Tauschringe auf der lokalen Ebene und fünf kommerzielle Barterunternehmen, die bei der Entwicklung eines solchen kombinierten Modells auch im größeren Maßstab hilfreich sein können.[92] Mit beiden Einrichtungen wäre möglicherweise auch eine Zusammenarbeit sinnvoll; denn es ist bei der Schaffung eines neuen komplementären Zahlungsmittels wichtig, dass bestehende Erfahrungen so weit wie möglich berücksichtigt und integriert werden.

Die Mitgliedsbank

Das Konzept einer regionalen Mitgliedsbank beruht weitgehend auf dem Modell und den Erfahrungen der schwedischen JAK-Mitgliedsbank,[93] eine der wenigen kooperativen Banken der Welt, die statt Zinsen[94] nur ihre Arbeit berechnen. Sie kann auf eine lange Geschichte und einen andauernden und immer noch wachsenden Erfolg zurückblicken. Seit 1965 ist die Mitgliederzahl auf 25 000 angewachsen. Pro Jahr kommen seit 1997 etwa tausend neue Mitglieder hinzu. Die Einlagen wachsen um zirka 10 Prozent pro Jahr und beliefen sich Ende 2002 auf 625 Millionen Schwedische Kronen (SEK), das sind etwa 64 Millionen Euro.

War das ursprüngliche Ziel des Modells in Schweden die Stärkung der ländlichen Gebiete, die durch den Abfluss von Kapital in die städtischen Zentren immer ärmer wurden, so wird das JAK-System heute auf dem Land und in den Städten vom gesamten sozialen Spektrum genutzt, darunter von auffallend vielen Bankern.

Während die meisten Banken profitorientierte Unternehmen sind, ist die JAK-Bank eine gemeinnützige Mitgliedsbank. Obwohl sie eine Genossenschaft ist, bevorzugen die JAK-Banker in Schweden den Begriff »Mitgliedsbank«, um den damit verbundenen sozialen Anspruch und ihre Herkunft aus einem Spar- und Leihverein sowie die enge Zusammenarbeit mit den Mitgliedern deutlich zu machen und um sich von den vielen Genossenschaftsbanken, die ähnlich wie herkömmliche Banken arbeiten, zu unterscheiden.

Normalerweise benötigen Banken eine erhebliche Zinsmarge – für die Guthabenverzinsung ihrer Einleger, zur Risikovorsorge der Bank, dazu kommen erhebliche Sach- und Personalkosten sowie hohe Renditen für die Eigentümer. Mit dem Konzept der JAK-Mitgliedsbank (die seit 1997 offiziell als

Bank anerkannt ist) können all diese Kosten erheblich reduziert werden. Das Ergebnis ist, dass sie mit außerordentlich niedrigen Gebühren für Kredite auskommt.[95] Im Durchschnitt bewegen sich deren Kosten seit vielen Jahren um 2 Prozent herum und sind anders als die meisten Bankkredite, die oft das Fünffache kosten, festgeschrieben. Das heißt, die Gebühren werden nicht angehoben, und die Mitglieder haben eine ganz andere Sicherheit in der Planung ihrer Zukunft als Kreditnehmer in einer »normalen« Bank.

Alle, die hier ein Konto eröffnen, werden Mitglieder der Genossenschaft, haben bei Abstimmungen eine Stimme – unabhängig von der Höhe ihrer Einlagen – und praktizieren anstelle des »Shareholder Values« einen »Careholder Value« (anstatt die Rolle eines »Teil-Habers« auszuführen, geschieht eher ein »In-Obhut-Nehmen«). Trotz dieser ethischen und sozialen Ausrichtung macht die Mitgliedschaft – zumindest solange man Kredite braucht – auch ökonomisch Sinn, das heißt, »sie rechnet sich«. Die meisten JAK-Mitglieder bleiben im System – auch über den Zeitraum hinaus, in dem sie Kredite brauchen –, weil sie einen Lernprozess gemacht haben, der es ihnen ermöglicht, klar zu erkennen, welche Vorteile ein solches gemeinwohlförderndes, zinsloses Geldsystem hat, in dem sich Spareinlagen, Kredite und die Kosten des Systems immer in der Balance befinden.

Die Abbildung zeigt, wie dieser »Balanceakt« aussieht: Nach einigen Monaten des »Vor-Sparens« wird ein Kredit gewährt, und während er zurückgezahlt wird, entsteht bereits wieder ein Sparguthaben. Dieses »Nach-Guthaben« bleibt – nachdem der Kredit zurückgezahlt ist – für die nächsten sechs Monate bei der Bank als Einlage für die nächsten Mitglieder, die einen Kredit beantragen. Damit sind bei jedem Einzelnen wie auch im gesamten System Guthaben und Schulden im-

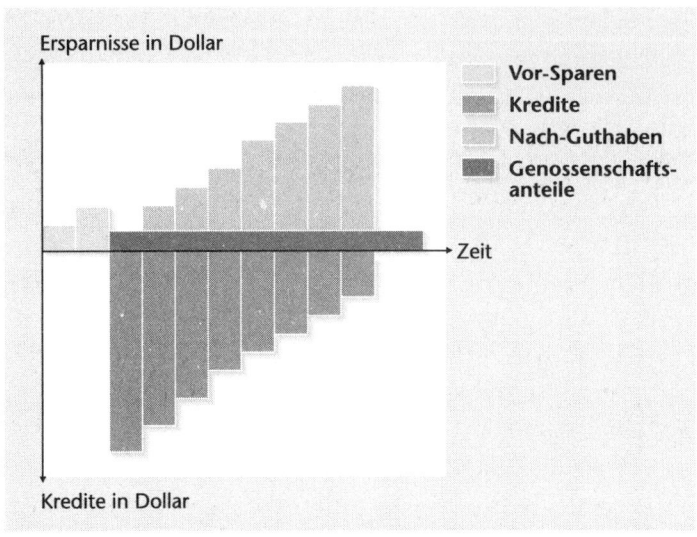

Ersparnisse in Dollar

Vor-Sparen
Kredite
Nach-Guthaben
Genossenschafts-
anteile

Zeit

Kredite in Dollar

mer 100-prozentig ausgeglichen. Aber das Entscheidende ist, dass für Kreditnehmer bei Rückzahlungsbeträgen im Vergleich zu einer konventionellen Bank

1. niedrigere Kosten entstehen,
2. Festbeträge zurückgezahlt werden, die nicht variieren, und
3. sechs Monate nach Ende der Rückzahlungsfrist über zirka 90 Prozent der Kreditsumme als Sparguthaben zur Verfügung steht.

Möglich ist diese äußerst »preiswerte Art, an Geld zu kommen«, durch eine einzigartige Kombination von Kosten senkenden Maßnahmen, die dauerhaft funktioniert:

● So werden alle Kredite aus den Spareinlagen der Mitglieder finanziert, die nicht verzinst werden.
● Dadurch sind sie leichter rückzahlbar, und es fallen geringere Risikoaufschläge an.

- Überwiegend sind von dem Kreditnehmer Vorauszahlungen zu leisten. (In Jahren, in denen die Spareinlagen höher sind als die Kreditnachfrage, werden Ausnahmen von dieser Regel zugelassen.)

- Die eigentliche JAK-Innovation aber ist, dass die Rückzahlung des Kredits gleichzeitig zur Tilgung des Darlehens verwendet wird und zur Ansparung eines Guthabens.[96]

- Das angesparte Guthaben wird von den Teilnehmern nach der Rückzahlung des Kredits der Bank – für mindestens sechs Monate – zur Verfügung gestellt, damit sie die Möglichkeit hat, weiteren Mitgliedern Kredite zu geben.

- Der Kreditnehmer zahlt nicht mehr als durchschnittlich 2 Prozent Kreditgebühren.

- Auch die Zinsen aus der 20-prozentigen Sicherung der Geldeinlagen in Staatsanleihen werden zur Senkung der Kreditkosten benutzt.

- Die Angestellten – auch in leitenden Positionen – beziehen durchschnittliche Gehälter, die einem gemeinnützigen Unternehmen entsprechen. Sie sind damit zufrieden, weil sie von ihrer Arbeit überzeugt sind, und der Erfolg, den sie sehen, motiviert.

- Ein zusätzlicher und wesentlicher Einsparfaktor ist die konsequente Nutzung des schwedischen Postgirosystems, das ein dichtes Netz von Filialen in Schweden unterhält und für alle Teilnehmer, die Ein- oder Auszahlungen vornehmen wollen, leicht erreichbar ist.

- Dies erlaubt der JAK-Mitgliedsbank, ohne teure Prachtbauten vor Ort auszukommen.

- Der ständige Kontakt zu den Mitgliedern überall in Schweden wird durch ehrenamtliche Betreuer geleistet, deren Belohnung darin besteht, dass sie einmal im Jahr eine Woche in der Zentrale hospitieren dürfen und ebenfalls einmal im Jahr von der Bank eingeladen werden, an einer Weiterbildung und der jährlichen Mitgliederversammlung teilzunehmen.[97]

- Schließlich kann die JAK-Mitgliedsbank auf kostspielige Anzeigen und Werbekampagnen verzichten, weil die meisten Kunden ohnehin auf Empfehlung von Mitgliedern kommen und sie das Geld lieber in Seminare und Workshops zur Aufklärung der Menschen steckt, die noch nicht wissen, welche Vorteile diese Mitgliedsbank ihnen bieten kann.

Eine wichtige Frage ist: Was motiviert Menschen, ihr Geld weiterhin im System zu belassen (über die Zeit hinaus, die sie ansparen müssen, um einen Kredit zu bekommen, und die sie ihre Ersparnisse stehen lassen müssen, damit andere die Möglichkeit haben, Kredite aufzunehmen)? Denn das Problem war beispielsweise Mitte des Jahres 2003 eher, dass zu viele Spareinlagen vorhanden waren und zu wenig Kredite nachgefragt wurden.

Die Antwort darauf ist einfach. Die meisten Menschen wollen zuerst Sicherheit haben. Und da das JAK-System bekannt ist für seine unübertroffen geringe Zahl an »faulen« Krediten, heißt das für die Sparer, dass ihre Bankeinlagen hier möglicherweise sicherer sind als in herkömmlichen Banken, die über die Verpflichtung, Zins und Zinseszins zu erwirtschaften, einem exponentiellen Wachstumsdruck unterliegen, der auf Dauer durch entsprechende Gewinne nur schwer zu realisieren ist.[98]

Aber es gibt auch eine Belohnung für Sparer in Form von Bonuspunkten, die dazu berechtigen, Kredite zu beantragen und sowohl die Ansparzeiten wie auch die Verweilzeiten von Guthaben nach der Rückzahlung zu verkürzen. Mit diesen

Bonuspunkten kann man zwar nichts kaufen, aber sie dürfen verschenkt werden, können also im Steiner'schen Sinne als »Schenkgeld« angesehen werden, und dienen häufig dazu, jüngeren Verwandten den zinslosen Kredit für den Erwerb eines Hauses zu ermöglichen, ein Studium oder eine Ausbildung zu finanzieren oder auch einen Beitrag zur schnelleren Finanzierung von Gemeinschafts- oder Frauenprojekten und dergleichen zu leisten.

Neben dem JAK-Bankmodell, das sich in Schweden insbesondere in der Wohnungsbaufinanzierung einen Namen gemacht hat, ist – um die Region mit Krediten zu versorgen – der Einsatz einer Vielfalt von Finanzierungsinstrumenten möglich, beispielsweise für Unternehmensfinanzierungen, um regionale Wirtschaftskreisläufe zu unterstützen. In dieser Hinsicht hat die anthroposophische GLS Gemeinschaftsbank eG (mit Sitz in Bochum) in Deutschland Vorbildliches geleistet. Ihr Interesse an der Unterstützung der regionalen Wirtschaft beruht auf der Erfahrung, dass hier Vertrauen eher wachsen und gedeihen kann, wie Falk Zientz von der GLS-Bank beobachten konnte (siehe Kasten).

Verfolgt man die Ursprünge der Volksbanken, Raiffeisenbanken und Sparkassen zurück zu ihren Anfängen, so waren oft ganz ähnliche Ziele mit ihrer Gründung verbunden. Inwieweit hieran wieder angeknüpft werden kann und ähnliche Modelle, wie sie die JAK-Mitgliedsbank und die GLS-Bank entwickelt haben, auch in den von ihnen betreuten Regionen wieder angeboten werden können, hängt sowohl von der Bereitschaft der Kunden ab, solche Modelle einzufordern und selbst zu unterstützen, wie auch vom sozialen Engagement der jeweiligen Führungskräfte.

Für ein regionales Bankwesen

Unternehmen kommen immer schlechter an Bankfinanzierungen, und Spareinlagen bleiben immer weniger in den ländlichen Regionen, um dort als Kredite ausgeliehen zu werden. Das liegt auch daran, dass die Banken möglichst alle Abläufe standardisieren und automatisieren müssen. Aber eigentlich hat Finanzierung sehr viel mit Vertrauen zu tun, und die gewachsenen Strukturen einer Region sind eine sehr gute Grundlage für ein solches Vertrauen. Wenn man sich kennt und sozial eingebunden ist, dann wird manche Finanzierung möglich, die anonym vom grünen Tisch aus so nicht hätte entschieden werden können. Nach diesem Prinzip funktionieren die Kreditgenossenschaften in Südamerika oder die Grameen-Banken in Bangladesh – aber auch zunehmend Einrichtungen in Europa.

Wenn hier von Vertrauen die Rede ist, bedeutet dies nicht Naivität, sondern dass Instrumente geschaffen werden, durch die Vertrauen entstehen und für Finanzierungen nutzbar gemacht werden kann. Ein Beispiel ist das »Steplending«, also Unternehmensfinanzierungen, die mit sehr kleinen Krediten beginnen und durch die Kleinstunternehmen schrittweise ihre Kreditfähigkeit mit der Bank erarbeiten können.

Ein weiteres Beispiel sind die »Bürgengemeinschaften« der GLS Gemeinschaftsbank eG, mit der eine Gruppe von Menschen durch kleine Bürgschaftsbeträge für ein gemeinnütziges Projekt mit in die finanzielle Verantwortung geht und damit für die Bank einen wesentlichen Beweis für die Solidität und Nachhaltigkeit dieses Vorhabens erbringt.

Und ein drittes Beispiel sind »Solidarfonds«. Hier geben sich verbundene Unternehmen untereinander Liquiditätshilfen oder stellen sich sogar Risikokapital zur Verfügung, auf der Grundlage, dass sie in ihre Geschäftsverhältnisse einen besse-

ren Einblick haben als die Banken. Ein Effekt in solchen Zusammenhängen ist auch, dass Zinsverzichte besprechbar
sind, anders als bei anonymen Geldanlagen.
Im Zusammenspiel solcher Einrichtungen werden Regionalwährungen eine wesentliche, verbindende Rolle spielen.

Falk Zientz

Verknüpfung und Organisation

Das Gutscheinsystem, der Kooperationsring und die Mitgliedsbank ermöglichen es, alle Funktionen, die das heutige
Geldsystem hat, auch in einer regionalen Komplementärwährung zu erfüllen.

Um sie organisatorisch miteinander zu verknüpfen und in
die Region einzubinden, bedarf es einiger zusätzlicher Einrichtungen:

- einer *Zentrale*, die für die Einführung der verschiedenen
  Teilmodelle und deren Verwaltung sorgt,
- eines *Clearinghouses*, welches die Teilmodelle miteinander
  – und diese Regionalwährung mit anderen Regionalwährungen, national und international – verbindet und
- einer *unabhängigen freiwilligen Qualitätskontrolle*, die von
  teilnehmenden Regio-Systemen getragen wird.

Die Aufgaben der Zentrale sind vielfältig und bedürfen moti-
vierter und professioneller Mitarbeiter, die das, was sie mit der
Einführung der Regionalwährung erreichen möchten, auch
untereinander praktizieren: mehr soziale Gerechtigkeit, offene Kommunikation, ein mutiges Annehmen und kreatives
Lösen von Konflikten als integraler Bestandteil ihrer Arbeit

und eine gewisse Zurückhaltung in den Ansprüchen an Entlohnung und materielle Rahmenbedingungen.

Der Anfang wird ganz sicher ohne ehrenamtlich tätige Mitarbeiter und Mitarbeiterinnen nicht zu schaffen sein. Ab welcher Größenordnung sich ein solches System finanziell trägt und in welchem Zeitraum eine entsprechende Größenordnung zu erreichen ist, hängt entscheidend von der Motivation und dem Durchhaltevermögen der Initiatoren ab, jedoch ebenso von der Konzeption und der Gestaltung des Einführungsprozesses (siehe Kapitel V) und den politischen, wirtschaftlichen und sozialen Rahmenbedingungen, die die Initiatoren in der Region vorfinden.

Das Clearinghouse hat die Aufgabe, die Verrechnung zwischen den verschiedenen Teilsystemen zu ermöglichen und die Regionalwährung mit allen anderen, die das ebenfalls wünschen, zu verbinden. Diese wichtige Funktion wird in Kapitel VI eingehender beschrieben.

Die Qualitätskontrolle gibt den teilnehmenden Regio-Systemen und den einzelnen Mitgliedern eine gewisse Sicherheit in Bezug auf die Einhaltung der Regeln, die gemeinsam erstellt werden und von allen einzuhalten sind. Ohne eine regelmäßige Überprüfung durch eine unabhängige Kontrollinstanz kann eine solche Sicherheit nicht gewährleistet werden. Ebenso wie die Biobauern sich freiwillig einer Kontrolle unterziehen, damit die Verbraucher die Gewissheit haben, ein den Grundsätzen des biologischen Landbaus entsprechendes Produkt zu kaufen, müssen die Nutzer von Regionalwährungen auch die Sicherheit haben, dass das System den Kriterien folgt, die diese *gemeinnützige Serviceeinrichtung* zu einer attraktiven Option für alle macht.

Kriterien für die Regionalwährung

Die folgenden sieben Kriterien scheinen uns für die Auswahl, die Einführung und dauerhafte Nutzung einer komplementären Regionalwährung – egal, welchen Typs – besonders wichtig (diese Kriterien wollen wir anschließend ausführlicher beschreiben):

1. ein Gewinn für alle Teilnehmer,
2. gemeinnützig organisiert,
3. professionell umgesetzt,
4. transparent für die Nutzer,
5. demokratisch kontrolliert,
6. nachhaltig finanziert und
7. umlaufgesichert.

1. *Ein Gewinn für alle Teilnehmer* oder ein so genanntes *Win-Win-Modell* wird die neue Währung nur dann, wenn dieser Gewinn auch für jede(n) Einzelne(n) erkennbar ist. Das muss nicht unbedingt einen materiellen Gewinn bedeuten, es kann auch das gute Gefühl sein, seinem Verein, einem gemeinnützigen Projekt oder der Region zu mehr finanziellem Spielraum verholfen zu haben. Doch im Gegensatz zum heutigen Geldsystem – in welchem in erster Linie die reichsten 10 Prozent der Bevölkerung gewinnen, die ihr Geld »für sich arbeiten lassen können«, während diejenigen, die für ihr Geld arbeiten, ständig verlieren[99] – kann die Regionalwährung auf Zinsen in normaler Höhe als Umlaufsicherung verzichten und über Bonuspunkte oder ein gegenseitiges für alle profitables »Zur-Verfügung-Stellen von Liquidität« ein Gewinn für alle sein.

2. *Gemeinnützig organisiert* heißt nicht, dass die Arbeit der Initiatoren oder angestellten Mitarbeiter nicht bezahlt werden dürfte, aber es sind der Höhe der Gehälter gewisse Grenzen gesetzt, und das trifft auch auf die Ausstattung der Zentrale und ihrer Organisationskosten zu. Als gemeinnützig organisierte statt als gewinnorientierte Finanzdienstleistung kann jedoch bei der Einführung die Regionalwährung auf motivierte, ehrenamtliche Arbeit vermutlich nicht verzichtet werden.[100]

3. *Professionell umgesetzt* bedeutet, dass der Umsetzung eine solide Konzeption zugrunde liegt, das Potenzial und die Fähigkeiten der Menschen, die das Konzept verwirklichen, ihren gewählten Aufgaben entsprechen.[101] Die Kriterien Gemeinnützigkeit und Professionalität schließen sich deswegen in der Praxis oft aus. Bei der Einführung von komplementären Währungen ist jedoch beides notwendig: die professionelle Arbeit, ähnlich wie sie heute von Banken geleistet wird, und die Einhaltung von Kostengrenzen, wie sie gemeinnützige Vereine leisten. Denn nur indem die operationellen Kosten, das heißt die Ausgabe der Währung und die Buchungen auf den verschiedenen Konten, niedrig gehalten werden, sind die Vorteile einer Regionalwährung im Endeffekt spürbar.

4. *Transparent für die Nutzer* wird ein System nur dann, wenn die Sachverhalte so kommuniziert werden, dass die Nutzer sie verstehen und die Organisation offen ist für Rückkoppelung und Kritik. Das macht es erforderlich, dass Fachsprache in Alltagssprache übersetzt werden muss, weil nur wenige sich im ökonomischen Fachjargon verständigen können. Außerdem sind einige Menschen eher über das Gefühl, andere über die Logik oder den Verstand, dritte über die Intuition und vierte über die Realität oder die

KONKRETE PROBLEME

ABSTRAKTE LÖSUNGEN

praktische Umsetzung zu erreichen.[102] Informationsmaterialien und Zusammenkünfte sollten daher so gestaltet werden, dass sie diesen Unterschieden Rechnung tragen, damit jeder sich angesprochen fühlt.

5. *Demokratisch kontrolliert* sollte hier nicht nur heißen, dass bestimmte Regeln bei Abstimmungen eingehalten werden, sondern dass es so weit wie möglich zu Konsensbildung kommen und Mehrheitsbeschlüsse so wenig wie möglich Minderheiten überstimmen sollten. Am Beispiel »Bali« (siehe Kapitel II) haben wir gezeigt, wie sensibel und gleichzeitig erfolgreich ein solches »hyperdemokratisches« System sein kann. Wichtig ist, dass Entscheidungen immer auf der Ebene oder von den Gruppen vorbereitet werden, die von ihnen am unmittelbarsten betroffen sind. Ab einer bestimmten Größenordnung ist jedoch eine demokratische Kontrolle sehr schwierig.[103] Die Region sollte deshalb in ihrer Größe überschaubar sein, sodass sich der Einzelne in der Lage fühlt, zu überblicken, was geschieht. Transparenz bei der Schaffung und Überwachung der Ausgabe der Währung, Offenlegung der Buchhaltung, Überprüfung durch unabhängige Fachleute und die Abfassung

von Berichten in einer allgemein verständlichen Fachsprache sind einige Bedingungen, die dazu beitragen, eine demokratische Kontrolle zu ermöglichen.

6. *Nachhaltig finanzierbar* ist ein regionales Währungssystem nur dann, wenn das System so organisiert wird, dass die Kosten dafür auf Dauer von den Beteiligten aufgebracht werden können. Dass dies keine Selbstverständlichkeit ist, zeigen zum Beispiel Tauschringe, die an den administrativen Kosten scheitern, welche keiner zu zahlen verpflichtet ist, und damit ein nicht mehr verkraftbares Minussaldo erzeugen. Aber auch ABM-Programme oder EU-Mittel, die die Startphase finanzieren, aber die mit dem Ende des Programms entfallen und das ganze Projekt zum Erliegen bringen, zählen zu dieser Kategorie. Sicherlich ist überall das schwierigste Problem, die Durststrecke von der Konzeption zu Selbstfinanzierung zu überbrücken. Aber wenn von vornherein oder ab einem bestimmten Zeitpunkt feststeht, dass das System sich nie selbst tragen wird – entweder aus Mangel an Beteiligung oder einem unverhältnismäßigen Aufwand für den Betrieb –, sollten die Initiatoren die notwendigen Konsequenzen nicht scheuen und den Versuch beenden, bevor allzu viele Ressourcen an Zeit und Geld investiert worden sind.

7. *Umlaufgesichert* sind alle Regionalwährungen »automatisch«, denn sie haben drei umlaufsichernde Eigenschaften dadurch, dass sie

— erstens ebenso wie die Landeswährung der Inflation unterliegen,[104]

— zweitens nur in einem begrenzten Bereich gültig sind und

— drittens beim Um- oder Rücktausch in die Landeswährung Kosten verursachen.

Das alles führt dazu, dass die Regionalwährung diejenige ist, die man als erste ausgibt, wenn man die Wahl hat. Und genau das ist ja beabsichtigt.

Ob man nun zusätzlich noch eine zeitliche Begrenzung der Gültigkeit braucht – wie sie zum Beispiel beim Chiemgauer existiert, indem alle drei Monate Marken aufgeklebt werden müssen, die jeweils 2 Prozent des Gutscheinwertes ausmachen –, ist noch nicht erwiesen.

Dass diese zusätzliche Maßnahme eine Auswirkung auf die Umlaufgeschwindigkeit haben wird und eine nicht zu unterschätzende Sicherung gegen Fälschungen ermöglicht, ist leicht nachvollziehbar (hauptsächlich aus diesen Gründen wurde sie zum Beispiel in Argentinien im Credito-System nachträglich eingeführt). Und dass diese Gebühr zur Vermeidung von Zinsen und dem damit verbundenen Aufschuldungseffekt dient, ist ebenfalls klar. Doch funktionieren alle zuvor beschriebenen Teilmodelle – das Gutscheinsystem, der Kooperationsring und die Mitgliedsbank – in den Praxisbeispielen auch ohne Zinsen *und* ohne eine zusätzliche Umlaufsicherung. Und es scheint durchaus möglich, dass die drei umlaufsichernden Eigenschaften gemeinsam ausreichen, sodass das vorgeschlagene Gesamtmodell auch ohne eine weitere Art der Umlaufsicherung funktionieren kann.

Wissenschaftlich interessant und praktisch sinnvoll wäre es, bewusst unterschiedliche Modelle zu initiieren – wie das zurzeit in Japan passiert (siehe Kapitel VII) – und durch Universitäten oder Forschungsinstitute begleiten zu lassen. Erst nach mehreren Vergleichen dieser Art, über einen längeren Zeitraum durchgeführt, wäre man in der Lage, die Frage zu beantworten, welche wirtschaftlichen, sozialen und ökologischen Folgen es hätte, wenn die Zinsen durch eine Umlaufsicherung in Form von Gebühren ersetzt würden.

Wir wollen jedoch hervorheben: Was hier *nicht* zur Debatte steht, ist, dass die Umlaufsicherung über Zinsen im gegenwärtigen Geldsystem eine zerstörerische und von den meisten Menschen nicht verstandene Umverteilungsfunktion hat, die wesentlich zur heutigen gesellschaftlichen Polarisierung, zum pathologischen Wachstumsdruck auf die gesamte Wirtschaft und zur Umweltzerstörung beiträgt.[105] Und von daher ist es wichtig, dass es Experimente gibt, die eine andere Umlaufsicherung als den Zins erproben. Was hier *nur* zur Debatte steht, ist, ob die vierte Art der Umlaufsicherung in einer Regionalwährung *zusätzlich* zu den drei ohnehin vorhandenen unabdingbar notwendig ist.

Weiterhin möchten wir darauf hinweisen, dass das in diesem Kapitel vorgestellte Gesamtmodell einer regionalen Komplementärwährung nur *eine* Möglichkeit unter vielen darstellt und sicherlich nicht als das allein selig machende angesehen werden sollte. Wir wollten in diesem Zusammenhang aber den Beweis antreten, dass alle Hauptfunktionen, die das heutige Geldsystem erfüllt, auch von einer Komplementärwährung erfüllt werden können.

Entscheidend ist die Fähigkeit der Initiatoren, im Entstehungs- und Einführungsprozess einer Komplementärwährung die Probleme und die Ressourcen in der Region mit den Möglichkeiten, die die Währung bieten kann, zu einer spezifischen und passenden Lösung zu verbinden. Einige der dazu gehörenden Methoden und Werkzeuge wollen wir uns im nächsten Kapitel ansehen.

Kapitel V
Einführungsprozess und Finanzierung

Neben der Auswahl eines geeigneten Modells ist die Wahl des Einführungsprozesses, der auch von den zur Verfügung stehenden Finanzierungsmöglichkeiten mitbestimmt wird, die zweite wichtige Entscheidung bei der Umsetzung einer Regionalwährung. Dabei gibt es drei grundsätzlich verschiedene Möglichkeiten:

1. Man kann den Prozess »von unten« her beginnen, dabei sind – von der Graswurzelebene aus – die verschiedenen gesellschaftlichen Gruppen von den Vorteilen der neuen Regionalwährung zu überzeugen. Dieses Herangehen wird vor allem dort gewählt werden, wo eine relativ langsame Einführung sinnvoll erscheint und wo eine finanzielle Unterstützung von außerhalb des Systems nicht möglich oder nicht erwünscht ist.

2. Die Einführung einer Regionalwährung lässt sich »von oben« – mit Unterstützung der regionalen Entscheidungsträger, einer Anschubfinanzierung von außen und einer gezielten Öffentlichkeitsarbeit – in der Entwicklung beschleunigen. Dieses Herangehen ist dort zu empfehlen, wo die Probleme, die mithilfe der Komplementärwährung gelöst werden können, sich bereits in einem fortgeschrittenen Stadium befinden und wo die notwendigen Mittel für die Einführung zur Verfügung gestellt werden können.

3. Der Prozess der Einführung kann auf einer »*mittleren Ebene*« beginnen, wenn bereits bestehende Initiativen wie zum Beispiel Tauschringe, Genossenschaftsbanken, Gutschein- und Bonussysteme sich miteinander zu einer Regionalwährung verknüpfen, verändern oder ergänzen lassen.

Natürlich werden Elemente aus allen drei Herangehensweisen in jedem Einführungsprozess enthalten sein – so wird der Prozess »von unten« sich um die Unterstützung »von oben« bemühen –, ebenso wie der Prozess »von oben« letztlich die Basis in der Bevölkerung erreichen und bestehende Institutionen und Initiativen mit einbinden muss. Doch sind mit der Entscheidung für die eine oder andere Herangehensweise bestimmte Vor- und Nachteile verbunden, welche die Initiatoren – bevor sie sich entscheiden, tätig zu werden – überprüfen sollten.

Der Prozess »von unten«

Zu einem Zeitpunkt, an dem es noch keine voll funktionierenden Gesamtmodelle gibt, die untersucht werden und als Vorbilder dienen können, ist das Risiko, Fehler zu machen, natürlich besonders groß. Deshalb hat der Prozess von unten, langsam wachsend und sich flexibel den Gegebenheiten anpassend, zuerst einmal viele Vorteile. Und das ist ja auch im Moment der Ausgangspunkt für die meisten Initiativen.

Das Entscheidende ist jedoch, dass eine Initiative »von unten« den Zeitraum übersteht, bis sie eine Größe erreicht, die es ihr erlaubt, sich aus eigenen Einkünften zu finanzieren. (Erste Schätzungen belaufen sich auf fünf bis sechs Jahre.) Das

Der Chiemgauer

Initiativen, die mit einigen hundert Teilnehmern beginnen – wie zum Beispiel das Schüler(innen)unternehmen der Waldorfschule in Prien, welches den Chiemgauer herausgibt (siehe auch Seite 106ff.) –, zeichnen sich durch große Flexibilität und Anpassungsfähigkeit aus. Wenn die Akzeptanz in einem Bereich der Bevölkerung noch nicht gegeben ist, so beschränkt man sich eben auf die Gruppen, die zuerst ansprechbar sind und die Sache aus den unterschiedlichsten Gründen unterstützen wollen.

Die Eltern der Waldorfschüler sind sowohl am Solarprojekt wie am Bau der Turnhalle interessiert, abonnieren für 200 Euro den Kauf von 200 C (Chiemgauer-Gutscheine) pro Monat und erzeugen damit einen ständigen Impuls im System, der sich »fortpflanzt«, denn das Geld muss ja ausgegeben werden, weil es sonst an Wert verliert.

Wenn dann während der Sommermonate die Aktivitäten in der Schule und damit auch im Schülerunternehmen zurückgehen, ist das nicht problematisch, denn die ehrenamtlich arbeitenden Schüler(innen) – es waren sieben Mädchen der fünften Oberstufenklasse, die das Projekt auf den Weg brachten – wie auch der Lehrer und der Raum, der dem Unternehmen in der Schule zur Verfügung steht, erzeugen zuerst einmal keine Kosten für den Chiemgauer.

heißt, die Initiatoren müssen sich auf eine ziemlich lange »Durststrecke« einlassen, die von ihnen ein hohes Maß an Einsatzbereitschaft und finanziellem Durchhaltevermögen verlangt.

Natürlich ist es eine Illusion zu glauben, dass eine Regionalwährung, die von unten her wächst, ein wirtschaftliches »Soforthilfeprogramm« sein kann. Alle Hoffnungen, die in

Das Bremer »Roland-Regional«-Projekt

Das Bremer »Roland-Regional«-Projekt, die erste Initiative für eine komplementäre Regionalwährung in Deutschland, wurde 2001 von einer Gruppe von sechs Leuten initiiert. Allein die Vorarbeit, um ihre Vision zu konkretisieren und die rechtlichen Grundlagen zu klären, dauerte zwei Jahre. Ende 2003 hatte die Gruppe etwa achtzig Mitglieder und arbeitete schwerpunktmäßig an der Unterstützung der Produzenten und Händler biologischer Lebensmittel. Von den achtzig Mitgliedern bieten 45 landwirtschaftliche Produkte oder handwerkliche Leistungen an, während 35 Konsumenten sind. Das kann nur in einem Gutscheinsystem funktionieren, das in erster Linie dazu dient, die Mittel, die durch die Gutscheine freigesetzt werden, den Landwirten zur Verfügung zu stellen.

Dietlind Rinke – eine der Initiator(inn)en – bewertet die Erfahrungen insgesamt positiv. Sie habe sehr interessante Menschen kennen gelernt, viel Unterstützung bekommen, aber auch Ablehnung. Ihre Ausarbeitungen für die Einführung des Roland haben Christian Gelleri in Prien geholfen, den Chiemgauer zu initiieren, und umgekehrt habe sie von den Vorläufern dieses Experiments – dem München-Geld – gelernt. Die jährlichen Treffen aller Roland-Mitglieder seien so fruchtbar und humorvoll verlaufen, dass die Gruppe beschlossen hat, sich in sechsmonatigen Abständen zu treffen.

Für die meisten hat es (in dieser Größenordnung) zuerst einmal etwas Spielerisches, und das sei wichtig, um die Erfahrung machen zu können, wie leicht es ist, sein eigenes »Geld« herzustellen. Der Gutschein, meint sie, verbindet die Menschen auf andere Weise als das herkömmliche Geld. Es sei ein »Geld«, das aus der Fülle schöpft.

dieser Richtung genährt werden, können nur zu Frustration und zur Überforderung der Initiatoren führen und sollten deswegen von Anfang an vermieden werden.

Dass ein Prozess von unten höchstwahrscheinlich sehr viel mehr Zeit braucht als im Falle einer tatkräftigen Unterstützung von oben, dürfte allen Interessierten klar sein. Unabhängig von der Ebene, von der die Initiative ausgeht, erfordert er jedoch immer eine tragfähige Grundlage für die jeweils geplanten Schritte und Ziele sowie einen sozialen Lernprozess bei allen Beteiligten.

Weitere Kriterien wie demokratische Kontrolle und Legitimation sowie eine gemeinwohlorientierte (Teil-)Ausrichtung zukünftig erwirtschafteter Überschüsse sollten unabhängig von der Initiatorenebene berücksichtigt werden.[106] Möglicherweise lassen sich diese Ziele bei einer langsam wachsenden Zahl von Teilnehmern und der Notwendigkeit, ehrenamtliche Tätigkeit in erheblichem Umfang in Anspruch zu nehmen, eher dauerhaft verankern als in einem schnellen Einführungsprozess. Langsamkeit und »Kleinheit« allein sind allerdings keine Garantie für Qualität und Erfolg – und angesichts der Zielsetzung einer Regionalwährung mit hoher Verbreitung und Wirksamkeit ist dieser Ansatz – wie jeder andere auch – danach zu beurteilen, was leistbar ist und funktioniert.

Die Schaffung und Stärkung einer regionalen Identität und der Aus- und Aufbau regionaler Zukunftspotenziale mithilfe einer Regionalwährung ist immer ein evolutionärer Prozess, der über das »Abholen« der Menschen von dort, wo sie sich gerade befinden, zur »Systementwicklung« und schließlich zur »Emanzipation« von Vorbildern und der Ausbildung einer eigenen Identität reicht. Dieses Faktum gibt der Einführung einer regionalen Währungseinheit eine zusätzliche Di-

»Vielleicht können wir diesmal etwas vorsichtiger vorgehen.«

mension im Sinne eines aktiven und umfassend geführten Zukunftsdialoges und einer strategischen Standortbestimmung. Dieser »Nebeneffekt« kann in seiner Bedeutung nach unserer Sicht gar nicht hoch genug eingeschätzt werden, da die Geschwindigkeit, mit der heute gesellschaftliche Veränderungen passieren, diese gemeinsamen und regelmäßigen Orientierungsanstrengungen unverzichtbar werden lässt. Die Einführung einer Regionalwährung kann hierzu einen wichtigen Beitrag leisten.

Das »Abholen« kann mit der Einführung eines offenen Gutscheinsystems (im Gegensatz zum »geschlossenen« Tauschsystem) beginnen, sich über den Aufbau eines regionalen Kooperationsringes und die Bildung regionaler Kreisläufe fortsetzen.

Die »Systementwicklung« kann durch die Einführung eines elektronischen Buchungssystems, eines regionalen Kreditfonds bei der Mitgliedsbank und eine weitgehende Professionalisierung der Betreuungsarbeit gekennzeichnet sein.

Die »Emanzipation« des Systems könnte dann ein regionales Finanzmanagement, die Vernetzung mit lokalen und regionalen Banken und die Entwicklung eines Clearingsystems zur Vernetzung mit anderen Regionalwährungen bedeuten. Es ist aber auch möglich, dass die Zusammenarbeit mit einer lokalen Bank am Anfang steht und alle anderen Schritte sehr viel einfacher macht, denn sie ist ja in der Region als die Anlaufstelle in Sachen »Geld« bekannt und anerkannt.

Der Prozess »von oben«

Die Zeit, die es braucht, um die Vorteile einer regionalen Währung erkennen zu können – und bis das System eine sich selbst finanzierende Größe erreicht –, lässt sich ganz sicher dadurch verkürzen, dass für eine ausreichende Anschubfinanzierung gesorgt wird. Ob diese Finanz-, Personal- oder Sachmittel ganz oder teilweise »von außen« kommen oder aus der Region selbst, sollte nach unserer Auffassung ganz pragmatisch entschieden werden. Ein nennenswerter Anteil an Eigenfinanzierung ist in jedem Fall wesentlich, weil nur so eine intensive Auseinandersetzung mit dem gesamten Konzept entsteht.

Aber auch mit den Mitteln »von außen« und aus der Region kann man kaum von »Soforthilfe« sprechen, denn auf weniger als ein bis anderthalb Jahre wird man – zumindest am Anfang, wenn das Konzept für viele noch neu ist – den Einführungsprozess nicht reduzieren können. Wenn einmal ein oder zwei Regionen mit der Regionalwährung gute Erfahrungen gemacht haben und die ersten Erfolge sichtbar werden, wird es für alle anderen natürlich sehr viel einfacher und schneller sein, das Konzept umzusetzen.

Die Vorteile eines gut strukturierten und ausreichend finanzierten Einführungsprozesses liegen jedoch klar auf der Hand:

- Erstens können die Teilnehmer sehr schnell eine Vielzahl von Gütern und Dienstleistungen mit einer Regionalwährung kaufen.

- Zweitens ist das Vertrauen in eine neue Währung, die von den wichtigsten Entscheidungsträgern, Unternehmen und Institutionen, möglicherweise sogar von Kommunen von Anfang an akzeptiert wird, natürlich größer als das Vertrauen in ein System, das von einer kleinen Gruppe ausgegeben und nur in wenigen Geschäften angenommen wird.

- Drittens können die Projektträger eher mit einer normalen Bezahlung ihrer Arbeit rechnen, das heißt, die Unsicherheiten, die mit einer Abhängigkeit von lang anhaltender ehrenamtlicher Tätigkeit verbunden sind, können verringert werden.

Der durchaus realen Gefahr, dass mit dem Auslaufen der Finanzierung auch das Ende der Regionalwährung eingeleitet wird, kann einerseits mit einer realistischen Budgetierung des

Einführungsprozesses, einer sorgfältigen Kostenkontrolle aller zum System gehörender Faktoren und einer offenen und anpassungsfähigen Kalkulation der Transaktionskosten begegnet werden. Auf der anderen Seite gilt es aber, ebenso nüchtern wie engagiert den vielschichtigen Nutzen einer Regionalwährung zu erfassen – und auch die Kosten einer »Einfach-weiter-so«-Haltung in die Waagschale zu legen.

Um einen effektiven Lernprozess aller Bewohner der Region zu ermöglichen, schlagen wir einen mindestens dreistufigen Prozess zur Einführung einer Regionalwährung vor. Dieser besteht aus:

1. der *Analyse- und Konzeptphase*, in der geklärt wird, welchen Beitrag eine Regionalwährung zur Entwicklung der Region leisten kann,
2. der *Beteiligungs- und Multiplikationsphase*, in der die Unterstützung aller wichtigen Entscheidungträger und Institutionen sichergestellt und die notwendige Menge an Multiplikatoren ausgebildet wird, sowie
3. der *Einführungsphase* mit einer Verankerung des Konzepts in der Region und der Beteiligung der Bewohner.

Diese Phasen werden auch in der Struktur des Finanzierungskonzepts abgebildet, welches jeweils nach Abschluss einer Phase für die nächste bewilligt werden muss.

Die Analyse- und Konzeptphase

Aufbauend auf den vorhandenen Daten und den Erfahrungen der Beteiligten, wird eine fundierte Analyse der Ressourcen und Probleme der Region vorgenommen. Daran anschließend, prüft eine Projektsteuerungsgruppe aus Fachleuten und Vertretern diverser gesellschaftlicher Gruppierungen in der

Region die Vor- und Nachteile verschiedener möglicher Varianten und erarbeitet zusammen mit den verantwortlichen Partnern in der Region ein Konzept für die Regionalwährung.

Die Projektsteuerungsgruppe sollte die wichtigsten regionalen Entscheidungsträger(innen) der Gemeinden in den Prozess einbinden, aber nicht mehr als zwölf bis fünfzehn Mitglieder haben. Sie steuert in Abstimmung mit dem Initiatorenteam den gesamten Entwicklungsprozess. Ihr obliegt es, die Entscheidungen für das Projekt zu treffen. Im Verlauf der dreistufigen Entwicklung wird sie jedoch die Verantwortung mehr und mehr an die eigentlichen Projektträger (zum Beispiel den Verein, die Bank oder die Regionalentwicklungsgruppe) übergeben, die, so weit wie möglich, von Anfang an ein Teil dieses Prozesses sind. – Die Ergebnisse dieser Arbeitsphase sind:

- ein maßgeschneidertes Konzept und ein passender Name für die Regionalwährung,
- die Identifikation der wichtigsten Entscheidungsträger, die Wahl, wer diese anspricht und in die nächsten Schritte mit einbindet,
- die Auswahl von Multiplikatoren und die Ermittlung des Bedarfs an Ausbildung und Training, um das Konzept in der Region vorzustellen,
- ein realistisch abgestimmter Zeit- und Kostenrahmen für die Einführung eines komplementären Zahlungsmittels in der Region, der andere in der Entwicklung befindliche Projekte mit berücksichtigt, und
- eine Projektmappe sowie Präsentationsmaterialien für Entscheider und Multiplikatoren.

Die Beteiligungs- und Multiplikationsphase

Diese Phase stellt die Weichen für den Gesamterfolg des Vorhabens, da hier die Schlüsselpersonen und Meinungsbildner der Region, insbesondere aus dem Wirtschafts- und Finanzbereich – die natürlich von Anfang an informiert wurden –, für die *aktive Unterstützung* des Vorhabens gewonnen werden müssen. Sie verlangt einen größeren Rahmen mit – je nach Region – zirka zwanzig bis fünfzig Beteiligten, die im bestmöglichen Umfang die Region repräsentieren. Mit ihnen werden neu ausgebildete Multiplikatoren diskutieren, bis ein Konsens erreicht wird über Konzept, Ziele und Vorgehensweise und darüber, wer welche Aufgaben bis zu welchem Zeitpunkt erfüllen kann.

Wichtig sind die Motivation und das Training der Multiplikatoren in der Region für Präsentationen mit unterschiedlichem zeitlichem Umfang vor verschiedenen regionalen Zielgruppen (Meinungsführern, Unternehmern, Vereinen, Landwirtschaft, Handel, Handwerk, Dienstleistern, Konsumentengruppen usw.). – Die Ergebnisse dieser zweiten Phase umfassen:

- die Bestätigung oder Veränderung des zuvor ausgewählten Konzepts,
- eine ausreichende Zahl von ausgebildeten Multiplikatoren für die nächste Phase,
- ein Aktivitätenplan mit zeitlichen und personellen Festlegungen sowie
- die Vorbereitung der dritten Stufe unter Einbeziehung der Öffentlichkeit.

Die Verankerung des Konzepts und das Einbeziehen der Bewohner

In der dritten Phase geht es darum, die konkrete Einführung der Regionalwährung bei einer möglichst großen Zahl von Schlüsselinstitutionen zu verankern – und konkrete Unterstützung für die Implementierung bereitzustellen (Information, Organisation im Alltag). Ein wirksames Werkzeug könnte eine Großgruppenkonferenz sein, die in einer ersten »Informations- und Umsetzungswerkstatt« Personen aus allen wichtigen Organisationen der Region einbezieht.

Hierzu sind Experten für Großgruppenprozesse einzubeziehen, die mit 200, 500 oder mehr Menschen gleichzeitig einen Prozess gestalten können, der Spaß macht, Energie und Kreativität freisetzt und für viele Bewohner der Region neue Möglichkeiten bietet, eigene Ziele zusammen mit anderen zu planen und diese – in einem geeigneten zeitlichen Rahmen – auch zu erreichen. Dieser Prozess kann über Radio, Fernsehen und Zeitungen begleitet und veröffentlicht werden und der Region zu einer von vielen getragenen Zukunftsvision verhelfen, in der die Regionalwährung ein wesentlicher Baustein unter anderen wichtigen Bausteinen ist. – Die Ergebnisse für die Komplementärwährung in dieser dritten Phase sind:

- zahlreiche Mitgliedschaften im regionalen Förderverein zur Einführung des Regios,
- eine erste große Umtauschaktion von Euros in die Regionalwährung, die von diesem Zeitpunkt an kontinuierlich weiterläuft,
- eine Stärkung der Verbindung zwischen kleinen und mittleren Unternehmen im regionalen Kooperationsring,
- erste Sparkontoeröffnungen bei der Mitgliedsbank und nicht zuletzt

- eine deutlich gestärkte regionale Identität, ein wesentlich höherer Informationsstand über die Region generell und eine höhere Bereitschaft und Fähigkeit zu erfolgreicher Kooperation weit über den Bereich der Wirtschaft hinaus.

Monitoring, Finanzierung und Methoden

Wesentlich für dieses Projekt und natürlich alle anderen Regionen, die ein solches Konzept umsetzen wollen, ist eine unabhängige Erfolgskontrolle und laufende Dokumentation der Realisierung, Erfahrungen und Ergebnisse, die auch eine Überprüfung der Zielsetzungen und eventuell notwendige Korrekturen mit einschließt. Diese Aufgabe könnten zum Beispiel regionale Hochschulen übernehmen.

Um die externen Kosten niedrig zu halten und die Lernprozesse in der Region zu fördern, schlagen wir vor, dass jeweils erst am Ende einer Phase die Ziele und das Vorgehen für die nächste *verbindlich* festgelegt werden. So kann dann situativ entschieden werden, wie die nächsten Schritte am besten durchzuführen sind. Grundsätzlich halten wir die Dreistufigkeit des Vorgehens für sinnvoll, es kann aber auch ein vier- oder fünfstufiger Prozess den besseren Ablauf garantieren. – Die wesentlichen Kostenfaktoren sind:

- die Beratung durch ein interdisziplinäres Kernteam, das die Träger und Multiplikatoren vor Ort phasen- und aufgabenbezogen schult und unterstützt,
- die Erarbeitung und Vorstellung des inhaltlichen Konzepts mit seinen wesentlichen Bausteinen für die Grundstruktur und den Gesamtprozess bis zur Einführung der regionalen Währung und während der Erprobungsphase,
- die notwendigen Trainingsmodule für die Multiplikatoren und

- die Gestaltung und Umsetzung einer Vielzahl von Einzel-aktivitäten (vom Einzel-Hintergrundgespräch über Themenabende bis zur Großgruppenwerkstatt für Schlüsselpersonen sowie eine zielführende Medienarbeit).

Eine für die meisten Bewohner der Region völlig neue Idee – wie sie die Einführung einer Regionalwährung darstellt – bedarf auch neuer Methoden der Vermittlung und Umsetzung. Eine neue Form, wie in großen Gruppen die Zukunft gemeinsam geplant und gestaltet werden kann, stellen »Zukunftskonferenzen« dar. Diese interaktiven Konferenzen sind ihrem Charakter nach echte Werkstätten, in denen Vertreter und Vertreterinnen aus allen Bereichen einer Organisation, einer Stadt oder Region über anderthalb bis zweieinhalb Tage zusammenkommen, um die »brennenden und wichtigen Aufgaben« zu bearbeiten und konkrete Maßnahmen zu entwickeln. Diese Großgruppen-Werkstätten sind heute fester und regelmäßiger Bestandteil von Entwicklungs- und Veränderungsprozessen in größeren Unternehmen der Wirtschaft, aber auch zunehmend in Non-Profit-Organisationen, wie Krankenhäusern, Kirchen und teilweise auch in öffentlichen Verwaltungen.

Sie tragen dem Umstand Rechnung, dass jeder an jeder Stelle im »Organismus Unternehmen, Stadt oder Region« einen wichtigen Beitrag für die angestrebten Veränderungen leisten kann. Und vor allem, dass die unterschiedlichen Sichtweisen, Lebenserfahrungen, das enorme Fachwissen und Engagement von Menschen in die gemeinsame Ziel- und Umsetzung einfließen können.

Nachdem sie sich in großen Unternehmen und Organisationen als äußerst effektiv erwiesen hatten, wurden Zukunftskonferenzen in den letzten Jahren auch immer öfter von Städten und Gemeinden für ihre Planung eingesetzt (siehe Kasten).

Die »Zukunftskonferenz Wirtschaft«

Die »Zukunftskonferenz Wirtschaft« vom 7. bis zum 9. November 2003 in der Region Hesselberg hat auf dem Weg zur Zukunftsgestaltung dieses Gemeinwesens wichtige Impulse gesetzt, da aus dem gesamten Bereich der Wirtschaft alle wichtigen Personen, Unternehmen und Verbände vertreten waren. Was diese Werkstattkonferenz geleistet hat, lässt sich folgendermaßen beschreiben:

1. Sie versammelte an zwei Tagen rund 160 Vertreter(innen) aus der Region Hesselberg zu zirka 24 Stunden intensiver Arbeit, Dialog und der Entwicklung gemeinsamer Ideen und Maßnahmen. Die Zeitdauer und die besondere Arbeitsform sorgten dafür, dass

   — das Vertrauen untereinander wuchs,
   — neue Sichtweisen und Ideen Schritt für Schritt auf fruchtbareren Boden fielen,
   — die Einsicht zu mehr Mit- und Eigenverantwortung sowie Kooperation zwischen allen Beteiligten zugenommen hat und erste Ideen und Maßnahmen für das »Was und wie« geboren wurden,
   — sich noch in der Konferenz viele bereit erklärten, bei der Umsetzung mit anzupacken,

   sodass die angestrebte Veränderung in den verschiedenen Institutionen simultan beginnen und damit schneller Wirklichkeit werden kann.

2. Sie schaffte ein klares Bild der Herausforderungen und Risiken und bereitete den Boden für von vielen mitgetragene Entscheidungen, Aufgaben und Projekte.

3. Sie erzeugte Transparenz hinsichtlich der gemeinsamen und unterschiedlichen Zielsetzungen innerhalb der betei-

ligten Personen und Institutionen und rückte vor allem die Vielzahl an Gemeinsamkeiten viel stärker in den Mittelpunkt und in das Bewusstsein aller, wodurch gute Ideen und Projekte deutlich mehr Umsetzungschancen und Unterstützung bekamen.

Peter Bauer

Die Zukunftskonferenz setzt dort an, wo in der Region »der Schuh drückt«, definiert die Kernziele für die Region mittel- und längerfristig, macht auch die so genannten »weichen« Faktoren wie Vertrauen und Zuversicht in den Veränderungsprozess deutlich.

Die Schlüsselaufgabe im Bereich Stadt und Region lautet für Peter Bauer, einen der führenden Experten im deutschsprachigen Raum für großflächige Veränderungsprozesse, »die Kommunikation über individuelle und institutionelle Sinn- und Nutzenstiftung erfolgreich in Gang zu setzen. Hierzu zählt er als unverzichtbare Grundlage die Schaffung einer gemeinsamen Ziel- und Wertebasis sowie die Gestaltung eines kollektiven, am Gemeinwohl orientierten Lernprozesses in und zwischen den Institutionen (politische Gremien, Verwaltungen, Unternehmen, Schulen, Vereine, Initiativen).« Das Ziel all dieser Arbeit besteht darin, auf Basis der gemeinsamen Ziele konkrete Maßnahmen und Projekte umzusetzen – und vor allem die meist unverzichtbaren Strukturveränderungen innerhalb der jeweiligen Institutionen zügig vorzunehmen.

Von hoher Bedeutung ist dabei das ganze Spektrum der »Medienarbeit« sowohl inhaltlich als auch zeitlich. Denn ohne eine erfolgreiche »interne« Kommunikation in der Region über Presse, Rundfunk, Fernsehen und Internet ist auf lange Sicht jeder regionale Entwicklungsprozess gefährdet – und die

Zukunftskonferenz

Einführung einer Regionalwährung ist immer ein solcher Prozess. In diesem Zusammenhang muss sich die Presse auf eine wesentlich weitere als nur beobachtende und kritisierende Rolle einstellen:

»Die aktive Mitgestaltung des regionalen Miteinanders und des zukünftigen Gemeinwohls wird zur neuen Herausforderung für das Selbstverständnis der Medien werden. Und mit der oftmals zu Recht geäußerten Kritik der Presse an Politik und Verwaltung hinsichtlich mangelnder Wandlungsbereitschaft und -fähigkeit wird sich zwangsläufig auch die Frage nach der eigenen Wandlung als Medium Zeitung, Rundfunk und Fernsehen stellen – wohlgemerkt als Teil des ›öffentlichen Wächteramtes‹!«[107]

Ebenso wie Zukunftskonferenzen bei qualifizierter Vorbereitung und Durchführung für die Region ein wichtiger Bestandteil der Entwicklung sein können, so kann die Regionalwährung ganz entscheidende Impulse setzen helfen. Denn was am Ende einer jeden Zukunftskonferenz im Bereich Stadt oder Region an Zielen und Projekten erarbeitet wird, hat immer mit einer Erhöhung der lokalen bzw. regionalen Wertschöpfung zu tun. Diese lässt sich jedoch immer seltener mit den herkömmlichen Mitteln erzeugen und finanzieren. Dazu bedarf es nicht nur methodisch und konzeptionell neuer Wege, sondern auch »handfester« neuer Mittel! Und eine Regionalwährung kann – zumindest mittel- und langfristig – aufgrund ihrer »Gebundenheit« an die Region nicht nur neue finanzielle Möglichkeiten schaffen, sondern eben auch gezielt neue Verbindungen – Wertschöpfungsketten und -kreisläufe in Wirtschaft und Sozialkultur – zum wechselseitigen Nutzen stimulieren.

Mit dem nunmehr geschärften Blick auf dieses so ambitionierte wie lohnenswerte Unterfangen wird jedoch auch deutlich, wie komplex sich die Einführung einer Regionalwährung in der praktischen Umsetzung gestaltet, insbesondere wenn sie eine tatsächliche Relevanz in einer Region von 50 000, 100 000 und mehr Menschen haben soll. Deshalb muss dem Thema »Einführungs- und Umsetzungsprozess« und den damit verbundenen Strukturen und Verknüpfungen hohes Gewicht zukommen.

Das Schaubild rechts zeigt die »Umsetzungsarchitektur«, die in der Region Hesselberg im Anschluss an die Zukunftskonferenz Wirtschaft vom November 2003 entstand.

Das Ziel dieser Prozessarchitektur besteht darin, sowohl für die Ziele und Projekte die regionale mit der lokalen Ebene zu verknüpfen als auch gleichzeitig die speziellen Potenziale

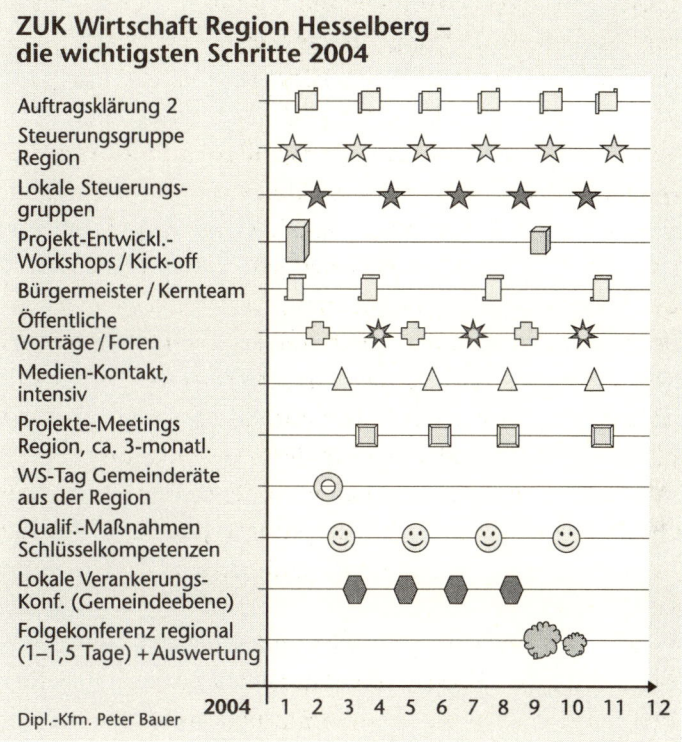

**ZUK Wirtschaft Region Hesselberg –
die wichtigsten Schritte 2004**

	1	2	3	4	5	6	7	8	9	10	11	12
Auftragsklärung 2												
Steuerungsgruppe Region												
Lokale Steuerungsgruppen												
Projekt-Entwickl.-Workshops / Kick-off												
Bürgermeister / Kernteam												
Öffentliche Vorträge / Foren												
Medien-Kontakt, intensiv												
Projekte-Meetings Region, ca. 3-monatl.												
WS-Tag Gemeinderäte aus der Region												
Qualif.-Maßnahmen Schlüsselkompetenzen												
Lokale Verankerungs-Konf. (Gemeindeebene)												
Folgekonferenz regional (1–1,5 Tage) + Auswertung												

Dipl.-Kfm. Peter Bauer   **2004**

und Schlüsselkompetenzen in der Region aus- und aufzubau-
en. Dies kann nur in einem Spiralprozess, der immer mehr
Menschen und Institutionen einbindet, geschehen, wenn es
eine ehrliche, wertschätzende und offene Kommunikation
zwischen allen Beteiligten gibt und diese durch die Medien
aktiv unterstützt wird.

Eine weitere Methode, um einen schnellen und effektiven
Lernprozess in großen Gruppen zu machen, sind Planspiele,
die einen normalerweise komplexen Prozess in vereinfachter
Form erlebbar machen und damit die Angst vor Neuem erheblich reduzieren können.[108] Ein gutes Beispiel für ein einfa-

ches, leicht erlernbares und in großen Gruppen durchführbares Planspiel ist das von Michael Linton entwickelte LETS-Planspiel, welches die Auswirkungen eines Tauschrings oder Kooperationsrings für jeden Einzelnen und die Gruppe, die ihn gründet, nachvollziehbar macht.[109]

Der Prozess auf der »mittleren Ebene«

Der vielleicht einfachste Einführungsprozess für eine Regionalwährung könnte auf der mittleren Ebene stattfinden. Damit bezeichnen wir die vorhandenen Gruppen, Institutionen und gesellschaftlichen Strukturen in den Kommunen, deren Vertreter sich ohnehin regelmäßig treffen, weil sie verschiedene Aufgaben miteinander zu lösen haben.

Für diese Idee gibt es bisher in Deutschland noch kein Modell, und der Grund ist einfach einzusehen: Alle Vertreter und Vertreterinnen solcher Einrichtungen haben normalerweise mit ihrer eigenen Arbeit mehr als genug zu tun und sehen, dass im Moment ein solches Projekt noch einen großen zusätzlichen Arbeitsaufwand bedeutet. Erst wenn wenigstens ein gut funktionierendes Beispiel existiert, wird sich das ändern. Dann aber könnte genau diese Ebene für die Verbreitung und Nutzung des Konzepts die entscheidende sein.

Natürlich sind auch auf der »mittleren Ebene« – ganz ähnlich wie im Ansatz »von oben« – die zuvor beschriebenen Phasen und Methoden eines Einführungsprozesses sowie die Finanzierungsaspekte zu beachten. Obwohl sicherlich kein Prozess wie der andere verlaufen und kein Ergebnis in einer Region hundertprozentig auf andere Gebiete zu übertragen sein wird, lässt sich doch absehen, dass das »maßgeschneiderte Konzept« für die Regionen, die den Anfang machen, über kurz oder lang in ein Modulkonzept überführt werden muss. Aus diesem können dann neu hinzukommende Regionen die Teile entnehmen, die sie brauchen. Dies wird helfen, die Kosten der Einführungsprozesse beträchtlich zu senken und die Erfahrungen aus den Pilotprojekten effektiv zu nutzen. Um dies zu organisieren, braucht es die zuvor genannte Begleitforschung, die über mehrere Jahre den Gesamtprozess durchschaubar, leichter steuer- und korrigierbar und auch für andere nachvollziehbar macht.

Aus der Sicht eines Organisationsentwicklers und Gründers von komplementären Währungssystemen hat Gernot Jochum-Müller[110] einige Grundregeln formuliert, die über das »Wie« des Strukturierens eines solch komplexen sozialen und ökonomischen Prozesses Auskunft geben (siehe Kasten).

Diese Regeln gehören nach unserer Einschätzung zum kleinen Einmaleins, welches jeder, der sich mit der Idee eines solchen Einführungsprozesses trägt, verinnerlichen sollte. Aus heutiger Sicht kann nur dann eine größere Professionalisierung in diesem Bereich erreicht werden, wenn die Erkenntnisse, die jetzt seit einigen Jahrzehnten gemacht wurden, weitergegeben und beherzigt werden.

Einige Grundregeln für die Einführung von Regionalwährungen

Regionalwährungen sind ein Werkzeugkasten
Eine Regionalwährung ist nicht Selbstzweck. Alle Werkzeuge (Form des Geldes, Art der Verwaltung, Struktur der Kommunikation, Entscheidungskulturen etc.) in diesem Werkzeugkasten sind nur Mittel, um ein bestimmtes Ziel zu erreichen. Nicht alle, aber viele Ziele können mit diesem Werkzeugkasten erreicht werden.

Das Regionalwährungssystem besteht aus mindestens zwei Subsystemen
Zum einen besteht es aus dem Währungssystem mit Transaktionen, Verbuchung etc. Zum anderen ist es ein soziales Gebilde (mit Kommunikation, Informationsfluss, Beziehungsgestaltung, Hierarchien, Interaktionen etc.) aus den darin aktiven Menschen. Es sind folglich stets mindestens diese beiden Systeme in der Planung, Gestaltung und Entwicklung zu berücksichtigen.

Beteiligte sind mehr als nur Nutzer
Wird zum Beispiel in einer Region ein neues komplementäres Währungssystem eingeführt, gilt es, die wesentlichen Gruppen zu erkennen. Dazu sind strategische Partner von Systemträgern zu unterscheiden. Neben den Beteiligten (der Hauptzielgruppe) sollen auch die möglichen Verlierer (etwa Banken, die nicht mitmachen und denen dadurch Einbußen im Kreditgeschäft drohen) definiert werden. Diese Gruppen sind in ihren Rollen in der Planung und Umsetzung zu berücksichtigen. Beteiligte sind mehr als nur Nutzer, sie sind der wichtigste Teil des Systems.

Die Vision bzw. das Ziel einfach und erkennbar fassen
Klare und erkennbare Visionen bzw. Ziele sind das Wichtigste für den Anfang. Alles Handeln und Organisieren richtet sich auf die Vision hin aus. Sind es zu viele Visionen oder ist die Vision zu breit gehalten, besteht die Gefahr, viel Aufwand und Zeit in Richtungsdiskussionen zu verlieren oder sich zu vielen Teilprojekten gleichzeitig zuzuwenden. Beides ist destruktiv. Der Aktionsradius des Systems muss dem Ziel angepasst sein.

Eine solide Konzeption erspart spätere Reparaturen
Nach der Klarheit in der Vision benötigt es eine konsequente strategische Planung. Was am Anfang richtig geplant wird, muss später nicht erneuert oder verändert werden. Durch eine solide Konzeption gelingt es, den Mut und die Begeisterung zu erhalten. Meist haben solch komplexe Systeme wie eine Regionalwährung nur *eine* Chance, in einer Region umgesetzt zu werden. Bis sich die nächste Möglichkeit bietet, können oft Jahre vergehen.

Handeln mit Komplementärwährung ist einfacher als einkaufen mit Euro
Um dies zu erreichen, benötigt das System eine bestimmte Größe. Wenn der Aufwand, die Regionalwährung einzukaufen, größer ist als im Lebensmittelladen, sinkt die Akzeptanz bei Interessenten und Nutzern rapide. Ein ganz wesentlicher Faktor ist, dass Angebot und Nachfrage in der Regionalwährung möglichst deckungsgleich werden.

Die Organisation spiegelt das Ziel bzw. die Vision wider
Die Form der Organisation soll ihre Grundanliegen widerspiegeln. Beim Einzelnen spricht man in diesem Fall davon,

dass er authentisch ist. Bei der Gruppe, welche die Regionalwährung einführt, kann das bedeuten, dass sie, um zum Beispiel Potenziale zu wecken, dies auch in den eigenen Reihen
vollzieht.

Wie es beginnt, so wird es sein
Das bedeutet, dass wir das Gefüge von Vision, Zielsetzung,
Zielgruppen etc. nicht beliebig verändern können. Die Absicht, ein Pflegewährungssystem in eine rasch zirkulierende
Bildungswährung umzubauen, würde einen rasanten Wechsel in der Zielgruppe und die entsprechende Verstimmung
mit sich bringen. Das gilt auch für Fragen der Organisations-
kultur. Wer Menschlichkeit und Achtsamkeit in einer Organisation leben kann, wird diese auch wiederum bei den anderen ernten.

Zeit für die Orientierung
Menschen, die in diesem »anderen« Geldsystem mitmachen,
müssen unterstützt werden, wenn sie darin erfolgreich agieren sollen. Die Möglichkeiten müssen erlebbar und denkbar
werden. Neu Ankommende brauchen etwas Zeit, um sich mit
den Techniken und dem sozialen System zurechtzufinden, ihren Platz zu definieren. Dies ist wichtig, da es sich bei den regionalen Systemen oft um unregulierte Märkte handelt. Dadurch steigt die Anforderung an die soziale Kompetenz der
Teilnehmenden.

Die Theorie muss niemand verstehen, wenn sie
in der Praxis erlebbar ist
Theoretische Gebilde zu verstehen, die so komplex sind wie
Regionalwährungen, überfordert viele Menschen. Von Interesse für alle sind jedoch erlebbare Situationen, die ihnen zei-

gen, wie vorteilhaft eine solche Währung für sie selbst und ihre unmittelbare Umgebung ist. Dann sind sie vielleicht auch bereit, die Theorie aufzunehmen.

Komplementäre Währungssysteme sind gemeinschaftsfördernd
Gemeinnützige regionale Währungssysteme können der Armutsbildung, dem sozialen Ausschluss und anderen unerwünschten gesellschaftlichen Trends entgegenwirken. Werden sie nicht in diesem Sinne entwickelt, befinden sie sich in einem Widerspruch mit sich selbst, was ihre Akzeptanz mittel- und langfristig erfahrungsgemäß massiv hemmt.

Die Organisation ist Vertrauensträger des Projektes
Will eine regionale Initiative langfristig bestehen, ist das Vertrauen der Beteiligten und der umgebenden Menschen eine Vorbedingung. Als Standard gilt, mindestens so zuverlässig wie eine Bank zu sein, sich aber die Freundlichkeit und Menschlichkeit der Initiativgruppe zu bewahren.

Organisationen sind lebendige Systeme
Komplementäre Währungen sind lebendige Organismen. Wollen solche Systeme erfolgreich und dauerhaft sein, ist diesem Faktum Rechnung zu tragen. Ein solches System lässt sich nicht mit einfachsten Managementtools steuern. Lebendige Systeme möchten nicht verwaltet, sondern gelebt werden. Theoretisch wissen wir über komplementäre Währungssysteme schon viel, über die Praxis des organisatorischen Gestaltens haben wir alle noch viel zu lernen.

Gernot Jochum-Müller

Kapitel VI
Interaktion und Vernetzung mit anderen Systemen

Neben der Neugestaltung oder Kombination von Teilsystemen zur Schaffung von Regionalwährungen, wie in Kapitel IV beschrieben, gibt es wie gesagt noch eine weitere Möglichkeit, dasselbe Ziel zu erreichen: die Einführung eines »Clearinghouses«, welches einzelne komplementäre Währungssysteme wie Tauschringe oder Pflegesysteme über eine internetbasierte Verrechnungsstelle miteinander verbindet. Am einfachsten lässt sich ein Clearinghouse als ein Tauschring für Tauschringe beschreiben.

Die Clearinghouse-Strategie ist aus vielerlei Gründen ein wichtiger Faktor für die Vernetzung und Entwicklung von komplementären Währungen.[111] Einer der wichtigsten ist, dass es den Menschen ermöglicht, eine breitere Palette von Leistungen auf einem breiter aufgestellten Markt anzubieten und abzurufen. Es erlaubt ihnen, am regionalen Währungssystem teilzunehmen, ohne dass sie ihr eigenes System aufgeben, und verhindert, dass verschiedene lokale Währungssysteme miteinander um Teilnehmer konkurrieren.

So sind im Norden Londons beispielsweise vier verschiedene Komplementärwährungen in Gebrauch: ein Time-Dollar-Modell und drei LETS-Ringe. Wenn zwei Menschen, die zu zwei verschiedenen Systemen gehören, dort etwas austauschen wollen, muss zumindest einer von ihnen dem anderen System beitreten oder eine manuelle Sondertransaktion orga-

nisieren. Mit einem Clearinghouse würde das Problem sich gar nicht erst stellen.

Die Frage, die sich für die meisten Mitglieder eines Tauschrings – angesichts der Option, einem Regionalwährungssystem beizutreten – stellt, ist jedoch, ob sich die Qualität, die sie in der kleinen Tauschringgruppe hatten, in der die meisten Menschen sich kannten, auch auf die *regionale* Ebene übertragen lässt. Und ob sie in der neuen Organisation, die die Regionalwährung einführt, auch ihre eigene Identität als Gruppe – die vielleicht jahrelang wunderbar funktioniert hat – erhalten können. Da die Antwort eindeutig Ja lautet, entstehen sofort die nächsten Fragen: Wie ist es mit dem Namen und dem Logo, mit der Verrechnungseinheit sowie den internen Regeln, mit denen die Tauschringmitglieder jahrelang zufrieden waren? Und auch hier können wir mit dem Clearinghouse-Konzept glücklicherweise garantieren, dass sich all das beibehalten lässt und gleichzeitig der Austausch mit allen anderen Gruppen, die sich an der Regionalwährung beteiligen wollen, möglich wird.

Der Vorteil des Gesamtmodells

Das Clearinghouse ist eine »Verrechnungsstelle«, mit deren Hilfe kleinere Systeme zu einem größeren verbunden werden können. Im Clearinghouse werden die Bedingungen für Austausch und Interaktion festgelegt, und so lassen sich nicht nur lokale, sondern auch regionale komplementäre Währungen miteinander verknüpfen, ja sogar auf internationaler Ebene herstellen (für die Mitglieder, die eine solche Verbindung zum Austausch ihrer Güter oder Dienstleistungen brauchen).

Der Vorteil eines Gesamtmodells, das aus mehreren kleinen Subsystemen neu geschaffen wird, liegt vor allem darin, dass seine Größe Vorteile bringt: bei der Technik – zum Beispiel wenn Smartcards eingesetzt werden sollen –, aber auch im Marketing und bei der Einführung und Verbreitung des Modells, indem der Wiedererkennungseffekt das neue System zur »Marke« werden lässt. Wenn es in einer Region bereits viele gut funktionierende Systeme gibt, die zusammenarbeiten wollen, bietet die Verbindung über ein Clearinghouse wahrscheinlich die beste Lösung für eine komplementäre Regionalwährung.

Die Grafik rechts soll zeigen, wie man verschiedene bereits existierende oder noch zu schaffende Subsysteme mithilfe des Clearinghouses zu einem regional übergreifenden Konzept verknüpft, damit die Menschen, die den verschiedenen lokalen Währungen angehören, untereinander Leistungen verrechnen können, wann immer sie wollen.

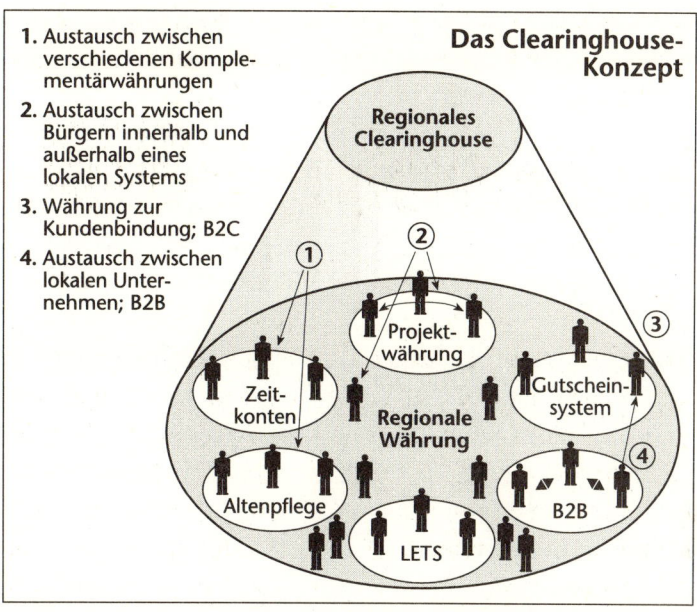

1. Austausch zwischen verschiedenen Komplementärwährungen

2. Austausch zwischen Bürgern innerhalb und außerhalb eines lokalen Systems

3. Währung zur Kundenbindung; B2C

4. Austausch zwischen lokalen Unternehmen; B2B

Das Clearinghouse-Konzept

Regionales Clearinghouse

Projekt-währung

Zeit-konten

Regionale Währung

Gutschein-system

Altenpflege

LETS

B2B

Natürlich lassen sich ähnliche Systeme mit in etwa gleichen Zielsetzungen relativ einfach miteinander verbinden. Aber man kann auch vollkommen verschiedene Systeme verknüpfen. So können Währungen zu einem bestimmten sozialen Zweck (wie die Fureai-Kippu-Pflegewährung) sich an die Regionalwährung binden, wenn man die Bedingungen des Austausches vorher festlegt. Selbst kommerzielle Systeme zur Kundenbindung oder Unternehmenswährungen, seien es nun Business-to-Customer-(B2C-) oder Business-to-Business-(B2B-)Modelle (siehe Annex B), lassen sich – mit einigen Vorsichtsmaßnahmen – integrieren.

Vor der Aufnahme eines solchen Subsystems müssen jedoch die Vor- und Nachteile für alle Subsysteme geprüft werden. Dies ist vor allem dann wichtig, wenn der Geldschöpfungsprozess der einzelnen Modelle sich grundlegend unterscheidet. Allgemein sollte festgelegt werden, dass jedes Subsystem nur eine bestimmte Höchstmenge an Verrechnungseinheiten als Überschuss bzw. Defizit ansammeln darf, damit es nicht zu Anomalien im Geldfluss kommt, die schließlich das ganze Clearinghouse in Gefahr bringen.[112]

Während Tauschsysteme einzelne Akteure untereinander vernetzen, vernetzt ein Clearinghouse einzelne Währungssysteme miteinander. Das kann einfach sein, wenn die Zielsetzungen und andere Merkmale übereinstimmen. Schwieriger wird es, wenn zum Beispiel eine Regionalwährung zur Förderung von kleinen und mittleren Betrieben in einer Stadt und eine Währung zur Organisation von Nachbarschaftshilfe und häuslicher Krankenpflege zusammenkommen wollen, da sie, um ihr jeweiliges Ziel zu erreichen, unterschiedlicher Konzepte und Regeln bedürfen. Zielt ein System etwa auf das Ansparen von Guthaben hin, um später durch die erbrachte Leistung selbst in den Genuss von zum Beispiel Pflegeleistungen zu kommen, konkurriert dies mit der Liegegebühr zur Sicherung des Umlaufs in einem System für Kleinbetriebe. Dennoch kann es für die Betroffenen sehr nützlich sein, diese beiden Systeme miteinander zu verbinden. Deshalb stellen sich mehrere Fragen, wenn komplementäre Währungssysteme miteinander verbunden werden, beispielsweise:

- Wie viel von der einen Währung sind die Einheiten in der anderen wert?
- Wie hoch ist der Überziehungsrahmen, der für den Außenhandel verwendet werden darf, um die Stabilität oder Kaufkraft des eigenen Systems oder der anderen Systeme nicht in Gefahr zu bringen?
- Durch welche Medien (Schecks, Gutscheine, Internet-Datenbank etc.) werden Tauschgeschäfte dokumentiert?

- Welche Regelungen sind vorhanden, um die Verrechnungskurse stabil zu halten?
- Wie weiß ein Teilnehmer in dem einen, was im anderen System angeboten wird?

Um das Verrechnen der Werteinheiten über die Grenzen der jeweiligen komplementären Währungssysteme möglichst einfach zu gestalten, bedarf es eines fundierten Wissens und eines zuverlässigen Ablaufs. Um dies zu vereinfachen, kann eine Clearing-Software für die technische Abwicklung genutzt werden. Wenn regional verankerte Währungssysteme – wie wir oben gesehen haben – sich aufgrund ihrer Zielsetzung aus einem Verbund mit anderen ausschließen, kann das unter Umständen bedeuten, dass in einer Stadt zwei unterschiedliche Clearingsysteme nebeneinander geschaffen werden müssen. Je nach Zielsetzung werden diese mit den entsprechenden Regelungen ausgestattet.

Inhaltliche und territoriale Aspekte

Um eine grobe Kategorisierung von Clearingsystemen vornehmen zu können, ist es sinnvoll, sie nach inhaltlichen (konzeptionellen) und territorialen (räumlichen bzw. örtlichen) Aspekten zu unterscheiden (siehe Kasten).

Je nach dem Ziel, welches der Vernetzung zugrunde liegt, benötigen solche Clearingsysteme unterschiedliche Funktionen und Sicherheitsvorkehrungen. Ein Clearing für ähnliche komplementäre Währungssysteme in einer Region (Typ 1) kann beispielsweise relativ einfach abgewickelt werden. Hierzu wird in der Regel nicht einmal die Fähigkeit einer Clearing-Software, in mehreren Sprachen kommunizieren zu können,

Typologien von Clearingstellen

Kleinraum-Clearing für inhomogene Systeme	**Großraum-Clearing für inhomogene Systeme**
Regionale Vernetzung unterschiedlicher Komplementärwährungssysteme in einer Region/Stadt *(Typ 2)*	Nationale oder internationale Vernetzung von unterschiedlichen Komplementärwährungssystemen *(Typ 4)*
Kleinraum-Clearing für homogene Systeme	**Großraum-Clearing für homogene Systeme**
Regionale Vernetzung gleichartiger Komplementärwährungssysteme in einer Region/Stadt *(Typ 1)*	Nationale oder internationale Vernetzung gleichartiger regional organisierter Komplementärwährungssysteme *(Typ 3)*

Grad der konzeptionellen Differenzierung (vertikale Achse)

Grad der territorialen Differenzierung (horizontale Achse)

benötigt. Meist ist es auch möglich, dass sich die entscheidenden Akteure der verschiedenen Systeme persönlich über Regeln etc. direkt verständigen können.

Vergleichsweise komplex stellt sich schon die Einführung eines Clearingsystems vom Typ 3 dar. Denn je verstreuter die zu vernetzenden regionalen Währungssysteme sind, umso höher wird der Koordinationsaufwand, weil umfassendere und detailreichere technische Lösungen notwendig sind (Mehrsprachigkeit, Berücksichtigung von Zeitzonen, Sicherheitsstandards, Kulturfähigkeit in der Benutzerführung etc.). Allein die Frage, wie die Verarbeitung von unterschiedlichen Postanschriften (zum Beispiel in USA und China) gehandhabt wird, wirft bei Entwicklerteams zahlreiche technische Fragen auf.

Clearingsysteme können auch danach unterschieden werden, ob es sich um technische Insellösungen handelt oder um offene Systeme. Wobei Insellösungen die einfachere Variante sind. Bei einer Insellösung werden über das Internet regionale, inhaltlich verschiedene Systeme am selben Server verwaltet. Alle Daten der Mitglieder, Buchungen, Angebote und Nachfragen – also was an Information benötigt wird – sind in diesem Server gespeichert und können aufgrund ihrer Nähe unterschiedliche Währungen direkt miteinander verrechnen. Angebote und Nachfragen sind über die Systemgrenzen hinaus zugänglich. Diese Variante ist insbesondere für die Clearingsysteme Typ 1 und 2 relevant und für Typ 3 teilweise einsetzbar. Bei dem System in Vorarlberg handelt es sich um eine Insellösung.

Ein offenes System, wie es für die großräumige Vernetzung unterschiedlicher Komplementärwährungen notwendig ist (Typ 4), erfordert, um nachhaltig betrieben werden zu können, wesentlich komplexere Abläufe und technische Lösungen. An der Entwicklung solcher Systeme wird zwar gearbeitet, aber keines ist bisher verfügbar.

Wie funktioniert nun ein Clearingvorgang konkret? Betrachten wir diesen Vorgang aus der Sicht eines Betroffenen und aus Sicht eines Technikers.

● *Aus der Sicht des Betroffenen:* Max aus dem Nachbarschaftstauschring nutzt die Möglichkeit, beim Bäcker im Firmentauschsystem (Barter) in derselben Stadt einzukaufen. Dieser akzeptiert gern seine Stundenwährung. Damit kann er Franz entlohnen, der auch im Nachbarschaftstauschring tätig ist. Franz erledigt Botengänge für den Bäcker und hilft auch mal in der Backstube aus.Max ist sehr engagiert; und die Stundenwährung häuft sich bei ihm an. In diesem Jahr sucht er sich ein Urlaubsziel, bei dem er dieses Guthaben für seine Erholung einsetzen kann. Im Nachbarschaftstauschring im westlichen Österreich wird er fündig. Zwei Wochen Winterurlaub in den Bergen. Gefunden hat er dieses Angebot auf dem Marktplatz der Internet-Clearingstelle, zu der sein Tauschring gehört.

- *Aus Sicht des Technikers:* Im ersten Fall wird Max der Betrag für die Brötchen von seinem Konto wie beim »Internet-Banking« selbst abgebucht und auf dem Außenhandelskonto seines Tauschsystems gutgeschrieben. Von dort werden die Stundeneinheiten automatisch auf dem Konto des Nachbarschaftstauschrings bei der Clearingstelle als Ausgabe verbucht. Dann werden diese in Stunden umgewandelt und auf dem Clearingkonto des Bartersystems gutgeschrieben. Von dort wandern die Bartereinheiten auf das Außenhandelskonto des Bartersystems, wo sie abgebucht werden. Dem Bäcker werden nun die Barterguthaben auf seinem Konto gutgeschrieben. Zu diesem Vorgang gibt Max aber nur den Betrag, einen erklärenden Text, die Kontonummer des Bäckers und das Kürzel für das Bartersystem ein. Um diesen Vorgang einfach zu gestalten, legt sowohl der Nachbarschaftstauschring wie auch das Bartersystem fest, wie viele ihrer Einheiten eine Stunde ausmachen. Auf dieser Basis wird dann verrechnet. Beim Nachbarschaftstauschring ist es einfach 1 Stunde = 1 Stunde. Im Bartersystem sind aber zum Beispiel 8 Euro = 1 Stunde. Die interne Währung einer Clearingstelle muss natürlich nicht unbedingt in Stundeneinheiten geführt werden, es ist zum Beispiel auch möglich, einen Preis für bestimmte Waren zu definieren. Kilowattstunden wären ein gutes

Beispiel, weil sie jeder braucht. Ein Warenkorb von Lebensmitteln, die in der Region erzeugt und verbraucht werden, könnte ebenfalls benutzt werden. Doch ist eine solche Lösung zumeist arbeitsaufwendiger.

Die Leistungen und Vorteile eines Clearinghouses stellen sich also wie folgt dar: Mit der Verrechnung unterschiedlicher komplementärer Währungen können Leistungen oder Waren von Teilnehmern aus einem System von Teilnehmern aus einem anderen System erworben werden. Generell sollte zwar der Großteil der Tauschvorgänge in lokaler bzw. regionaler Währung innerhalb des eigenen Systems stattfinden, doch gibt es Fälle, in denen dies äußerst unpraktisch ist. So stellen in den meisten Tauschringen viele Masseure ihre Dienste zur Verfügung, doch für eine spezialisierte Programmiererin kann es schwierig werden, in einer kleinen Gruppe überhaupt genügend Nachfrage zu finden, auch wenn generell ein Mangel an Programmierern besteht. Bietet sie ihre Dienste dagegen überregional an, kann sie mit den so erworbenen Verrechnungseinheiten in ihrer Region einkaufen. Das heißt, Angebote spezieller Art, die im eigenen System nicht vorhanden sind, können einbezogen werden, und eine breitere Palette von Angeboten wird verfügbar.

Die Vereinbarung von Regelungen über die Zusammenarbeit der beteiligten Komplementärwährungssysteme, wie zum Beispiel zur Steuerung der Währungsmenge, welche für den Außenhandel des jeweiligen Systems zulässig ist, ermöglicht es, die Abläufe für den Austausch über die Systemgrenzen hinweg zu standardisieren und damit nur einmal zu definieren. Darüber hinaus wird eine lückenlose Aufzeichnung aller Zahlungsvorgänge in den angeschlossenen Regionalwährungen möglich; und wenn jemand seinen Wohnsitz verlegt – innerhalb des Gebiets, welches durch das Clearing-house versorgt wird –, kann er seinen Kontostand sehr einfach transferieren.

Die Steuerung der Umrechnungsfaktoren einzelner Währungen wird sehr einfach, ebenso wie die Sicherstellung des laufenden Austauschs von Daten über Buchungsvorgänge.

Die Komplementärwährungen können sich gegenseitig besser unterstützen und durch entsprechende Regelungen zum Beispiel den »Ausverkauf« eines kleineren Systems durch größere Systeme sichern.

Durch überwiegend automatisierte Abläufe lässt sich der Aufwand minimieren und ein »Marktplatz« schaffen, auf dem – über die Grenzen der regionalen Währung hinweg – Angebote und Nachfragen eingesehen und ausgetauscht werden können, womit das regionale Währungssystem natürlich auch mehr Teilnehmer gewinnt.

Kapitel VII

Japan – Ein Experimentallabor für Komplementärwährungen

Die gesetzlichen Hürden und Einschränkungen, die wir im deutschsprachigen und europäischen Raum zu beachten haben, sind in Japan in den letzten Jahren entweder gelockert oder zugunsten der Erprobung von Komplementärwährungen aufgegeben worden. Japan ist heute nicht nur das Land mit den meisten Komplementärwährungssystemen, es weist auch die größte Gestaltungsvielfalt solcher Modelle auf. Warum aber ist dies für uns so wichtig?

In Kapitel I haben wir bereits erklärt, dass Japan keineswegs mit einem speziellen »Japanvirus« zu kämpfen hat, wie die westlichen Medien dies immer wieder kolportieren. Die japanische Krise ist eine allgemeine Strukturkrise, die den Inselstaat nur zufällig als Ersten getroffen hat. Stehen wir tatsächlich am Ende des Industriezeitalters, dann werden die Geburtswehen der neuen Epoche aber nicht nur schmerzhaft sein, sondern uns letztlich alle treffen. Viele der Merkmale, welche die schwierige Lage Japans in den letzten zehn Jahren charakterisieren, zeichnen sich längst auch in Deutschland ab: eine massive Krise der Banken und Versicherungen sowie das Gespenst der Deflation, ein sicheres Zeichen für Überkapazitäten auf breiter Front.[113]

Unter diesem Gesichtspunkt ist das japanische Experimentieren mit Komplementärwährungen für die ganze Welt von Bedeutung. Erst im August 2002 verkündete der japani-

sche Minister für Wirtschaft und Industrie, dass der Einsatz von Komplementärwährungen Japan seiner Ansicht nach endlich aus den Fängen der langjährigen Deflation befreien würde, weil auf diese Weise auf lokaler Ebene endlich wieder Geld zur Verfügung stünde.[114] Und so verwandelte sich die zweitgrößte Volkswirtschaft der Welt in ein Echtzeit-Experimentallabor, in dem dank monetärer Innovationen diverse wirtschaftliche und soziale Probleme an der Wurzel gepackt und gelöst werden. Kann der Rest der Welt sich wirklich leisten, derartige Erfahrungen zu ignorieren?

Dieses Kapitel gibt einen Überblick über die Entwicklung einiger Formen von Komplementärwährungen, die in Japan eingeführt wurden. Die hier vorgestellten Informationen wurden vor allem durch Gespräche mit den Teilnehmern und »Erfindern« der verschiedenen Systeme gesammelt.

Die Pioniere

In der japanischen Wirtschaft vor der Meiji-Restauration, während deren Japan sich von 1868 an zunehmend für den Westen öffnete, waren Komplementärwährungen keine Seltenheit. Sie galten gewöhnlich innerhalb eines *han* (eines lokalen oder regionalen Herrschaftsbezirks). Wie positiv sich diese Geldform auf die Nachhaltigkeit der wirtschaftlichen Entwicklung in den Regionen und den Zusammenhalt der Gemeinschaft auswirkte, ist vielfach belegt.[115] Interessanterweise gleicht die damalige Situation derjenigen Europas vor Einführung des Goldstandards.

Nun gibt es in Japan zum ersten Mal seit der Edo-Zeit (1603–1867) wieder Komplementärwährungen. Die explosive Zunahme dieser lokalen Systeme setzte etwa Mitte der neunziger Jahre ein. Japan hatte 1990 einen massiven Wirtschaftseinbruch erlitten. Als die Behörden beschlossen, dem Problem mithilfe regionaler Währungen zu Leibe zu rücken, begann ein Prozess, in dessen Verlauf eine ganze Reihe von Komplementärwährungen geschaffen wurden.

Wenig bekannt ist, dass die ersten wegweisenden Versuche auf diesem Gebiet nach dem Zweiten Weltkrieg ebenfalls in Japan stattfanden. Diese Experimente blieben jedoch bislang unbeachtet.[116] Daher sollen sie hier gleich zu Anfang vorgestellt werden.

Wie es scheint, wurden und werden die Pioniere der aktuellen japanischen Komplementärwährungen sowohl in ihrem Heimatland als auch außerhalb schlicht ignoriert. Der Hauptgrund ist wohl darin zu suchen, dass es sich dabei durchweg um Frauen handelt.[117] Chronologisch betrachtet, war die erste Vorkämpferin für Komplementärwährungen Teruko Mizushima, die 1920 in Osaka zur Welt kam. 1950 verfasste sie einen visionären Artikel über eine »Bank für Arbeit«, der mit dem Preis der Zeitungsherausgeber ausgezeichnet wurde. Darin entwickelte sie die Grundidee einer zeitbasierten Währung und einer »Zeitbank«. 1973 gründete Mizushima die »Volunteer Labor Bank« in Osaka, eine »Bank für ehrenamtliche Arbeit«. Dies geschah im Rahmen einer viel beachteten Frauenkulturbewegung, die heute noch aktiv ist. Im September 1979 zählte dieses System mehr als 3000 Mitglieder in ganz Japan. Im März 1982 wurde sogar eine »Zweigstelle« in Kalifornien eröffnet, und 1983 erschien Mizushimas Vision in Buchform.[118] Zu diesem Zeitpunkt umfasste ihr Netzwerk mehr als 3800 Mitglieder in 262 Untergruppen. Das Netzwerk organisierte alle möglichen Formen ehrenamtlicher Arbeit, von der Pflege alter bzw. behinderter Menschen über die Kinderbetreuung bis hin zur Arbeit in Krankenhäusern. 1983 wurden innerhalb des Netzwerks mehr als 480 000 Stunden Arbeit geleistet. Die Mitglieder halfen einander bei so unterschiedlichen Problemen wie Krankheit, Geburt oder Reisen, Hausputz, Kochen, Babysitten oder dem Füttern von Haustieren.

Eine andere Frau, Michiko Kanema, begann 1965, ein ähnliches System aufzubauen, das auf denselben Prinzipien beruhte, jedoch anfangs nur innerhalb der christlichen Kirchengemeinde von Takamatsu in der Präfektur Kagawa tätig war. Da immer, wenn einige ihrer Mitarbeiter umzogen, am neuen Wohnort ähnliche Organisationen gegründet wurden, entstand bald ein landesweites System innerhalb der verschiedenen Kirchengemeinden.[119]

Im Juni 1990 gab es mindestens 46 solcher Gruppierungen, die in den meisten Fällen mit Zeiteinheiten rechneten und in ganz Japan tätig waren. Ihre formale Ausgestaltung war unterschiedlich: Bei neun Gruppen handelte es sich um Bürgerinitiativen, weitere fünfzehn gehörten zu Wohltätigkeitsvereinen, zwölf wählten die Form der Kooperative, während an den letzten zehn die öffentliche Hand beteiligt war.[120]

Der Pionierarbeit dieser Vorläuferinnen verdankt die darauf folgende Entwicklung der verschiedenen Modelle von Komplementärwährungen in Japan nach 1995 größtenteils ihren Erfolg. Das erste, wenn auch keineswegs einzige System, das diesen fruchtbaren Boden beackern sollte, war das Fureai-Kippu-Netzwerk, das Sie im folgenden Abschnitt kennen lernen werden.

Hotta-san und Fureai Kippu

Als Tsutomu Hotta, früherer Generalbundesanwalt und hoch angesehener Justizminister, sich 1991 aus dem Erwerbsleben zurückzog, beschloss er, seine Energie ganz dem System der Altenpflege in Japan zu widmen. Die Bevölkerung Japans altert weltweit am schnellsten. Aus diesem Grund rief Tsutomu Hotta das Sawayaka Fukushi Center (Sawayaka-Wohlfahrtsorganisation) ins Leben, das sich bald zu einer landesweit tätigen Institution ausweitete.

Entscheidend für diesen japanischen Sonderweg war vor allem das gewaltige Erdbeben, das am 17. Januar 1995 die Region Kobe erschütterte. Eine Katastrophe solchen Ausmaßes überforderte die Möglichkeiten der japanischen Regierung bei weitem. So entstanden zahlreiche lokale Selbsthilfeorganisationen, die Hilfe auf allen möglichen Gebieten anboten. Tsutomu Hotta setzte sich unermüdlich dafür ein, dass die freiwillige Tätigkeit der ehrenamtlichen Helfer endlich die ihr gebührende Anerkennung fand, wozu auch gehörte, dass der Gesetzgeber dafür einen entsprechenden Rahmen schuf. 1998 wurden seine Bemühungen schließlich von Erfolg gekrönt.

Das Fureai-Kippu-System umfasst verschiedene lokale Netzwerke, die alle auf gemeinnütziger Basis tätig sind. Es handelt sich dabei also keineswegs um ein einheitliches, zentrales System. Man nennt diese Währung zwar *kippu*, also »Ticket«, doch die Verrechnungseinheiten existieren nur in elektronischer Form. Papier wird dabei nicht verbraucht. Das System wird dezentral von PCs aus gesteuert.

Einige der Fureai-Kippu-Systeme nutzen zwei Zahlungswege: Sie bezahlen in konventionellem Geld (die Entlohnung liegt allerdings unter dem Mindestlohn der jeweiligen Gegend) und schreiben Einheiten auf den Zeitbankkonten gut. Dabei wird deutlich gemacht, dass das Bargeld »keine Bezahlung für geleistete Dienste ist, sondern vielmehr eine Möglichkeit, seine Dankbarkeit zu zeigen«. Der Betrag ist daher nicht an die geleistete Arbeit gebunden. »In Japan schätzt man es nicht, wenn man sich von Menschen, die nicht zur Familie gehören, helfen lassen muss, ohne diese dafür bezahlen zu können. Wenn ein wenig Geld fließt, stehen Pflegender und Gepflegter auf gleicher Stufe.«[121] Daher lässt sich das Fureai-Kippu-System in verschiedene Untergruppen unterteilen, je nachdem, wie das Verhältnis zwischen Zeitwährung und Standardwährung aussieht:

- 100 Prozent Zeitwährung: Dabei werden (ähnlich dem Time-Dollar-System) nur Zeiteinheiten gutgeschrieben.[122]
- Wahlweise Zeitgutschrift oder Auszahlung in Standard-

währung: Mehr als 60 Prozent des Fureai-Kippu-Systems funktionieren so. Manchmal sind es die Pfleger selbst, die wählen, ob sie lieber Bargeld oder Zeitgutschriften möchten. In anderen Fällen kaufen die Pflegebedürftigen vorher »Tickets«, die sie dann an das Pflegepersonal weitergeben. Wieder andere Systeme zahlen Bargeld, sobald die Pfleger mehr als 200 bzw. 300 Stunden Guthaben auf ihrem Konto angesammelt haben.[123]

- Feste Quoten: Hierbei entscheidet die Organisation zu Anfang, welcher Prozentsatz der geleisteten Arbeit in Zeit (meist zwischen 10 und 50 Prozent) gutgeschrieben und welcher in bar ausgezahlt wird.[124]

- Schließlich gibt es im japanischen Pflegesystem noch zwei Clearinghouses, die es den Teilnehmern ermöglichen, die innerhalb einer lokalen Gruppe erworbenen Gutschriften auf andere Personen zu übertragen, zum Beispiel auf die Eltern, die in einer anderen Gegend wohnen.

Kato-san und Eco-Money

Wer Toshiharu Kato ist und welch ungewöhnliche Karriere für einen japanischen Funktionär er gemacht hat, ist den Lesern dieses Buches ja bekannt (siehe Seite 81). Er war Direktor der Dienstleistungsabteilung des METI. Er war es, der den Gedanken der Lokalwährung weiterführte und ein Konzept für die Einführung der Regionalwährung in Japan entwickelte, das er »Eco-Money« nannte. Er schuf das Eco-Money-Netzwerk[125] als gemeinnützige Organisation, die den Regionen, welche lokale bzw. regionale Währungen einführen wollen, das nötige Know-how zur Verfügung stellt. Das Netzwerk nimmt vor allem folgende Aufgaben wahr:

- Es analysiert die Bedürfnisse innerhalb der Region.
- Es entwirft ein Komplementärwährungssystem, das speziell auf diese Bedürfnisse abgestimmt ist.
- Es stellt eine technische Dokumentation zur Verfügung, die den Menschen hilft, die für sie passende Form von Eco-Money einzuführen.
- Es leistet Hilfestellung bei der praktischen Umsetzung und
- hält dann die Ergebnisse zu Forschungszwecken fest.

Das Netzwerk arbeitet mit Unternehmen zusammen, die Teil des »Ecomoney Business Consortium« sind. Nippon Telegraph and Telephone (NTT) zum Beispiel entwickelt im Rahmen des »Daily Life Welfare Information Network«-Projekts (eines Informationsnetzwerks für Stadtplaner, lokale Unternehmen, gemeinnützige Organisationen, im Gesundheits- und Sozialdienst Tätige, Auszubildende und ehrenamtliche Helfer) eine auf Eco-Money zugeschnittene Software. Auch der japanische Ableger von Oracle hat sein Interesse bekundet. Neue Softwaresysteme werden darüber hinaus von den Lehrstühlen für Informationstechnologie der großen Universitäten wie der Meio-Universität bzw. der Technischen Universität Himeji in der Nähe von Kioto entworfen.

Die bisherigen Eco-Money-Projekte reichen vom kleinen Dorf (Yamada in der Präfektur Toyama) bis zur Kleinstadt mit 16 000 Einwohnern (der »Kurin« in Kuriyama auf der Insel Hokkaido). Ganze Präfekturen wie Shizuoka, Chiba und Shiga haben bereits beschlossen, Regionalwährungen einzuführen. Eine Präfektur entspricht in etwa einem deutschen Verwaltungsbezirk. Bei einigen Systemen wurden andere Formen der Komplementärwährung wie LETS oder Fureai Kippu integriert. Viele nutzen dabei die Smartcard. Einer der Eco-Money-Ringe umfasst 27 verschiedene Komplementärwährungen, die so unterschiedlichen Zwecken wie Wohltätigkeit, Bildung, Katastrophenschutz, Umweltschutz und der Vermittlung regionaler kultureller Werte dienen. Dazu kommen noch einige »kommerzielle Dienste« von Unternehmen, die biologische Lebensmittel für Allergiekinder oder Seife aus Küchen-Altöl herstellen bzw. Pflegedienste für Alte und Kranke anbieten. Doch im Eco-Money-System sind auch großräumige Projekte organisiert. Dazu gehört zum Beispiel LOVE.[126] Mit dieser Komplementärwährung wird in Yamato bezahlt, einer Stadt mit 211 000 Einwohnern. Die LOVE-Mitglieder bezahlen mit Chipkarten (Smartcards) oder Magnetstreifenkarten.

Mittlerweile gibt es über vierzig Modelle, die Toshiharu Kato dokumentiert und untersucht hat. Allen Eco-Money-Systemen ist gemeinsam, dass

- sie unter Toshiharu Katos Aufsicht von seinem Team entworfen wurden,
- sie sich ausschließlich auf Dienstleistungen konzentrieren, Güter werden nicht mithilfe von Eco-Money ausgetauscht,
- sie durchweg Experimentalcharakter aufweisen, sie sollen so unterschiedlich wie möglich sein, um eine breite Erfahrungsgrundlage zu schaffen, auf deren Basis dann entschieden wird, was für welchen Zweck am besten funktioniert,
- sie meist nur mittelfristig angelegt sind, sie werden für eine bestimmte Zeit eingeführt und normalerweise nach einem Zeitraum von eineinhalb bis drei Jahren wieder gestoppt.

Folglich breiten sich diese Systeme auch nicht allzu schnell aus. Anfangs gab es nur vier Modelle zur selben Zeit. 1999 war ihre Zahl auf zehn angewachsen. Heute werden etwa vierzig verschiedene Formen nebeneinander ausprobiert.

Graswurzelinitiativen

Die letzte Schule der Komplementärwährungssysteme in Japan wollen wir hier als »Graswurzelinitiativen« bezeichnen. Dies vor allem, weil sie jede Form nationaler, zentralistischer Regelungen ablehnen. Die Graswurzelinitiativen sind die jüngsten Mitglieder der »Bewegung«. Die ältesten gehen auf das Jahr 1999 zurück. Doch die Graswurzelanhänger sind recht aktiv. Zählte man 1999 landesweit erst neun Systeme, waren es bis zum Mai 2003 schon 175.

Ein Grund für diese Vielzahl liegt sicher im politischen Willen, allem, was auf dem Sektor der Komplementärwährungen irgendwie nach »Zentralgewalt« aussieht, aus dem Weg zu gehen. Dazu gehören nicht nur die Eco-Money-Projekte, sondern auch andere zentralistische Einflüsse innerhalb der japanischen Gesellschaft.

Wie sieht also ein echtes Graswurzelprojekt aus? In gewisser Weise sind die Graswurzelwährungen die wahren Erben der Pioniere der Komplementärwährung. Daher weisen sie auch die stärkste Ähnlichkeit mit gleichartigen Initiativen in anderen entwickelten Ländern wie Deutschland, Großbritannien, den USA, Australien, Neuseeland und Kanada auf. Die meisten dieser Projekte bezogen entscheidende Anregungen von Komplementärwährungsmodellen aus dem Ausland. (LETS, Time Dollars und die Ithaca Hours[127] werden am häufigsten erwähnt.) Trotzdem hat die Graswurzelbewegung auch in Japan innovative Konzepte hervorgebracht, deren Besonderheiten wir im Folgenden vorstellen werden.

Die besten Darstellungen zu diesem Thema finden sich in den verschiedenen Veröffentlichungen von Rui Izumi.[128] Daher stützen sich unsere Ausführungen in diesem Abschnitt weitgehend auf ihn.

Einflüsse auf die japanischen Komplementärwährungen der Graswurzelinitiativen[129]

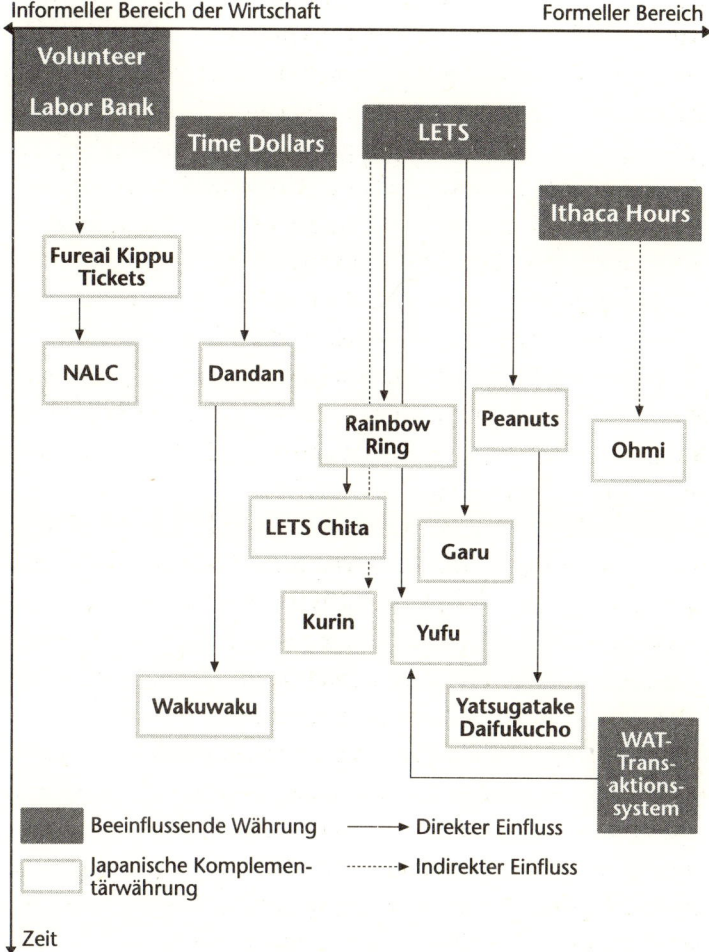

Informeller Bereich der Wirtschaft → Formeller Bereich

Volunteer Labor Bank

Time Dollars

LETS

Ithaca Hours

Fureai Kippu Tickets

NALC

Dandan

Rainbow Ring

Peanuts

Ohmi

LETS Chita

Garu

Kurin

Yufu

Wakuwaku

Yatsugatake Daifukucho

WAT-Transaktions-system

■ Beeinflussende Währung ——→ Direkter Einfluss

☐ Japanische Komplementärwährung ·······→ Indirekter Einfluss

↓ Zeit

Die Abbildung zeigt die Entwicklung der Graswurzelwährungen in Japan. Auf der horizontalen Achse finden Sie die ökonomischen Bereiche, in denen die Währungen operieren.

Links steht dabei der informelle Bereich der Wirtschaft, der nicht von größeren Organisationen geprägt ist, rechts der formelle, also die Unternehmen und andere formalisierte Institutionen. Auf der vertikalen Achse hingegen ist die Zeit abgebildet, in der diese Währungen in Japan gültig waren. Welche ausländischen Komplementärwährungen Einflüsse auf die japanischen Graswurzelwährungen ausübten, wird durch die verbindenden Pfeile deutlich.

Mehr als die Hälfte der Graswurzelsysteme sind sehr klein und haben weniger als hundert Mitglieder. Von den fünf Organisationen mit mehr als tausend Mitgliedern arbeiten drei landesweit, normalerweise über lokale Zweigstellen, die jeweils ein paar hundert Mitglieder umfassen. Zwischen der Größe der Organisation und der Tatsache, ob sich Unternehmen daran beteiligen oder nicht, ist ein klarer Zusammenhang erkennbar. Systeme mit mehr als hundert Beteiligten zählen gewöhnlich auch Firmen zu ihren Mitgliedern, während sich in kleineren Systemen kaum kommerzielle Unternehmen finden, die ihre Dienste anbieten. Die kleineren Systeme arbeiten meist mit »Zeiteinheiten und Tauschheften« bzw. mit »Zeiteinheiten und Tickets«. Daraus lässt sich schließen, dass der Ring hauptsächlich den Zusammenhalt innerhalb der Gemeinschaft stärken soll.[130]

Die Graswurzelinitiativen ändern sich schnell. So waren von den Systemen, die Rui Izumi in seiner Studie veröffentlichte, bereits ein Jahr später neun nicht mehr tätig. Fünf davon hatten aufgehört, weil sie von Anfang an nur als Experiment mit fester Laufzeit gedacht waren. Eine weitere Initiative scheiterte am mangelnden Interesse der Bürger. Drei andere wurden aus Gründen eingestellt, die als lokaltypisch einzustufen sind. Im selben Zeitraum allerdings gab es insgesamt *sechzig* Neugründungen.

Die wichtigsten lokalen Währungen in Japan

Diese Tabelle fasst die wichtigsten Merkmale einer Auswahl aus den 175 aktiven japanischen Graswurzelwährungen zusammen (Stand: 2003).

Name	Ort	Region	Gründung	Systemtyp	Mitglieds-gebühr	Verrechnungs-einheit	Mitglieder
Garu	Tomakomai-Stadt	Tomakomai und Umgebung	März 2000	Verrechnung (Tauschheft)	Ja	1 Garu = etwa 10 Yen	70 Personen
Kurin (3. Phase)	Kuriyama-Stadt, Hokkaido	Kuriyama-Stadt	September 2001	Coupon (3 Typen)	Nein	1000 Kurin = 60 Minuten, 500 Kurin = 30 Minuten, 100 Kurin = beliebiger Wert	570 Personen
Peanuts	Chiba-Stadt	Präfektur Chiba (auch für Einwohner anderer Bezirke)	Februar 1999	Verrechnung (Tauschheft)	Nein	1 Pea = 1 Yen, 1000 Pea = 1 Stunde Arbeit	560 Personen, 23 Läden, 13 Bauern, 2 Wohlfahrtsorganisationen
Como	Tama-Stadt	Tama-Neustadt und Umgebung	Juni 2000	Ticket (3 Typen)	Ja	1000 Como = 1 Stunde Arbeit	99 Personen
Yatsugatake Daifukucho	Takane-Stadt, Präfektur Yamanashi	Gebiet südlich des Yatsugatake-Bergs	Mai 2000	Verrechnung (Tauschheft)	Ja	1 Fuku = 1 Yen	90 Familien, 12 Läden
LETS Chita	Handa-Stadt, Präfektur Aichi	Halbinsel Chita	April 2000	Verrechnung und Wechsel	Ja	1 Chita = 1 Yen	70 Personen

Name	Ort	Region	Gründung	Systemtyp	Mitgliedsgebühr	Verrechnungseinheit	Mitglieder
Ohmi	Kusatsu-Stadt, Präfektur Shiga	Kusatsu-Stadt	Mai 1999	Ticket (2 Typen)	Nein	1 Ohmi = etwa 100 Yen, 10 Ohmi = etwa 90 Minuten Arbeit	Zirka 200 Personen, 1 Laden, 1 Unternehmensgruppe
Wakuwaku	Niijama-Stadt, Präfektur Ehime	Ohshima, Niijahma-Stadt	Mai 2000	Ticket	Ja	1 Punkt (Wakuwaku) = 1 Stunde Arbeit	70 Personen
Dandan	Dorf Sekizen, Präfektur Ehime	Dorf Sekizen	Juli 1995	Ticket	Ja	1 Punkt (Dandan) = 30 Minuten Arbeit	70 Personen
Yufu	Yufuin-Stadt, Präfektur Oita	Yufuin-Stadt	April 2000	Verrechnung und Wechsel	Ja	1 Yufu = etwa 10 Minuten Arbeit = etwa 100 Yen	80 Personen, 17 Läden
WAT-System	Wegen besonderer Systemstruktur nicht erfassbar	Im ganzen Land	August 2000	Wechsel	Nein	1 WAT = 1 kWh Strom* = etwa 100 Yen	Aufgrund der spezifischen Struktur nicht erfassbar
Rainbow-Ring	Yokosuka-Stadt	Im ganzen Land	Oktober 1999	Verrechnung (Buch)	Ja	1 R = 1 Yen	200 Personen, 14 Läden

* Strom aus einer bürgereigenen Versorgungsanlage

Neue japanische Modelle ohne Vorläufer

Im Folgenden möchten wir Ihnen einige japanische Komplementärwährungssysteme vorstellen, die gänzlich neue Merkmale aufweisen.[131] Wie bereits erwähnt wurde, sind die Eco-Money-Experimente von Toshiharu Kato so breit und verschiedenartig wie möglich angelegt. Auf diese Weise lässt sich herausfinden, welches Modell unter welchen Umständen am besten funktioniert. Aber damit ist das japanische Innovationspotenzial noch nicht ausgeschöpft. Auch in den Projekten der Graswurzelinitiativen oder anderer lokaler Organisationen werden immer wieder Neuerungen erprobt. Wollten wir jedes System im Detail beschreiben, würde dies sehr schnell zur langweiligen Aufzählung geraten. Wir werden uns also ausschließlich auf die Neuerungen der Modelle konzentrieren. Jedes System nimmt in der Darstellung umso mehr Raum ein, je mehr Innovationen es aufweist. Damit ist jedoch keine Wertung bzw. Aussage über seine Qualität verbunden.

Das WAT-System

WAT ist das geistige Kind von Eiichi Morino, dem Vorstand der Gesell-Forschungsgesellschaft Japan. Es wurde im August 2000 ins Leben gerufen.[132] Die Verrechnungseinheit WAT entspricht einer Kilowattstunde Strom, der von Bürgerkooperativen mithilfe »sauberer« Energieformen (Wind, Wasser, Sonne) erzeugt wird. Ein WAT ist etwa 75 bis 100 Yen wert, was zirka 60 bis 90 Cent entspricht. In menschliche Arbeit umgerechnet, fallen dafür etwa sechs Minuten leichter Arbeit an. Das Zahlungsmittel ist ein Stück Papier, eine Art »Wechsel«, wie er in Japan zu mancherlei Anlässen benutzt wird. So ein WAT-Ticket wird häufig von Unternehmen gedruckt, welche darauf Werbung machen. Sein Empfänger kann es anderen

Menschen in Zahlung geben, sodass es zirkuliert, bis es am Ende zum Aussteller zurückkehrt. Dieser liefert dafür Güter und Dienstleistungen im Wert des Tickets und macht es in der Folge unbrauchbar.[133]

Computertechnisch betrachtet, ist das WAT-System kein Client-Server-Modell (bei dem ein zentraler Rechner sämtliche Transaktionen abwickelt, wie dies bei LETS oder den Time Dollars der Fall ist), sondern ein so genanntes Peer-to-Peer-System (P2P), bei dem mehrere Rechner auf gleicher Ebene die Verwaltung übernehmen. Es gibt kein zentrales Büro und keinen Koordinator, damit auch keine zentrale Kontrolle über das System. So entfällt auch die Mitglieds- oder Verwaltungsgebühr. Der Verein der WAT-Freunde gibt nur eine Mitgliedszeitung heraus und sorgt für die Ausgabe der WAT-Tickets. Man kann die entsprechenden Formulare kostenlos von der Website des WAT-Vereins herunterladen. Einige Firmen übernehmen die Druckkosten für WAT-Tickets, wenn sie dafür auf dem abtrennbaren Abschnitt Werbung machen dürfen. Verschiedene Unternehmen haben sich zu Gruppen zusammengeschlossen, um ein gemeinsames Ticket herauszugeben. Sogar Einzelpersonen haben das Recht, ihre eigenen WAT-Tickets auszugeben. Ob diese akzeptiert werden, hängt vom Vertrauen ab, das man den ausgebenden Stellen entgegenbringt, und damit letztlich von deren gutem Ruf – wie bei den eBay-Auktionen. Jeder, der ein WAT-Ticket in Zahlung nimmt, wird automatisch zum Mitglied. Das System breitet sich in Japan rasch aus, aufgrund seiner dezentralen Natur aber weiß niemand genau, wie viele Nutzer dieses Modell mittlerweile hat. WAT-Tickets gehören zu den kostengünstigsten Methoden der Geldschöpfung. Außerdem haben sie den Vorteil, dass sie unter den Teilnehmern sozusagen »Vertrauenskreise« schaffen und erhalten.[134]

Weitere Modelle

Darüber hinaus existieren weit verbreitete Modelle, die sowohl dezentral als auch zentral organisiert sind. Das Genki-Koukan-System in der Präfektur Yamanashi ermöglicht jedem Teilnehmer, seine eigene Unternehmenswährung herauszugeben wie beim WAT-Modell. Zusätzlich jedoch gibt es eine zentrale Verrechnungsstelle, die den lokalen Markt der ausgegebenen Tickets organisiert. Zum Gengki-Koukan-System gehören über zwanzig Unternehmen und mehrere hundert Einzelpersonen. Auch hier wurde ein Großteil der akzeptierten Tickets von Unternehmen ausgegeben, da diese sich einer breiteren Vertrauensbasis erfreuen als Einzelpersonen.

Außerdem stellt ein Wissenschaftlerteam der Universität der Präfektur Iwate Untersuchungen zu einem elektronischen Sicherheitssystem für P2P-Systeme wie das WAT-Modell an. Es geht dabei um elektronische Tickets, die das Risiko von Betrug, Ablehnung oder ungerechtfertigtem Wieder-in-Umlauf-Bringen der verfallenen Papiertickets ausschalten sollen.[135]

Einige der japanischen Komplementärwährungen haben eine formale Deckung. Eines dieser Systeme, das vor allem in der Region Osaka verbreitet ist, benutzt als Verrechnungseinheit 1 Gramm Holzkohle. Holzkohle ist in der Gegend um Osaka ein weit verbreitetes und viel genutztes Produkt. Da die so geschaffene Währung tatsächlich auf Verlangen in Holzkohle umgetauscht wird, erfreut sie sich einer hohen Akzeptanz.[136]

Eine andere »Naturdeckung« ist das Leaf-System in der Präfektur Yokohama. Dort ist die Währung durch landwirtschaftliche Produkte gedeckt; das heißt, das Komplementärgeld kann während der Erntezeit gegen »die Früchte des Feldes« eingetauscht werden. Im April 2003 übernahmen die Bauern von Kobe dieses Modell für ihre Region.

Ein etwas ausgefeilteres System wird in Rubeshibe auf der Insel Hokkaido angewandt. Da die Zinsen in Japan mittlerweile nahe null liegen, hat die Stadt eine Nullzinsanleihe herausgegeben, die der Anleihenkäufer in Yen bezahlt. Das Interessante daran ist, dass er trotzdem Zinsen erhält – und zwar in Form landwirtschaftlicher Produkte zur Zeit der Ernte. Ein Teil des durch die Anleihe eingenommenen Geldes wird zum Ankauf dieser Güter bei Bauern der Umgebung verwendet, was wiederum direkt die lokale Wirtschaft stimuliert. Der Kreis schließt sich also wieder.

Ein weiteres Modell nutzt sozusagen »Rabattmarken«. Mehrere Firmen in Tokoname, einer Stadt in der Präfektur Aichi, geben »Blaue Tickets« aus, für die man in den entsprechenden Geschäften Rabatt erhält. Die Stadtverwaltung unterstützt die Gruppe bei der Organisation und Verwaltung des Systems, sodass auch dieses sich immer schneller ausbreitet. Mittlerweile existieren schon drei ähnliche Modelle in Japan, unter anderem in den Städten Okinawa und Miyakojima.

Das bekannteste Graswurzelsystem Japans aber sind wohl die »Peanuts«. Sie sind seit Februar 1999 in der Präfektur Chiba in Gebrauch. Mittlerweile umfasst das Modell mehr als 600 Teilnehmer, darunter Bauern, Kleingewerbetreibende und Privatpersonen. Die Peanuts sind eine Variante des LETS-Systems, und ihr Erfolg geht wohl nicht zuletzt auf die einprozentige Demurragegebühr zurück, die pro Monat fällig wird, wenn man sein Peanutskonto nicht leert.

Trends

Wer versucht, sich über die in Japan operierenden Komplementärwährungssysteme zu orientieren, muss notgedrungen hinnehmen, dass jeder Querschnitt immer nur über die aktuelle Situation etwas aussagt, die sich sehr schnell wieder verändern kann. Will man jedoch die Währungen in bestimmte »Modellgruppen« einordnen, gelingt es schon eher, einen Überblick zu behalten. Die Grafik zeigt – nach Modellgruppen geordnet –, welche Systeme in welchem Jahr aktiv waren. Einige der Pioniermodelle gibt es heute noch, auch wenn die meisten sich mittlerweile dem Fureai-Kippu-System angeschlossen haben, das 1995 entstand und auf der Vorarbeit der anderen aufbaute. Dies erklärt auch den ungewöhnlich raschen Aufstieg der japanischen Pflegewährung.

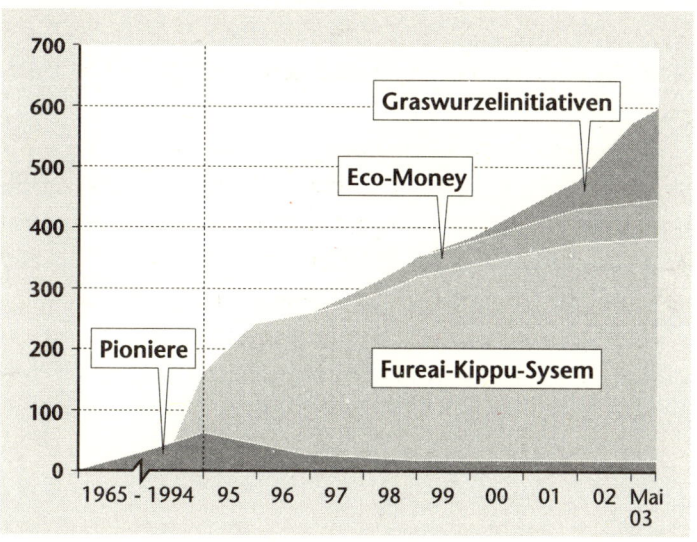

Zahl der in Japan existierenden Komplementärwährungssysteme nach Modellgruppen geordnet. 1965 bis Mai 2003.

Anders als das Fureai-Kippu-System nimmt die Zahl der Eco-Money-Experimente kaum zu, da die einzelnen Modelle immer wieder auslaufen und durch neue ersetzt werden. Die schnell wachsende Zahl der Graswurzelinitiativen scheint sich vor allem dem allgemeinen Unbehagen an »zentralistischen Systemen« zu verdanken. Einerseits ist der mangelnde Austausch unter diesen Gruppen natürlich bedauerlich, weil er keinen gegenseitigen Lernprozess ermöglicht. Andererseits entfesselt diese Art des Wettbewerbs auch eine ungewohnte Kreativität bei den Gruppenmitgliedern.

Trotz der Vielfalt an Komplementärwährungen, die in Japan aktiv sind, lassen sich heute schon Trends erkennen. Zunächst einmal ist auffallend, dass die lokalen Behörden sich immer stärker für die verschiedenen Komplementärwährungen interessieren, die in ihrer Region benutzt werden. Mitunter geht die Initiative sogar von der Gemeinde bzw. der Bezirksverwaltung aus. Auf nationaler Ebene hingegen werden Komplementärwährungen auch in Japan immer noch ignoriert und belächelt – wie in Europa, Australien und Nordamerika. In dieser Hinsicht ist auch keine rasche Änderung zu erwarten, zumindest nicht, bis der typisch japanische Prozess der allgemeinen Konsensfindung zum Abschluss gekommen ist und man sich geeinigt hat, welche Modelle sich für welchen Zweck als die besten erwiesen haben.

Der zweite, sich deutlich abzeichnende Trend ist die beginnende Vernetzung zwischen einzelnen Systemen, sodass es immer stärker zur Herausbildung regionaler Modelle kommt, wie sie in diesem Buch vorgeschlagen werden. So wurde das Eco-Money-Projekt der LOVE-Währung geschaffen, um den Austausch zwischen Systemen mit unterschiedlichen Verrechnungseinheiten und Zielsetzungen zu ermöglichen. Durch LOVE wird ein einheitliches Verrechnungssystem kreiert. Hiermit haben wir es tatsächlich mit einem einheitlichen, neu geschaffenen Regionalsystem zu tun, wie es in Kapitel V vorgestellt wird.

Das Ende konventioneller Lösungen

Interessant ist in diesem Zusammenhang auch das Forschungsprojekt von Professor Okada Mamiko an der Technischen Universität Himeji bei Kioto. Dort arbeitete man innerhalb des Eco-Money-Projekts Himeji an einer Reihe von Software-Tools, welche die Bewegung der Komplementärwährungen unterstützen soll. Dazu gehört zum Beispiel ein internetbasiertes Clearinghouse.[137] Auch das Hyper-Institute der Präfektur Oita in Kiushu versucht, verschiedene Graswurzelinitiativen an einen Tisch zu bekommen, um sie bei der Schaffung eines übergreifenden regionalen Modells zu beraten, bei dem sie ihre Identität behalten, aber trotzdem vernetzt sind. Beide Modelle sind Praxisbeispiele für den in Kapitel VI vorgestellten Ansatz zur Schaffung einer Regionalwährung durch ein Clearinghouse.

Der gesamte Bereich der Komplementär- und insbesondere der Regionalwährungen ist heute etwa so weit wie einst die Flugversuche der Gebrüder Wright. Es mag ein Traum sein, dass diese Experimente sich jemals tatsächlich als »flugfähig« erweisen, doch zumindest belegen sie, dass das Abheben möglich ist. Daher zeugt es von Weisheit, möglichst viele Modelle zu erforschen, um die Vor- und Nachteile jedes einzelnen Ansatzes kennen zu lernen. Es ist noch viel zu früh, um sich jetzt für *ein* Modell zu entscheiden. Wir nehmen an, dass sich in den nächsten fünf bis zehn Jahren in Japan ein

Konsens bildet, bei dem etwa eine Hand voll Modelle für ganz bestimmte sozioökonomische Zwecke übrig bleiben. Wenn dieser Konsens erreicht ist, werden im ganzen Land wohl bald einige tausend Währungskreise entstehen, die diese Modelle in die Tat umsetzen. Einige der Systeme bilden dann vermutlich ein Ökosystem von Komplementärwährungen, welches das ganze Land überzieht, ja sich vielleicht sogar über seine Grenzen hinaus ausbreitet.[138]

Menschen, die sich nur für die zentrale Regierungsebene Japans interessieren, werden das Aufkommen solcher dezentraler regionaler Strategien vermutlich als plötzlichen strategischen Wandel erleben, wie Japan ihn scheinbar überraschend immer wieder hervorbringt. Doch der im Verborgenen stattfindende Keimprozess der verschiedenen Schulen komplementärer Währungen, den wir hier darzustellen versuchen, zeigt uns schon heute, wie die Zukunft aussehen wird.

So tun viele Menschen in Japan im Moment genau das Richtige, ob bewusst oder unbewusst: Sie erproben so viele Möglichkeiten wie irgend möglich. Und achten sorgfältig darauf, was sich für welche Zwecke eignet.

Wir sind der Auffassung, dass der deutschsprachige Teil Europas, besser noch das gesamte Europa, gut daran täte, sein Augenmerk auf Japan zu richten. Nur dort finden wir Vorbilder für das, was wir so dringend brauchen: die Einsicht unserer Regierung zum Beispiel, dass die Wirtschaft im jeweils nächsten Jahr keineswegs »zum normalen Wirtschaftswachstum zurückkehren« wird. Oder die Erkenntnis der Bürger, dass keine Regierung der Welt auf konventionelle Weise mit den neuen Problemen fertig werden könnte. Die Zeit ist längst reif, um ungewöhnliche Ansätze zu erproben. Und wie der Fall Japan zeigt, ist eine der sinnvollsten Möglichkeiten die Einführung einer regionalen Komplementärwährung.

Kapitel VIII
Regio ergänzt Euro –
Die Entwicklung

Während die Idee, komplementäre Regionalwährungen zu schaffen, schon in den späten neunziger Jahren in Deutschland auftauchte, ist die Entwicklung praktischer Projekte zur Einführung einer Regionalwährung relativ neu. Doch nachdem wir im Sommer 2002 die Idee zur Einführung einer auf Gutscheinen basierenden Regionalwährung im Rahmen eines Symposiums in Steyerberg thematisiert hatten, entdeckten wir immer mehr andere Wissenschaftler, Fachleute und Aktivisten im deutschsprachigen Raum, die ähnliche Ideen und Ansätze verfolgten. Dazu gehörten in erster Linie:

• Christian Gelleri , Thomas Mayer und Norbert Olah, die in München und Prien im Rahmen ihrer Arbeit mit dem Omnibus für direkte Demokratie schon in den späten neunziger Jahren die Einführung eines Regiogeldes vorgeschlagen hatten,[139]

• Dietlind Rinke, Manfred Steinbach, Manfred Dzubiella und andere Mitglieder des Roland-Regional (einem Verein für nachhaltiges Wirtschaften e.V.) in Bremen, der am 1. Oktober 2001 das erste Regionalgeldexperiment in Deutschland begonnen hatte,[140]

• Reinhard Stransfeld in Berlin, der mit detaillierten Vorschlägen regionale Ökonomie und integrierte Nachhaltigkeit verbindet,[141] und

- Robert Musil, der in seiner Diplomarbeit an der Universität Wien dem Thema »Geld, Raum und Nachhaltigkeit – Alternative Geldmodelle als neuer Weg der endogenen Regionalentwicklung« nachging.[142]

Bei allen – unabhängig voneinander arbeitenden – Wissenschaftlern und Aktivisten entsprang die Motivation, das Regionalwährungskonzept zu verfolgen, einer kritischen Haltung gegenüber der einseitigen Profitmaximierung einer globalisierten Wirtschaft und der Wirkungslosigkeit sämtlicher politischer Strategien, den negativen Auswirkungen dieser Entwicklung zu begegnen.

Der eigentliche Durchbruch zu einem breiteren öffentlichen Interesse an der Umsetzung des Konzepts gelang jedoch mit der Einführung des Chiemgauers, von dem schon die Rede war. Als Lehrer für das Fach Wirtschaft schlug Christian Gelleri im Herbst 2002 in der Waldorfschule in Prien vor, ein Schüler(innen)unternehmen zu gründen mit der Aufgabe, ein umlaufgesichertes Gutscheinsystem als Regionalwährung für den Chiemgau einzuführen.[143] Im Januar 2003 wurde der Chiemgauer bei einer Tagung mit etwa 150 Teilnehmer(inne)n aus allen Teilen Deutschlands und unter Mitwirkung des Bürgermeisters von Prien sowie verschiedener Fachleute der Priener Öffentlichkeit vorgestellt.

Seit dieser Zeit reißt die Kette der Einladungen zu Vorträgen, Interviews, Beiträgen in Tageszeitungen, in Zeitschriften, im Radio und Fernsehen, die sich diesem Thema widmen, nicht ab. Christian Gelleri und seine Schüler(innen) sind dabei, so etwas wie ein Symbol für eine neue Generation von Pionieren im Bereich der Komplementärwährungen zu werden.

Im selben Jahr, zwischen Mai und Oktober 2003, häuften sich bei Christian Gelleri sowie Margrit und Declan Kennedy die Anfragen nach einer Beratung zur Einführung einer Regionalwährung aus verschiedenen Regionen Deutschlands, Österreichs und der Schweiz. Im Juli 2003 allein waren es innerhalb einer Woche fünfzehn Initiativen, sodass es schien, als sei die Zeit reif, ein Netzwerk zu initiieren, denn die noch ungelösten Probleme und die nötige Aufklärungsarbeit waren von ein oder zwei Menschen nicht mehr zu leisten. Bis zum ersten Treffen aller Interessierten Ende September 2003 kamen weitere elf Initiativen hinzu, und zur RegioNetzwerk-Gründung in Prien trafen sich insgesamt fünfzig Teilnehmer(innen) aus Deutschland und Österreich. Eingeladen waren Initiatoren oder Fachleute, die eine konkrete Hilfestellung bei der Einführung leisten wollten und konnten.

Das Ergebnis des Treffens war ein überwältigendes Angebot an Unterstützung, um die anstehenden Probleme bei der Einführung zu meistern:

- von der Ausbildung von Multiplikatoren bis zur Lösung von Rechtsfragen,
- von der Software-Entwicklung für die Verwaltung und für Clearinghouse-Funktionen bis zur Finanzierung von Initiativen und der Vernetzungsarbeit,
- von der Organisation weiterer zweimonatlich stattfindender Treffen an verschiedenen Orten bis zur Bearbeitung von Spezialthemen wie Umlaufsicherung, Nutzungsrechte, Marketing und Qualitätskontrolle.[144]

Eines der wesentlichsten Ergebnisse war, dass alle Anwesenden darin übereinstimmten, die Komplexität der Umsetzung sei nur durch eine enge Zusammenarbeit zwischen den Initiativen mit den unterschiedlichen Fachleuten zu bewältigen. Dabei schienen folgende Gesichtspunkte vorrangig:

- die Bereitschaft der Bevölkerung, der Geschäftsleute und der Politiker, die Regio-Währung zu akzeptieren,
- die Schaffung der wirtschaftlichen und technischen Voraussetzungen für einen professionell geplanten und realisierten Einführungsprozess und
- die Zusammenarbeit zwischen den Regionen im In- und Ausland.

Nach einigen ersten groben Modellrechnungen wurde deutlich, dass regionale Initiativen – ohne Finanzierung von außen – etwa einen Zeitraum von fünf Jahren brauchen, um sich selbst tragen zu können. Das heißt, ehrenamtliche Tätigkeit ist zumindest in der Anfangsphase unabdingbar. Mit der Hilfe von außen oder einer Anschubfinanzierung könnte diese Phase möglicherweise stark verkürzt werden.

Diese Überlegungen führten zu der Frage, wie neue Initiativen auf den Erfahrungen der ersten Modelle aufbauend zunehmend schneller wirtschaftlich umgesetzt werden könnten. Eine Möglichkeit sahen die Teilnehmer darin, dass – in absehbarer Zeit – nicht mehr jede Region ein maßgeschneidertes Modell entwickeln muss, sondern einige gut funktionierende Bausteine, die den »Grundnutzen« umsetzen, zur Verfügung gestellt und weitere »Zusatznutzen« im Laufe der Zeit »angedockt« werden.

Zur Entwicklung der Grundlagen schien es den meisten Teilnehmern sinnvoll, wenn – ähnlich wie in Japan – zuerst einmal möglichst unterschiedliche Modellvarianten in verschiedenen Zusammenhängen und Regionen erprobt würden. Einige vollständige und gut funktionierende Modelle wären sicher ausreichend, um die Akzeptanz für andere Initiativen in anderen Regionen wesentlich zu vereinfachen. Doch ebenso wie die Probleme, mit denen wir heute zu kämpfen haben, nicht »über Nacht« entstanden sind, sondern oft einen jahrelangen Vorlauf haben, so wird es auch Zeit brauchen, sie wieder zu beheben. Das Entscheidende, so stimmten die meisten überein, ist, einen Anfang zu machen und sich mit einer ausreichenden Portion Geduld und Ausdauer auf den Weg zu begeben.

Die ersten beiden konkreten Beispiele in Bremen und Prien zeigen, dass viele Probleme theoretischer Art sich in der Praxis leichter lösen als erwartet (dazu gehörte in Prien die Umlaufsicherung der Gutscheine über Marken), aber dafür andere, die noch nicht »angedacht« wurden, plötzlich auftauchen und gelöst werden müssen (dazu gehörte in Bremen die Überwindung des Informationsdefizits zum Thema Geld in der Bevölkerung). Das Ermutigende ist die wachsende Zahl und der Mut der Pioniere, die regelmäßig zusammenkommen, um die Idee voranzubringen.[145]

Es gab bis Ende 2003 kein einziges vollständiges Regio-System im deutschsprachigen Raum, welches alle Funktionen des herkömmlichen Geldes erfüllt und die Austauschvorgänge einer ganzen Region in dem möglichen Umfang der wirtschaftlichen Autonomie – den wir auf etwa 30 Prozent schätzen – unterstützt. Für alle Funktionen, die das heutige Geldsystem erfüllt, existieren jedoch Teilmodelle, die zumeist über Jahre bis Jahrzehnte erprobt sind und die – je nach Problemlage und Zielsetzung – in der Region zu einem Gesamtmodell verknüpft werden können (siehe Kapitel IV).

Seit Ende September 2003 gibt es ein RegioNetzwerk, dem im Dezember 2003 zirka vierzig Initiativen und zwanzig Fachleute und Berater angehörten, die diese Initiativen unterstützen. Die Mitglieder kommen überwiegend aus Deutschland, aber auch aus Österreich und der Schweiz, sie stammen aus unterschiedlichen beruflichen und sozialen Zusammenhän-

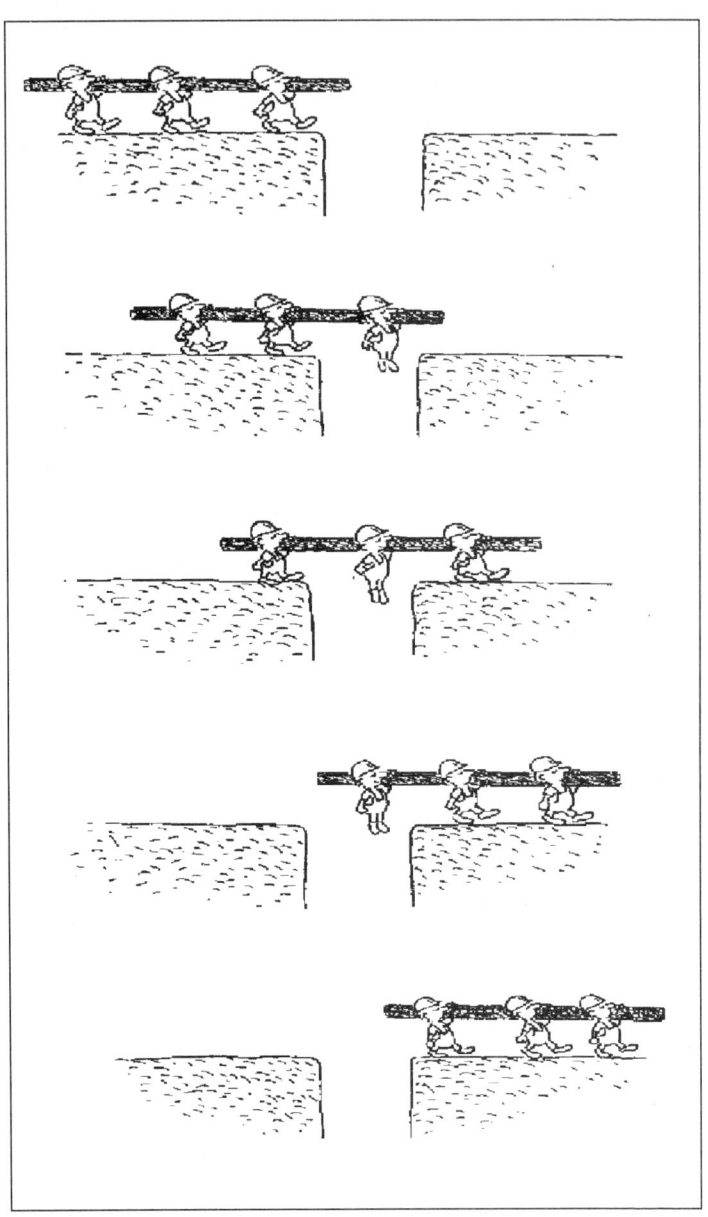

gen[146] und repräsentieren verschieden große Gruppen und Institutionen.

Es sind Menschen, die der Wunsch zusammenbringt, endlich an der Umsetzung einer Idee mitzuwirken, die ihnen angesichts der gegenwärtigen sozialen und wirtschaftlichen Probleme sinnvoll erscheint. Es sind junge und alte Menschen, Männer und Frauen. Die meisten kommen auf eigene Kosten und eigene Initiative und bewältigen die damit verbundene Arbeit in ihrer Freizeit. Die überwiegende Mehrheit arbeitet seit Jahren an den Grundlagen für die Einführung komplementärer Währungen, entweder theoretisch oder praktisch (zum Beispiel in Tauschringen).

Unterschiede zwischen Euro und »Regio«

Um die Andersartigkeit einer regionalen Währung gegenüber dem Euro verständlich zu machen, haben wir – in Anlehnung an die historischen Vorläufer *méreaux* (siehe Kapitel III) – nach einem Namen für die Regionalwährung gesucht, der den Bezug zur Region herstellt. Und in Abstimmung mit dem im September in Prien gegründeten RegioNetzwerk schlagen wir die Bezeichnung »Regio« vor.[147] Der Regio unterscheidet sich vom Euro in folgenden wesentlichen Merkmalen:

- Er ist kein »offizielles« Zahlungsmittel; es besteht kein Annahmezwang,[148] seine Annahme erfolgt nur freiwillig.
- Er ist er nur geographisch begrenzt einsetzbar und trägt in jeder Region eine jeweils eigene Bezeichnung.[149]
- Beim Umtausch in andere Regionalwährungen oder in die Landeswährung verursacht er eine Umtauschgebühr.[150]
- Und es lassen sich mit ihm keine Zinsen verdienen.[151]

Diese Eigenschaften machen ihn – nach dem Gesetz von Gresham – zum »schlechteren« Geld; das heißt, alle werden bestrebt sein, dieses Zahlungsmittel loszuwerden, bevor sie ihre Euros ausgeben. Und genau das ist beabsichtigt. Mit anderen Worten: Wir stellen das Gresham'sche Gesetz auf den Kopf, denn im Hinblick auf die Optimierung der Tauschfunktion, der wichtigsten Funktion, die das Geld zu erfüllen hat, ist der Regio natürlich das »bessere« Geld. Richtiger wäre es, zu sagen, dass beide Währungen – die nationale bzw. internationale und die regionale –, wie bereits in den Kapiteln I und II aufgezeigt, unterschiedliche Funktionen unterschiedlich gut erfüllen.

Der Euro eignet sich für den internationalen Austausch, den Wettbewerb und die Akkumulation sowie Umverteilung von Vermögen über Spareinlagen oder Geldinvestitionen mit Anspruch auf exponentiell wachsende Zinsen oder Dividenden. Der Regio hingegen eignet sich als Tauschmittel für eine bewusste Förderung sozialer, kultureller und ökologischer Ziele oder für einen ethischen Umgang mit endlichen Ressourcen in einem überschaubaren Bereich, zu dem Menschen eine direkte persönliche und emotionale Beziehung haben.

Auf der Webseite des RegioNetzwerks wird der Regio als Marke vorgestellt, die eine bestimmte Qualität haben – vielleicht sogar garantieren – soll.[152] Mit der Entwicklung dieser Qualitätsvorgaben grenzt sich der Regio bewusst von anderen »Marken« ab. Tauschringe, Bartermodelle, Seniorengenossenschaften und viele andere komplementäre Währungen erfüllen bestimmte Funktionen, die in Richtung Nachbarschaftshilfe, Kapazitätenausgleich und wertbeständige Leistungsverteilung gehen.

Der Regio setzt eigene Akzente in dieser vielfältigen Landschaft:

- Regios vernetzen verschiedene Partner in der Region und bringen allen Beteiligten Vorteile.
- Regios sollen selbstverständlicher Bestandteil regionaler Wirtschaftskreisläufe sein und sind regional begrenzt.
- Regios ergänzen die bestehende Landeswährung.
- Regios dämpfen langfristig Inflations- und Deflationsgefahren.
- Regios sind umlaufgesichert.
- Regios sind gemeinnützig sowie professionell organisiert.
- Regios sind im Entstehungsprozess transparent und werden demokratisch kontrolliert von den Nutzern.
- Regios sind somit keine reinen Business-to-Business-Instrumente, sie sind weder ohne die Bewohner der Region noch ohne mittelständische Unternehmen in der Region denkbar.
- Regios zielen ab auf die ökologisch sinnvolle Wahl der kürzesten Transportwege, und
- Regios sind für die Einwohner Symbol einer historisch gewachsenen oder neuen Identität in einem überschaubaren Rahmen.

Ob Regios den Wert von Euros haben müssen, ist eine offene Frage. Es kann sinnvoll sein, weil die Umrechnung beim Einkauf und bei der Bezahlung von Rechnungen entfällt und es die steuerliche Behandlung der Regio-Umsätze erleichtert. Wichtig ist es allerdings, in die Vereinssatzung eine Klausel aufzunehmen, die es erlaubt, auf andere Einheiten überzugehen, wenn dies notwendig sein sollte. Dann könnte man zum Beispiel die durchschnittlichen Kosten für eine Arbeitsstunde als Einheit nehmen, um ein Maß zu haben, das keiner Inflation unterliegt. Möglich wäre es auch, die Kosten einer Kilowattstunde Elektrizität oder eines Kubikmeters Trinkwasser als Einheit zu benutzen (wie Beispiele in Japan zeigen, siehe Kapitel VII), besonders wenn damit Gutscheine ausgegeben würden, mit denen solche Leistungen bezahlt werden können.

Da eine komplementäre Regionalwährung in Anbetracht der globalen Verflechtung von Produktion und Handel niemals die nationalen bzw. internationalen Währungen ersetzen kann, sondern schätzungsweise höchstens 30 Prozent des »Bruttoregionalprodukts« ausmachen wird, besteht auch aus dieser Sicht keine Gefahr für die herkömmliche Währung. Mit ihr wird man weiterhin den weitaus größten Anteil aller kommerziellen Aktivitäten abwickeln.

Das heißt, der Regio soll den Euro ergänzen, nicht ersetzen. Er ist deshalb auch keine »alternative«, sondern eine »komplementäre« Währung. Da wir normalerweise weder von »Euro-Geld« noch von »Euro-Währung« sprechen, brauchen wir den Regio auch nicht als »Regio-Geld« oder »Regio-Währung« zu bezeichnen, obwohl das am Anfang vielleicht hier und da nötig ist, um die Funktion des neuen Zahlungsmittels zu verdeutlichen. Aber für die Zukunft schlagen wir vor, einfach von »Regio« zu sprechen. Und dieser Begriff wird im RegioNetzwerk bereits verwendet.

Das Verhältnis zu Bundesbank und Europäischer Zentralbank

Warum es für Zentralbanken sinnvoll ist, die Einführung einer Regionalwährung zu erlauben oder selbst zu unterstützen, dafür gibt es einige wichtige Ergebnisse einer Studie von Professor Dr. James Stodder, theoretischer Ökonom am Rensselaer-Politechnik-Institut in Troy im Staat New York, zu deren

Arbeitsschwerpunkten die Auswirkungen des Internets auf die Wirtschaft gehören.

Stodder hat sich auf die Erforschung bargeldloser und direkter Tauschgeschäfte spezialisiert. Um herauszufinden, welchen Einfluss solche Systeme auf die nationale Wirtschaft haben – und damit auch die möglichen Auswirkungen der Ausweitung des E-Commerce abzuschätzen –, hat er als Erster die wirtschaftliche Entwicklung von zwei großen Bartersystemen in der Schweiz und in den USA mit der wirtschaftlichen Entwicklung der sie umgebenden nationalen Ökonomien verglichen.[153] Da dieses Thema von ausschlaggebender Wichtigkeit ist – gerade im Hinblick darauf, dass in den zwanziger und dreißiger Jahren im deutschsprachigen Raum zahlreiche Versuche, Komplementärwährungen einzuführen, gescheitert sind –, wollen wir die Ergebnisse hier kurz darstellen.

Sie widersprechen – in beiden Fällen, sowohl in der Schweiz wie auch in den USA – der oft von Fachleuten vertretenen Ansicht, dass bargeldlose Verrechnungssysteme die Wirtschaft destabilisieren oder Probleme verursachen könnten,[154] und beweisen in der Tat das Gegenteil. So ist – aus der Korrelation der lückenlos vorhandenen über fünfzigjährigen Datenbasis des Schweizer WIR-Rings mit den Daten der Schweizer Ökonomie – klar zu erkennen, dass der WIR-Ring eine antizyklische, das heißt stabilisierende Wirkung hatte (wie wir schon in Kapitel IV angedeutet haben). In Zeiten des wirtschaftlichen Aufschwungs, starken Wachstums und der Gefahr einer wirtschaftlichen Überhitzung gingen seine Aktivitäten zurück. In Zeiten des wirtschaftlichen Rückgangs und einer eher depressiven Entwicklung stiegen seine Aktivitäten an. Das bedeutet, in den Phasen einer Rezession wuchs der WIR-Umsatz schneller als der nationale Durchschnitt.

Das ist insofern nicht weiter verwunderlich, als Kaufleute,

wenn sie ihre Waren leicht absetzen können, dazu tendieren, dies im »nationalen« Geldsystem zu tun. Wird das aber schwieriger, greifen sie gern auf die zusätzlichen Möglichkeiten der Krediterweiterung und Kundenwerbung durch das bargeldlose System zurück, was ihnen zu zusätzlichen Umsätzen verhilft.

Dass damit auch eine antizyklische Arbeitsplatzsicherung einhergeht, ist leicht nachvollziehbar. Immer wenn die Arbeitslosigkeit überdurchschnittlich anstieg, stiegen auch die WIR-Aktivitäten überdurchschnittlich an und hatten damit eine kompensatorische Funktion auf dem Arbeitsmarkt wie auch eine unterstützende Funktion für politische Anstrengungen, die wirschaftliche Lage zu stabilisieren.[155]

Dass diese Ergebnisse nicht auf die Schweiz beschränkt sind, beweisen die Vergleichsdaten aus den USA. Hier ist Stodder anhand des Datenmaterials der IRTA[156] zu den gleichen Schlüssen gekommen. Wobei der Effekt des Schweizer WIR-Rings insofern größer ist, als er im Vergleich zu den wirtschaftlichen Gesamtaktivitäten in der Schweiz eine bedeutendere Rolle spielt als die IRTA-Aktivitäten in den USA.

Das heißt aber auch, so schließen Professor James Stodder und sein Kollege Professor Tobias Studer, Ökonom an der Universität Basel, dass der WIR-Ring und ähnliche Aktivitäten in aller Welt (ob willentlich oder nicht) die Geldpolitik der Nationalbanken unterstützen und nicht – wie bisher manchmal fälschlich angenommen – konterkarieren.[157]

Zentralbanken und Politiker aller Parteien sollten also ein Interesse daran haben, Komplementärwährungen zu fördern, statt sie wie in der Vergangenheit als unliebsame Konkurrenz und Störenfriede in einem ansonsten ordentlichen und einheitlichen Währungsraum zu betrachten. Dass auch die Nationalbanken unter dem Gesichtspunkt einer langfristigen stabilen Wirtschaftsentwicklung ein Interesse an der Förderung komplementärer Systeme haben müssen, beweist der Forschungsbericht »Die Zukunft von Zahlungssystemen«.[158]

Zusammenarbeit mit regionalen Banken

Sieht man sich die Anforderungen an, die eine komplementäre Regionalwährung zu erfüllen hat, stellt sich natürlich die Frage, ob die Einführung einer solchen Währung nicht in Zusammenarbeit mit den lokalen oder regionalen Banken erfolgen könnte oder müsste? Ist zum Beispiel eine regionale Mitgliedsbank (siehe Kapitel IV), die als Spar- und Leihgemeinschaft Teilnehmern erlaubt, allmählich anwachsende Guthaben auszuleihen, größere Investitionen zu fördern und die Spareinlagen der Mitglieder zu verwalten, nicht eine »Aufdoppelung« der ohnehin existierenden lokalen Banken, die eine solche hinzukommende Konkurrenz natürlich mit allen Mitteln bekämpfen müssten?

Die Beantwortung der Frage, ob die regionale Mitgliedsbank eine Neugründung sein muss oder ob die vorhandenen Ressourcen an lokalen und regionalen Banken genutzt werden können, wird von vielen Faktoren abhängen, nicht zuletzt davon, wie sehr sich die verantwortlichen Banker in den lokalen Banken dem Gemeinwohl und der Gemeinnützigkeit verpflichtet fühlen und/oder wie sehr sich die Bürger der Region dafür einsetzen, diesbezügliche Kriterien und Ansätze, die in den Banksatzungen verankert sind, tatsächlich einzufordern.

In Deutschland gibt es nach Gernot Schmidt[159] – im Gegensatz zu England, wo das Bankwesen vollkommen privatisiert ist – Privatbanken, die gewinnorientiert, Volksbanken,

Banken und Regio

Die Frage, ob und warum ein Kreditinstitut an der Einführung einer Komplementärwährung interessiert sein könnte, ist nicht pauschal zu beantworten, da der deutsche Bankenmarkt bekanntermaßen dreigliedrig strukturiert ist. Die privaten Banken sind in erster Linie ertragsorientiert, die Genossenschaftsbanken vorrangig mitgliederorientiert, während die öffentlich-rechtlichen Banken aufgabenorientiert angelegt sind.

Eine gleichsam fruchtbringende Symbiose dieser drei unterschiedlichen Typen von Kreditinstituten gewährleistete in Deutschland bislang eine beispielhafte Versorgung der Bevölkerung mit Finanzdienstleistungen, indem den verschiedensten Interessenlagen der Kunden entsprochen wurde. Dabei ist zu beachten, dass die Kreditinstitute auf verschiedenen »Marktebenen« agieren. Während Volksbanken und Sparkassen regionale Märkte und vor allem kleine und mittlere Unternehmen bedienen, engagieren sich deren Zentralinstitute und die Privatbanken auf nationaler und internationaler Ebene. Zwar unterscheiden sich die genannten Kreditinstitute nicht darin, aus den jeweiligen Einlagen Profit zu erzielen. Jedoch ist das ökonomische Schicksal einer regional agierenden Bank unmittelbar mit dem der Menschen und Unternehmen ihres jeweiligen Geschäftsgebietes verknüpft. Deshalb müssen gerade die kleinen und mittleren Volksbanken und Sparkassen unter Berücksichtigung ihres geschäftlichen Erfolges nicht nur an den Kundenpotenzialen selbst interessiert sein, sondern vielmehr auch an deren Erhaltung, Entwicklung und nachhaltigen Stärkung.

Die Einführung einer Komplementärwährung, die unter anderem regionale Wirtschaftskreisläufe belebt, kann in diesem Sinne zu einer mittel- bis langfristig nachhaltigen Stabilisierung der Ertragslage der regionalen Kreditinstitute führen.

Gernot Schmidt

die mitgliederorientiert, und Sparkassen, die aufgabenorientiert arbeiten (siehe Kasten). Die beiden Letzteren dürfen lediglich innerhalb ihres regionalen Geschäftsgebiets tätig sein. Genossenschaftsbanken und Sparkassen sind seiner Meinung nach deshalb gehalten, geschäftspolitisch mit dafür Sorge zu tragen, dass es ihrer Region wirtschaftlich gut geht, weil sie eben nur »regional wirtschaften, düngen, säen und (nicht nur) ernten können«. Eine Regionalwährung wäre seiner Meinung nach hilfreich, um die regionalen Angebote auf die regionale Nachfrage abzustimmen. Die Belebung der regionalen Wirtschaft – wie auch die Förderung des gesellschaftlichen Lebens in der Region – hat insoweit sogar existenzielle Bedeutung für kleine und mittlere Sparkassen und Volksbanken.

Die Sparkasse in Delitzsch-Eilenburg, bei der Gernot Schmidt arbeitet, ist die erste Bank in Deutschland, die ein Gutachten in Auftrag gegeben hat, um die Rechtsprechung der Zentralbanken bezüglich komplementärer Zweitwährungssysteme zu klären.[160] Denn mit den Gutscheinsystemen als Währung bewegen wir uns zurzeit in einem rechtsfreien Raum. Gutscheine werden in Deutschland bisher lediglich geduldet. Wenn die Bezeichnung »Gutschein« gut sichtbar auf dem Tauschmittel abgedruckt, das Ausgabevolumen zudem »überschaubar« ist und der Wert des Gutscheins 1 zu 1 in Euro getauscht werden kann, scheint es nach ersten Auskünften von Zentralbankern keine Probleme zu geben. Als bargeldloses Giralgeld – zeigt Hugo Godschalk in Annex A auf – hätten wir mit einer regionalen Komplementärwährung ebenfalls kein Problem, weil es dazu eine entsprechend positive Rechtsprechung gibt. Zur Nutzung von Gutscheinen als »Bargeldersatz« gibt es keine Rechtsprechung, denn der Fall existiert noch nicht. Um zu vermeiden, dass dies für den Chiemgauer und für andere Initiativen bei einer entsprechenden Größe zum Problem werden könnte, bietet das Gutachten der Bank in Delitzsch-Eilenburg für alle, die in Regio-Initiativen arbeiten, eine willkommene Klarstellung.

Zur steuerlichen Behandlung von Regionalwährungen

Zwei Fragen stellen sich im Zusammenhang mit der Steuerpflicht von Regio-Transaktionen:

1. Sollten Regio-Transaktionen überhaupt besteuert werden?
2. Wenn das der Fall ist, in welcher Währung sollten sie dann bezahlt werden?

Einer der Hauptgründe, die dafür sprechen, Regio-Transaktionen *nicht* zu besteuern, ist der folgende: Wenn der Regio soziale Probleme lösen hilft, die den Steuerzahler ansonsten staatliche Zuschüsse kosten würden, sollten diese Kosten in die Vergleichsrechnung eingehen, die man aufstellen müsste, um die Steuerpflichtigkeit des Regios zu beurteilen bzw. festzulegen. Denn wenn die Einsparungen das Einkommen überstiegen, welches die Besteuerung erbrächte, wären alle Betroffenen – einschließlich des Finanzamtes – besser dran, die Transaktionen nicht zu besteuern. Dies war eines der Argumente, die die amerikanische Steuerbehörde IRS (Internal Revenue Service, die generell als eine der härtesten in der Welt angesehen wird) dazu bewogen hat, alle Umsätze in »Time Dollars« vom Fiskus unbehelligt zu lassen.

Das erklärt auch, warum 31 Staaten in den USA eigene Angestellte bezahlen, um komplementäre Währungen in Gebieten zu initiieren, in denen eine hohe Arbeitslosigkeit und soziale Probleme vorherrschen. Die Kosten, die diese Angestellten dem Staat und damit dem Steuerzahler verursachen, machen nur einen geringen Teil der Ausgaben aus, die er sonst zur Lösung dieser Probleme tragen müsste. Mit anderen Worten, es bringt der Verzicht auf die Steuern einen Nettogewinn.

In dem Maß jedoch, in dem der Regio benutzt wird, um kommerzielle Transaktionen durchzuführen, wird die Zahlung von Steuern erforderlich. Aber hier ist die Möglichkeit wichtig, diese Steuern in Regio zahlen zu können, denn dies wird darüber entscheiden, ob der Regio angenommen und im vollen Umfang seiner Möglichkeiten eingesetzt wird oder nicht. In der Tat ist vielleicht die effektivste Art, den Erfolg einer Regionalwährung zu verhindern, dass man die Bestimmung erlässt, dass alle Steuern auf Einkommen – egal, ob aus Euro- oder Regio-Transaktionen – in Euro zu zahlen sind. Und das Gegenteil ist ebenso richtig: Der beste Weg für die lokalen und regionalen Behörden, den Erfolg des Regios zu unterstützen, ist, Steuerabgaben und Gebühren in Regio zu akzeptieren, denn dies wird der beste Anreiz für Geschäftsleute sein, den Regio anzunehmen.

Wenn die Behörden und politischen Entscheidungsträger Steuern und Gebühren auch in Regio akzeptieren, so können sie dafür wichtige Gründe nennen:

- Erstens kommen diese Steuern den öffentlichen Dienstleistungen ihres Gebietes zugute,
- zweitens werden damit regionale Arbeitsplätze erhalten oder geschaffen, und
- drittens erlauben die positiven sozialen und ökonomischen Auswirkungen der verstärkten regionalen Wertschöpfung der Verwaltung, Steuergelder einzusparen und die gesamte wirtschaftliche Lage der Region zu verbessern.

Unbefriedigte Bedürfnisse

Regionalwährungen sind nach unserer Definition »Komplementärwährungen«, die mithilfe ungenutzter Ressourcen »unbefriedigte Bedürfnisse« auf der regionalen Ebene erfüllen.

»Unbefriedigte Bedürfnisse« existieren auf vielen Ebenen: Arbeitslosigkeit, Jugendarbeit oder Altenpflege sind typische Beispiele für soziale Bedürfnisse. Wirtschaftliche Bedürfnisse werden befriedigt, wenn eine verstärkte Kundenbindung örtlichen Unternehmen hilft, gegen die Giganten auf dem Markt zu bestehen. Ökologischer, kultureller oder Bildungsbedarf wird gedeckt, wenn wir gemeinnützige Organisationen unterstützen, die auf dem jeweiligen Gebiet tätig sind. Auch die Stärkung lokaler oder regionaler Eigenart ist ein kulturelles Bedürfnis. Nur unsere eigene Phantasie setzt uns Grenzen, wenn es darum geht, wie wir uns den positiven Nutzen von Komplementärwährungen dienstbar machen können.

Dasselbe gilt im Grunde für die ungenutzten Ressourcen. Auch sie lassen sich nahezu überall entdecken. Jeder Mensch, der gerade ohne Beschäftigung ist, aber trotzdem etwas tun will, hat Fähigkeiten anzubieten, die gebraucht werden. Zählen Sie, wenn Sie nächstes Mal ins Restaurant um die Ecke gehen, alle leeren Tische. Oder im Kino die leeren Sessel. Auch dabei handelt es sich um ungenutzte Ressourcen, die nutzbar gemacht werden können. Weitere Beispiele sind Schulen oder andere Räume, die zu einer bestimmten Zeit nicht gebraucht werden; Kurse an der Universität oder Volkshochschule, die nur wenige Teilnehmer haben; Jugendliche, die sich bei den Pfadfindern oder anderen gemeinnützigen Organisationen engagieren und für ein Blech Kuchen gerne helfen. Nur unsere Vorstellungskraft setzt uns Grenzen, inwieweit sich diese ungenutzten Ressourcen als Werte ansehen lassen, die »unbefriedigte Bedürfnisse« stillen können.

Jeder Wirtschaftswissenschaftler wird ganz richtig darauf hinweisen, dass der Ort, an dem Ressourcen und Bedürfnisse aufeinander treffen, der Markt ist, ob nun mit oder ohne Komplementärwährung. Wenn ein Zauberstab dafür sorgte, dass alle Menschen auf der ganzen Welt plötzlich genau die Menge Geld hätten, die sie brauchen, gäbe es wohl keinerlei unbefriedigte Bedürfnisse mehr. In Wirklichkeit ist das natürlich ganz anders. Und genau darum geht es: die Welt, wie sie ist, im Gegensatz zu der Welt, die wir uns wünschen. Wir müssen mit unserer Komplementärwährung dort ansetzen, wo, nachdem die konventionelle Währung ausgegeben ist, noch immer Bedürfnisse unbefriedigt bleiben und ungenutzte Fähigkeiten vorhanden sind, die in jenem Kreislauf von Gütern und Geld, der sich in konventioneller Währung ausdrückt, bisher nicht zusammenfinden konnten.

Viele »Bonussysteme« zeigen, wie dies sogar in einem strikt marktwirtschaftlichen Umfeld funktioniert. In einem gut gemanagten Bonussystem erhält das Unternehmen etwas (eine höhere Kundenbindung), indem es ungenutzte Ressourcen einsetzt (einen Platz im Flugzeug, einen Sitz im Kino, der ansonsten leer bliebe). Dieses System dehnen wir nun auf ein weiter gefasstes Umfeld aus, in dem die Teilnehmer selbst entscheiden, in welchen Bereichen ihre Komplementärwährung funktionieren soll.

Schließlich gibt es aber auch noch einen Mittelweg zwischen der Steuerfreiheit und Steuerpflicht aus Regio-Einkommen. So könnte man einen Teil steuerfrei machen (zum Beispiel Einkommen unter 1000 Regio oder Euro-Äquivalent unbesteuert lassen), da die Erhebung dieser Steuern sowieso mehr kostet, als dabei übrig bleibt. (So wird zum Beispiel das Einkommen aus SEL – einer französischen Komplementärwährung – behandelt.) Ein anderer Weg wäre, den Geschäftsleuten die Bezahlung eines bestimmten Prozentsatzes ihrer Steuern in der Regionalwährung zu gestatten.

Der wichtigste Punkt für die Entscheidung der Besteuerung aus der Sicht lokaler oder regionaler Entscheidungsträger müsste es sein, darauf zu achten, dass die Gans, die die goldenen Eier legt – nämlich die Regionalwährung –, sorgfältig gefördert und nicht etwa umgebracht wird. Dies ist also ein Plädoyer für die Akzeptanz von Steuern und Gebühren in Regio.

Realität und Vision

Die Vision vom Europa der Regionen hat für viele Menschen eine große Faszination. Anstatt die Globalisierung mit allen positiven und negativen Folgen sozusagen im Gesamtpaket zu akzeptieren, sehen die meisten Menschen in der Region die Möglichkeit, direkte Veränderungen zu bewirken, die ihnen selbst zugute kommen. Denn viele erleben die Globalisierung nicht nur als Verlust eigener Handlungsspielräume, sondern auch als die Machtlosigkeit der Politik, sich von den Standortentscheidungen einiger Großunternehmen und von der Instabilität des internationalen Finanzsystems unabhängig zu machen.

Die regionale Ökonomie stellt einen neuen Ordnungsansatz dar gegenüber dem, was wir unter »Globalisierung« verstehen, und die Einführung regionaler Währungen ist einer der kraftvollsten Wege, diesen neuen Ordnungsansatz zu realisieren. Zahlreiche bereits bestehende regionale Initiativen und Programme sind die ersten »natürlichen« Partner im Umsetzungsprozess. So umfasst

- die Regionalbewegung in Deutschland inzwischen rund 300 Initiativen,
- dazu kommen über zweitausend Agenda-21-Gruppen[161] und
- mehr als ein Dutzend Leader + Projekte (ein EU-Programm, welches die regionale Entwicklung des ländlichen Raumes fördert).

Ein weiterer Ansprechpartner – außer diesen Gruppen vor Ort – kann auch der »Ausschuss der Regionen«[162] sein, der als Hüter des Subsidiaritätsprinzips und als direkte Verbindung zwischen den Interessen der Regionen und der Europäischen Gemeinschaft eingerichtet wurde.

Am Beispiel Westirlands (siehe Kapitel IV) haben wir gezeigt, dass das gegenwärtige Geldsystem wie eine Pumpe wirkt, die das Kapital aus den Gebieten, in denen es verdient wird, absaugt und in Gegenden pumpt, in denen es die höchste Rendite erzielt. Deshalb wird eine Verkürzung des Geldkreislaufs, der sich nach den Erfordernissen der Region richtet, eminent wichtig. Nur dadurch erhält sich eine Region ihre eigene Liquidität. Das heißt: Soll die neue Währung anders als die heutige Währung, die in der Regel dem höchsten Profit dient, der Region dienen, so muss sie auf das betreffende Gebiet begrenzbar sein.

Hans Diefenbacher bestätigt dies in seiner Betrachtung der unterschiedlichen Aufgaben, die auf die lokalen und regionalen Arbeitsgruppen der Agenda 21 zukommen, indem er sagt: »Um Ausbeutung oder Störung des ökonomischen Gleichgewichts durch Einflüsse von außerhalb der Region zu verhindern, sollte jede Region zusätzlich eine eigene Währung oder Verrechnungseinheit – unter Umständen auch mehrere – und ein eigenständiges Banken- und Kreditsystem haben.«[163]

Unser heutiges Geld dient gleichzeitig als Tauschmittel, Wertmaßstab oder Recheneinheit und Wertspeicher oder Wertaufbewahrungsmittel. Das Grundproblem ist, dass es als Wertspeicher mit exponentiell wachsenden Ansprüchen und unbegrenzter Mobilität konzipiert ist. Diese Eigenschaften machen es ungeeignet für die Schaffung von Arbeitsplätzen, besonders auf der lokalen und regionalen Ebene. Deshalb wird die Funktion einer Regionalwährung in erster Linie auf die des Tauschmittels und der Recheneinheit hin zu optimieren sein, damit sie nur in einem begrenzten Gebiet gültig ist, und als Wertspeicher »nur« einen stabilen Anlagewert sichert. Die wesentlichen Ziele sind:

- vorhandene Ressourcen für die Herstellung von Gütern und Dienstleistungen zu nutzen, um sie dem ungedeckten Bedarf und der Nachfrage entsprechend absetzen zu können,
- dadurch die Arbeitslosigkeit zu verringern,
- den Kaufkraftabfluss aus der Region aufzuhalten und
- den Kommunen neue finanzielle Möglichkeiten zu verschaffen, um ihre Aufgaben zu erfüllen.

Dass genau diese Ziele durch bisherige Förderprogramme nicht erreicht wurden, zeigt Robert Musil anhand vieler Beispiele aus der Europäischen Union. Er unterscheidet zwischen »externen«, von außen initiierten, und »endogenen«, von innen her initiierten Strategien, um dem räumlichen Ungleichgewicht zwischen Zentren und Peripherien zu begegnen, und kommt zu dem Schluss, dass die weitgehend neoklassisch dominierte Regionalpolitik der Europäischen Union (keynesianistische Nachfragesteuerung, Wachstumspolansatz) das »Davonlaufen« von Kapital, Wertschöpfung und Humankapital nicht aufhalten konnte. Und dass selbst die endogenen Strategien, die auf die Förderung der regionalen Potenziale abzielen, zum Beispiel durch die Vernetzung vorhandener Ressourcen (Kooperationsförderung) und die Einbindung der Bevölkerung (»Bottom-up«-Ansatz), einen wesentlichen Faktor unberücksichtigt gelassen haben, nämlich die monetäre Geldversorgung. Dabei ist leicht einsehbar, dass Projekte mit relativ geringer Rentabilität nicht mit Geldkapital finanziert werden können, das unter hohem Wachstums- und Gewinnzwang steht.

Robert Musil[164] überträgt in der Abbildung den von Helmut Creutz entwickelten Zusammenhang des »monetären Teufelskreises« auf die Region: Durch das Fehlen ausreichender Liquidität und die Flucht des Kapitals aus Niedrigrentabilitätsregionen entsteht ein »monetärer regionaler Teufelskreis«, der im Umkehrschluss zeigt, dass periphere Regionen – mehr noch als andere – ein Geld brauchen,

- das auf ihre Bedürfnisse zugeschnitten ist,
- geringem oder gar keinem Rentabilitätsdruck unterliegt,
- eine Orientierung der Kreditvergabe nach gemeinschaftlichen Nutzungskriterien zulässt und
- eine eingeschränkte Mobilität des Kapitals bewirkt.

Und damit entsteht auch eine umgekehrte Richtung im regionalen Wirtschaftskreislauf:

- Statt wirtschaftlicher Stagnation entwickelt sich wirtschaftliche Belebung,
- statt Abwanderung Stabilisierung der Einwohnerzahl oder gar Zuzug,
- statt sinkender privater Kaufkraft und damit auch sinken-

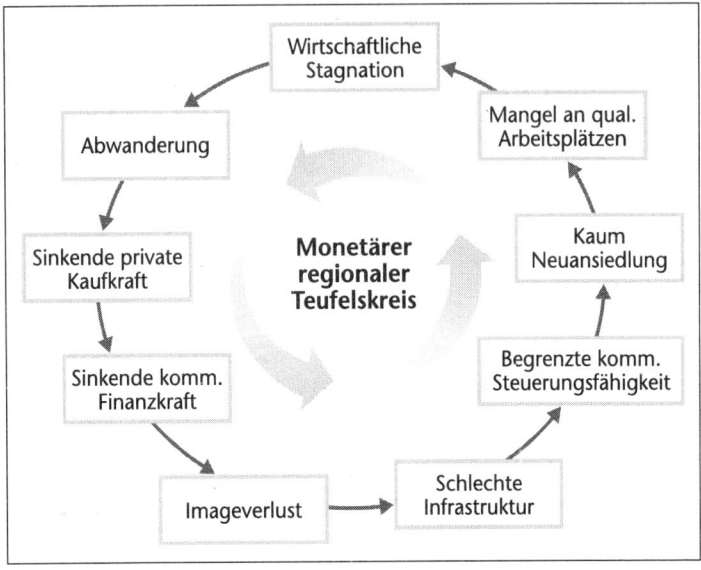

Wirtschaftliche Stagnation

Mangel an qual. Arbeitsplätzen

Abwanderung

Kaum Neuansiedlung

Sinkende private Kaufkraft

Monetärer regionaler Teufelskreis

Sinkende komm. Finanzkraft

Begrenzte komm. Steuerungsfähigkeit

Imageverlust

Schlechte Infrastruktur

der kommunaler Finanzkraft steigende Kaufkraft der Bevölkerung und der Kommunen,

- statt Imageverlust eine neue Identifikation mit der Region,
- statt schlechterer Infrastruktur und des Ausverkaufs von Ver- und Entsorgungseinrichtungen an internationale Investoren eine Verbesserung und Sicherung in den Händen der Bewohner der Region,
- statt des Verlusts an Steuerungsfähigkeit und der Abwanderung von Firmen und Arbeitsplätzen eine neue, von den Bewohnern bewusst mitgetragene Steuerung zusammen mit dem Verbleib von Firmen und Arbeitsplätzen im regionalen Umfeld.

All dies ist Ziel und Zweck des Regios – neben dem Erhalt der kulturellen und sozialen Vielfalt der Region in einem Europa der Regionen.

»Artenvielfalt«, meint Musil, »wird nicht durch hemmungslose Konkurrenz und Wachstumsdruck erhalten, sondern durch getrennte Bereiche oder, um im biologischen Terminus zu formulieren, durch unterschiedliche Habitate.«[165]

Und Reinhard Stransfeld ergänzt dies aus der Sicht der Evolutionstheorie, indem er feststellt, dass Gemeinschaftlichkeit nicht als solche entsteht, sondern aus dem Wahrnehmen des gemeinsamen Vorteils gegenüber der Außenwelt. Dies, so meint er, ist erst der Nährboden für eine Evolution der Kooperation. Einem globalen Modell jedoch bietet sich keine Außenwelt mehr als gemeinschafts- und damit identitätsstiftende Herausforderung dar. Deshalb ist eine zunehmende Binnendifferenzierung nach sozialen Kriterien die einzig logische Entwicklung. Diese evolutionstheoretische Erkenntnis wird, seiner Ansicht nach, in den meisten globalen Entwicklungskonzepten übersehen.[166]

Die globale Kapitalmobilität, die die Welt in einen fast vollständig vernetzten Wirtschaftsraum verwandelt hat, findet eben nicht »wertfrei« statt, sondern ist ein wesentlicher Grund für die Ungerechtigkeit in der Verteilung des Zugangs zu den Ressourcen dieser Welt. Dies hatte der erste Bericht des Club of Rome, der die gesamte Nachhaltigkeitsdebatte 1972 eröffnete, leider übersehen.[167] Dennis L. Meadows betrachtete Geld als ein passives Buchhaltungssystem, welches den Aspekt Nachhaltigkeit weder im negativen noch im positiven Sinne beeinflussen würde. Ein neuerer Bericht des Club of Rome, der den Titel trägt: »Wie wir wirtschaften werden – Szenarien und Gestaltungsmöglichkeiten für zukunftsfähige Finanzmärkte«, identifiziert nun als eine wichtige Komponente des nachhaltigen Wirtschaftens die Einführung komplementärer lokaler und regionaler Währungen.[168]

Regionalwährungen verwandeln einen zentralen Teil unserer heutigen Probleme in einen zentralen Teil der Lösung für die Probleme von morgen.[169]

Es ist an der Zeit, ihnen die Unterstützung zu geben, die sie brauchen, um als vorteilhafte Finanzinnovation für die große Mehrheit der Bevölkerung den Schritt in die Praxis erfolgreich zu bestehen. Dazu brauchen wir außer tatkräftigen Initiatoren, politischer Unterstützung und willigen Teilnehmern und Teilnehmerinnen in der Region auch eine Zentralbank, die diese Experimente duldet, vielleicht sogar schützt und unterstützt, und viele Forscher, die sich daran beteiligen, die konkreten Effekte einer solchen Finanzinnovation zu untersuchen und zu validieren.

Mit der Einführung des Regios schlagen wir einen Weg vor,

- der dem Geld eine dienende statt eine beherrschende Funktion zuweist,
- der die ökonomische Effizienz einer Währung mit sozialer Gerechtigkeit und neuen ökologischen Möglichkeiten verbindet,
- der weder kapitalistisch noch sozialistisch ist und doch die besten Seiten beider Systeme umsetzen hilft.

Wir sehen die Argumente, die wir hier zusammengetragen haben, als eine Grundlage an, auf der sich eine fachliche und politische Auseinandersetzung entwickeln kann. Noch wesentlicher aber werden die zahlreichen Erkenntnisse sein, die bei der Umsetzung entstehen. Ein praktisches Beispiel kann unserer Erfahrung nach mehr wert sein als Hunderte von Büchern und Aufsätzen.

Die wahren Helden und Heldinnen unserer Zeit sind für uns diejenigen, die sich an der Umsetzung und Erprobung wichtiger und guter Ideen beteiligen, die den Kampf gegen

Gleichgültigkeit und Vorurteile, überkommene Verhaltens-weisen und Denkschablonen aufnehmen und Veränderun-gen bewirken, die angesichts der Not in dieser Welt längst überfällig sind – die aber auch immer wieder dazu bereit sind, ihr eigenes Denken und Handeln infrage stellen zu lassen, und offen sind für die Argumente anderer.

Mit den Mitteln unserer Zeit wollen wir uns mit Ihnen ver-ständigen. Wir laden Sie ein, im Internet über die Webseite www.regionetzwerk Informationen abzurufen und in regel-mäßigen Treffen mit den Menschen, die den Regio als Ergän-zung zum Euro voranbringen wollen, die Entwicklung mitzu-gestalten.

Annex A
Währungs- und bankrechtliche Aspekte[170]

Von Dr. Hugo Godschalk

In manchen Ländern wurden in der Vergangenheit komplementäre Währungen eingeführt, ohne dass die Initiatoren die rechtliche Zulässigkeit geprüft hatten. Man wartete zuerst einmal ab, ob Einwände von Behörden oder von der Zentralbank erhoben würden. Oft – natürlich auch bedingt durch die (noch) geringe volkswirtschaftliche Bedeutung der lokalen und regionalen Komplementärwährungen – passierte nichts; sie wurden toleriert oder sogar von kommunalen Instanzen offen gefördert. Wo kein Kläger ist, gibt es auch keinen Richter.

Nicht so im deutschsprachigen Raum. Die Frage der Zulässigkeit bzw. des rechtlichen Gestaltungsspielraums stellt sich für die potenziellen Initiatoren zumeist vorrangig. Diese vorsichtige Haltung beruht vermutlich nicht nur auf nationalen Mentalitätsunterschieden, sondern auch auf leidvollen historischen Erfahrungen. Sowohl die damaligen deutschen als auch die österreichischen Projekte wurden während der Weltwirtschaftskrise mit aller Härte durch Gesetzgeber, Zentralbank und Gerichte bekämpft und schließlich durch Verbote oder gesetzliche Regelungen unterbunden. In den USA dagegen konnten sich die Komplementärwährungen in dieser Periode gleichzeitig ohne wesentliche gesetzliche Hindernisse voll entfalten. Auch heute reagieren Bundesbank und EZB noch eher negativ auf die potenzielle Emission von Privatgeld oder Nebenwährungen.

Die Sorgen der Initiatoren sind also nicht aus der Luft gegriffen. Fehlinvestitionen in Zeit und Geld und – wesentlich wichtiger – eine Diskreditierung der Idee können vermieden werden, wenn wir die legalen Grenzen und Handlungsspielräume kennen.

Die in den Kapiteln IV und V beschriebenen Teilmodelle, die – miteinander verknüpft – fast alle Funktionen des herkömmlichen Geldes in einer regionalen Komplementärwährung erfüllen können, beruhen zum überwiegenden Teil auf rechtlich abgesicherten und im Hinblick auf diesen Aspekt ausführlich in der Literatur behandelten Vorbildern. So kann eine auf deutsche Verhältnisse übertragene Variante des »zinsfreien« Spar- und Leih-Systems der JAK-Mitgliedsbank zum Beispiel auch von einer deutschen Genossenschaftsbank umgesetzt werden oder der »Kooperationsring« – eine Kombination von Tauschring und Barterbusiness – auf eine ausführliche Behandlung des Themas »rechtliche Grundlagen« in unterschiedlichen Publikationen zurückgreifen.[171]

Für das beim Chiemgauer und im Bremer »Roland« benutzte Gutscheinmodell und die Absicht beider Initiatorengruppen, dies auch in elektronischer Form anzubieten, ist diese Rechtssicherheit nicht vorhanden, weil es sie in der Form noch nicht gibt. Das heißt, hier bewegen wir uns zuerst einmal in einer juristischen Grauzone, deshalb werden wir uns hier mit den rechtlichen Aspekten zu diesen Teilmodellen befassen.

Begriffliche Abgrenzung

Für die rechtliche Beurteilung ist die begriffliche Abgrenzung der Bezeichnung »Komplementärwährung« notwendig. Zuerst muss man sich fragen, ob es sich bei einer lokalen oder regionalen Komplementärwährung überhaupt um Geld handelt. Schon diese Frage ist schwierig, denn der juristische Begriff des Geldes ist umstritten. Wenn die Werteinheiten wie die gesetzlich gültige Nationalwährung als Zahlungsmittel – sei es auch in geringerem Umfang und bei einer eingeschränkten Akzeptanz – in einem Wirtschaftsgebiet genutzt werden und damit die staatliche Währung in nennenswertem Umfang substituieren können, handelt es sich um Nebengeld, Geldsurrogate oder Geldsubstitute. In diesem Fall sind die geld- und währungsrechtlichen sowie bankaufsichtsrechtlichen Auflagen und Verordnungen zu berücksichtigen. Dies gilt jedoch zum Beispiel nicht für Vielfliegermeilen, Travel Vouchers oder Gutscheine, die nur bei *einem* Unternehmen oder *einer* Unternehmensgruppe gegen Waren und Dienstleistungen einlösbar sind.

Ein wichtiges Kriterium für regionale Komplementärwährungen ist danach die Abgrenzung gegenüber der gesetzlich gültigen Nationalwährung. Für die Nutzer muss optisch erkennbar sein, dass es sich *nicht* um die Nationalwährung handelt. Komplementärwährungen in Form von Bargeld (Münzen, Banknoten oder sonstige dingliche Gegenstände, die eine Zahlungsmittelfunktion ausüben) müssen also auf jeden Fall äußerlich abweichen von dem staatlichen Bargeld. Sie können aber auf die gleiche Währungseinheit (zum Beispiel Euro) lauten.

Bei anderen »virtuellen« Formen von regionalen Komplementärwährungen, die wie »Giralgeld« oder »E-Geld« funktionieren, ist eine solche Abgrenzung derzeit nur erreichbar, wenn der Name der Währungseinheit von der Nationalwährung abweicht. Als Beispiel seien phantasievolle Tauschring-Werteinheiten, wie Taler, Talente, Peanuts usw., oder auch die WIR-Franken im schweizerischen WIR-System genannt. Da-

bei ist es allerdings nicht notwendig, dass die Komplementärwährung gegenüber der Nationalwährung einen flexiblen
Wechselkurs aufweist. Im Gegenteil, die meisten Komplementärwährungen haben sich heute wertmäßig fest an die
Nationalwährung angedockt (in der Regel allerdings ohne
freie Konvertibilität in die Nationalwährung).

Die Initiatoren von Komplementärwährungen benutzen
derzeit die gesamte Palette der modernen Geldformen (siehe
Abbildung). Es gibt Komplementärwährungen sowohl als Bargeld (zum Beispiel Chiemgauer) wie auch als Giralgeld (LETS,
Tauschringe) und sogar als E-Geld (zum Beispiel Citycards).
Die Herausgeber sind meist Nicht-Banken, wie Privatpersonen, Vereine, Unternehmen, Werbegemeinschaften usw.,
aber es gibt auch Banken (zum Beispiel die WIR-Bank in der
Schweiz), die eine Komplementärwährung in Umlauf bringen. In diesem Fall kann es also durchaus sein, dass die Her-

	Bargeld		Giralgeld		E-Geld	
	€, $ etc.	Sonst.	€, $ etc.	Sonst.	€, $ etc.	Sonst.
Zentralbank	herkömmliches Geld		herkömmliches Geld		Optionen	
Geschäftsbank		Optionen	herkömmliches Geld	KW	herkömmliches Geld	Optionen
E-Geld-Institut					herkömmliches Geld	Optionen
Nicht-Bank	Optionen	KW	Optionen	KW	Optionen	KW

≡≡≡ = herkömmliches Geld (heute)

▓▓▓ = KW (heute)

||||||| = Optionen (zukünftig)

ausgabe einer Komplementärwährung von der Zentralbank im Rahmen der Geldmengensteuerung berücksichtigt wird.

Das herkömmliche Geld wird in der Regel von der Zentralbank und Geschäftsbanken in der jeweiligen Nationalwährung in Umlauf gebracht. Je nach Herausgeber unterscheidet man nach *Zentralbankgeld* (Bar- und Giralgeld) und *Geschäftsbankengeld* (nur Giralgeld). *E-Geld* wird derzeit nur von Geschäftsbanken (inklusive E-Geld-Instituten) emittiert. Die Zentralbanken haben sich aber ausdrücklich die Option freigehalten, selbst auch dieses neue Geld herauszugeben. Wenn Nicht-Banken Zahlungsmittel herausgeben, wird dieses Geld von der EZB als »Unternehmensgeld« (*company money*) bezeichnet.[172]

Erst wenn sich dieses Geld optisch und/oder durch eine eigene Bezeichnung von der Nationalwährung unterscheidet, handelt es sich um eine Komplementärwährung. Neben den heutigen Erscheinungsformen des herkömmlichen Geldes und der Komplementärwährung gibt es einige weitere (theoretische) Möglichkeiten, deren zukünftige Realisierung von der Marktfähigkeit bzw. der Gesetzgebung abhängt. Eine Komplementärwährung kann demnach definiert werden als:

- Bargeld, Giralgeld oder E-Geld,[173]
- das als Zahlungsmittel genutzt wird,
- für das andere Spielregeln als für die Nationalwährung gelten,
- das in der Regel in einer nichtstaatlichen Werteinheit geführt wird,
- das einen festen oder flexiblen Kurs zur Nationalwährung aufweist und
- das nicht von einer staatlichen Instanz herausgegeben wird.

Wann greift nun welche gesetzliche Auflage und Regulierung? Zwei Fragen stehen hierbei im Vordergrund:

1. Wer gibt die Komplementärwährung heraus? (Wer ist der *legal issuer?*)
2. Um welche Geldform handelt es sich?

Komplementärwährungen in Form von E-Geld

Die Haltung der Zentralbanken

Die Entwicklung des digitalen Bargeldes, das auf Chipkarten oder auf der Platte eines PC gespeichert wird und über das Internet in Sekundenschnelle von PC zu PC übertragen werden kann, ist eine Basisinnovation in der Geldevolution. Die ersten Pilotprojekte in der zweiten Hälfte der neunziger Jahre führten zu einer weltweiten Diskussion, ob diese Innovation das Geldsystem nachhaltig ändern würde.[174] Die Befürworter einer monetären Reform hofften auf eine Entmonopolisierung des Geldes und eine Entmachtung der Zentralbanken. Diese Hoffnung wurde auch dadurch geschürt, dass vor allem Nicht-Banken (wie Telekommunikationsunternehmen) die Entwicklung des E-Geldes auf Chipkartenbasis vorantrieben. Die Entwicklung einer unkontrollierten Ersatzgeldschöpfung bereitete den Zentralbanken jedoch Sorgen.[175]

Was ist E-Geld?

Elektronisches Geld (= E-Geld«) ist neben dem herkömmlichen Bar- und Giralgeld eine neue Art des Geldes. Sein Entstehen verdanken wir dem Internet und der Chiptechnologie. Nach langer theoretischer Diskussion über die wesentlichen Merkmale dieses Geldes hat man sich in Europa zu folgender (legaler) Definition[176] durchgerungen:

- ein monetärer Wert in Form einer Forderung gegen die ausgebende Stelle,
- der auf einem Datenträger gespeichert ist,
- gegen Entgegennahme eines Geldbetrags ausgegeben wird, dessen Wert nicht geringer ist als der ausgegebene monetäre Wert, und
- von anderen Unternehmen als der ausgebenden Stelle als Zahlungsmittel akzeptiert wird.

Das E-Geld ist also vom Ansatz her eine Digitalisierung des Bargeldes. Diese neue Form des Geldes ist in der Praxis (noch) nicht besonders erfolgreich. Die softwarebasierten Produkte – wie Digicash oder E-Cash – haben sich am Markt nicht durchsetzen können. Derzeit gibt es E-Geld nur hardwarebasiert in

Form von elektronischen Werteinheiten, die in einem Chip auf einer Karte gespeichert sind, wie zum Beispiel in Deutschland die so genannte GeldKarte. Das hardwarebasierte E-Geld wird insbesondere für die Bezahlung von Kleingeldbeträgen genutzt.

Die Auffassung, was unter dem Begriff E-Geld subsumiert werden muss, ist unter den Regulatoren und Aufsichtsbehörden europaweit nicht einheitlich. In einigen EU-Ländern wird die oben stehende Definition weit ausgelegt. Dort werden zum Beispiel auch vorausbezahlte GSM-Konten (Prepaid-Handys) als E-Geld aufgefasst. Das Gleiche gilt für die Frage, ob elektronische Werteinheiten im Rahmen von Loyalty-Programmen als E-Geld verstanden werden sollen.

Nach Umsetzung der E-Geld-Richtlinie innerhalb der EU kann die E-Geld-Herausgabe seit April 2002 in der Regel nur durch herkömmliche Kreditinstitute oder so genannte E-Geld-Institute erfolgen.

Auf EZB-Seite wurde diese Thematik von Direktoriumsmitglied und Chef-Volkswirt Otmar Issing öffentlich diskutiert. Das Entstehen von elektronischen Privatwährungen gefährde seiner Ansicht nach nicht nur das staatliche Geldemissionsmonopol, sondern insbesondere auch die Funktion des staatlichen Geldes als volkswirtschaftliche Recheneinheit.[177] Marc Vereecken, ein Mitarbeiter der EU-Kommission, der maßgeblich bei der Konzeption der E-Geld-Richtlinie beteiligt war, weist ebenfalls hin auf die damaligen Befürchtungen der EZB, dass multinationale Konzerne den Käufern ihrer Produkte elektronische Werteinheiten anbieten würden, womit sie die Produkte billiger kaufen könnten. Diese würden in der Folge auch von anderen Geschäften angenommen und könnten damit eine Alternative zum offiziellen Geld werden.[178]

Derartige Befürchtungen der Zentralbanken waren sicherlich die Hauptgründe für die frühzeitige Regulierung des neuen E-Geldes in den meisten EU-Ländern, obwohl sich das E-Geld im Markt erst in homöopathischer Dosis verbreitet hatte. Nur herkömmliche Banken sollten das neue Geld emittieren dürfen. Die EU-Kommission versuchte 1998, durch einen E-Geld-Richtlinien-Entwurf nicht nur eine Harmonisierung zwischen den EU-Staaten, sondern auch eine Liberalisierung zu erreichen. Um den Wettbewerb und das Innovationspotenzial zu erhöhen, sollte die Emission auch durch Nicht-Banken erfolgen können. Um die Markteintrittshürde zu senken, wurde der Spezialstatus eines »E-Geld-Instituts« mit einer – im Vergleich zu herkömmlichen Kreditinstituten – *regulation light* ins Leben gerufen. In den nachfolgenden Jahren bis zur Verabschiedung (Herbst 2000) wurde die Richtlinie jedoch in wesentlichen Punkten – unter anderem nach Intervention der EZB – geändert. Die Markteintrittshürden wurden angehoben und die Freistellungsmöglichkeiten eingeschränkt. Darüber hinaus wurde die Richtlinie in Deutschland restriktiv umgesetzt, sodass es in diesem EU-Staat kaum zu erwarten ist, dass Nicht-Banken – bedingt durch die hohe Hürde einer E-Geld-Institutslizenz – als E-Geld-Emittenten (in Euro) aktiv werden.[179]

Insbesondere die Forderung der E-Geld-Richtlinie, dass der Emittent das E-Geld jederzeit auf Verlangen *zum Nennwert* (at par value) in Zentralbankgeld zurückerstattet,[180] ist eine direkte Folge der Befürchtungen der EZB vor dem Aufkommen von Ersatzwährungen. Die Umtauschverpflichtung des Emittenten soll das E-Geld an das staatliche Monopolgeld binden und Privatwährungen mit einem eigenen Geldwert unterbinden.

E-Geld im Loyalty-Bereich

Das von Banken herausgegebene E-Geld auf Chipkarten war bislang wenig erfolgreich. Die E-Geld-Menge[181] hatte bisher keine monetäre Bedeutung und trug auch nicht nennenswert zur Bargeldsubstitution bei. Nur in Bereichen, in denen das Bargeld Schwächen hat – wie zum Beispiel bei Verkaufsautomaten –, ist das E-Geld überlegen.

Die eigentliche Überlegenheit des E-Geldes ist aber seine Programmierbarkeit. Die digitalen Werteinheiten können so programmiert werden, dass dieses Geld zum Beispiel nur von bestimmten Personen genutzt oder nur für bestimmte Güter bzw. in einer bestimmten Region ausgegeben werden kann. Man kann das Geld auch von vornherein zeitlich limitieren oder automatisch eine Wertminderung einbauen. E-Geld ist – im Gegensatz zum Bargeld – steuerbar, und hier liegt sein größtes Potenzial.[182]

Erste erfolgreiche Anwendungen dieser Steuerbarkeit des E-Geldes sehen wir im Bereich der firmenübergreifenden Loyalty-Systeme. In Europa ist Deutschland[183] einer der Vorreiter im Bereich der so genannten E-Bonuspunkte auf Basis der Chipkarte. Auf dem Chip der ec- und Bankkundenkarten können als Zusatzfunktion digitale Bonuspunkte gespeichert werden.[184] Diese Bonuspunkte können von nur einem oder von mehreren Unternehmen ausgegeben und akzeptiert werden. Die Bonuspunkte mit einem festen Gegenwert in Euro werden bei den beteiligten Unternehmen gegen Leistungen, und zwar gegen Güter und Dienstleistungen, und oft auch gegen Bargeld eingelöst.

Die zurzeit in Deutschland insbesondere von Sparkassen und Volksbanken favorisierten unternehmensübergreifenden Bonusprogramme werden bereits in fast fünfzig Orten als so genannte City-Cards praktiziert (zum Beispiel Eichstätt,

Kulmbach, Troisdorf, Nieheim) oder sogar als Bonuskarte für ein Bundesland (BonusCard Schleswig-Holstein). Die Herausgeber solcher Werteinheiten sind oft lokale Rabattsparvereine, Werbegemeinschaften oder Stadtwerke. Sie verfolgen damit eine Kundenbindung und eine Förderung der lokalen oder regionalen Ökonomie.

Ein händlerübergreifendes Bonussystem erfordert eine Dachgesellschaft, die die Werteinheiten an die beteiligten Händler herausgibt bzw. verkauft (gegen herkömmliches Geld). Der Händler gibt die Werteinheiten an seine Kunden weiter, zum Beispiel als Bonus prozentual zum getätigten Umsatz. Der Kunde kann die auf der Chipkarte angesammelten Werteinheiten – mit einem festen Gegenwert in Euro – bei den angeschlossenen Händlern als Zahlungsmittel einsetzen. Der Herausgeber kauft die wieder vom Händler eingelösten Einheiten zurück, und der Kreislauf ist wieder geschlossen (siehe Abbildung).

Die digitalen Werteinheiten in diesen händlerübergreifenden Loyalty-Systemen weisen je nach Ausgestaltung in technischer, ökonomischer und juristischer Sicht viele Ähnlichkeiten auf mit dem auf Euro lautenden E-Geld, das von Banken herausgegeben wird. Es handelt sich hier de facto um eine nicht von Banken (oder E-Geld-Instituten) emittierte lokale oder regionale Währung auf E-Geld-Basis. Die Werteinheiten erfüllen die Kriterien der E-Geld-Definition in allen Punkten,[185] obwohl unter der heutigen Gesetzgebung unternehmensübergreifende digitale Bonuspunkte auch von Nicht-Banken (das heißt Einzelhändlern, Rabattsparvereinen, Stadtwerken und anderen) herausgegeben werden dürfen.

Genau diese Frage war Gegenstand einer schriftlichen Anfrage[186] an die Bundesregierung im März und April 2002, nachdem das so genannte 4. Finanzmarktförderungsgesetz[187]

E-Loyalty in händlerübergreifenden Systemen

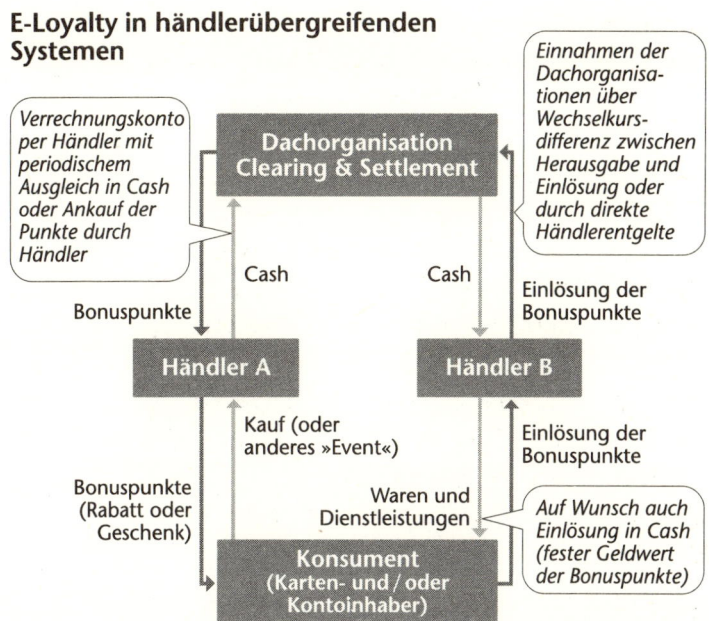

verabschiedet war. In seiner Antwort vom 23. April 2002[188] teilte das Bundesfinanzministerium mit, die Bundesregierung sei der Auffassung,

»dass die schon jetzt in einer Reihe von deutschen Städten und Regionen agierenden ›händlerübergreifenden Bonussysteme‹ auch dann nicht die tatbestandlichen Voraussetzungen des elektronischen Geldes im Sinne des neuen Paragraph 1 Abs. 14 des Gesetzes über das Kreditwesen (KWG) erfüllen, wenn die teilnehmenden Händler die Werteinheiten von der ausgebenden Stelle, etwa einer Werbegemeinschaft oder einem örtlichen Energieunternehmen, gegen einen Buchgeldbetrag in Euro entgegennehmen, um sie den Kunden mit einem festen Nennwert in Euro auf deren Chipkarte als Bonuspunkte zu speichern, die dann dazu berechtigen, sie bei einem der teilnehmenden Händler als Zahlungsmittel zum Erwerb von Waren oder Dienstleistungen einzusetzen«.

Derartige lokale Währungen auf E-Geld-Basis sind also in Deutschland legal. Ein Grund für diese liberale Haltung der Bundesregierung und der Aufsichtsbehörde BaFin[189] war sicherlich auch die Verbreitung auf dem Markt und die Lobbyarbeit des Einzelhandels und der Banken. Die Kreditinstitute erhoffen sich durch die Systeme zusätzliche Einnahmen für diese Zusatzleistung auf dem Chip ihrer Karten und eine bessere Nutzung des Euro-E-Geldes (GeldKarte). Sie übersehen dabei die konkurrierende Beziehung zwischen den beiden elektronischen Geldbörsen auf der Karte. Die veröffentlichten Statistiken über die Nutzung der Bonuspunkte als Zahlungsmittel zeigen einen höheren Kaufumsatz als die einer durchschnittlichen GeldKarte.

Die Begründung liefert interessante Ansatzpunkte für das Thema »Regionale Währungen«. Die E-Geld-Definition enthält das Kriterium der Ausgabe »gegen Entgegennahme eines Geldbetrages«. Bei den E-Bonuspunkten ist dies erfüllt, weil der teilnehmende Händler die Werteinheiten von dem Herausgeber gegen herkömmliches Geld kauft. Es war bislang unwichtig, *wer* diese Werteinheiten kauft. Die EZB hat zum Beispiel in ihrem E-Geld-Bericht von 1998 ausdrücklich den Fall beschrieben, in dem eine weitere Institution – wie hier der Händler als »verteilende Stelle« – zwischen dem Herausgeber und dem Endnutzer (Karteninhaber) tätig ist.[190]

Eine Komplementärwährung, deren Werteinheiten auf einer Chipkarte gespeichert sind und die von dem Karteninhaber nicht gegen herkömmliches Geld erworben wird, sondern von einer Zwischeninstanz (als Bonuspunkte oder Ähnliches) ausgegeben wird, ist also kein E-Geld im Sinne des KWG und kann derzeit von einer Nicht-Bank emittiert werden. Dieses Ergebnis ist für die weitere Verbreitung regionaler Komplementärwährungen sehr erfreulich. Dennoch muss man berücksichtigen, dass diese liberale Regulierung in Deutschland noch nicht maßgebend ist für die gesamte EU.

Da ein Kredit- oder E-Geld-Institut – unabhängig von dieser Auslegung der E-Geld-Definition – eine derartige Komplementärwährung emittieren kann, spricht alles dafür, von Anfang an mit einem regionalen Kreditinstitut bei der Einführung von regionalen Währungen zusammenzuarbeiten.

Komplementärwährungen in Form von Bargeld

Neben dem Euro-Bargeld gibt es in Deutschland eine Vielzahl von dinglichen Ersatzwährungen, meist in Form von Scheinen oder Münzen. Ersatzwährungen, die nicht nur vom Herausgeber, sondern auch von anderen Instanzen für den Kauf von Waren oder Dienstleistungen akzeptiert werden. Anlässlich Weinfesten, Schuljubiläen oder Stadtfesten werden oft lokales Papiergeld oder Münzen herausgegeben, die meist auf Euro lauten und nur kurze Zeit (zum Beispiel eine Woche) in einem geographisch eingegrenzten Bereich als Zahlungsmittel gültig sind. Andere Ersatzwährungen, wie zum Beispiel Reiseschecks, sind länger gültig und können bundesweit als Zahlungsmittel genutzt werden.

Ein bekanntes Beispiel für eine Lokalwährung ist das so genannte Bethel-Geld, das bereits seit 1908 innerhalb der von Bodelschwingh'schen Anstalten in Bielefeld von den betreuten Bewohnern und Bediensteten (insgesamt zirka 20 000

Menschen) als Zahlungsmittel in den vielen anstaltseigenen Betrieben genutzt wird. Seit der Euro-Umstellung gibt es Scheine im Wert von 50, 20, 10, 5, 2, 1 und 0,5 Euro mit einem Gesamtdruckvolumen in Höhe von 0,5 Millionen Euro. Die Scheine werden über die Sparkasse gegen eine Ermäßigung von 5 Prozent in Umlauf gebracht (105 Bethel-Euro gegen 100 EZB-Euro) und sollen den lokalen Warenumsatz innerhalb von Bethel fördern. Das Geld kann nur in Bethel benutzt werden. Allein die Akzeptanzstellen können das Geld wieder bei der Hauptkassenverwaltung zum Nennwert gegen EZB-Euro einlösen. Der Anteil des mit diesem Geld getätigten Umsatzes in Bethel wird auf 10 bis 15 Prozent geschätzt. Auf den Scheinen wird erwähnt, dass zum Bezug und zur Verwendung nur betreute Personen und Mitarbeiter der Anstalten berechtigt sind. Auf andere Personen ist das Geld nicht übertragbar. Außerdem wird der Bethel-Euro ausdrücklich als Warengutschein bezeichnet.

Das entscheidende Bankgesetz

Die Gründe für diese Einschränkungen sind offensichtlich. Die Herausgeber von Papiergeld-Ersatzwährungen möchten nicht in Konflikt mit dem Bargeldausgabemonopol der Zentralbank geraten. In Paragraph 35 des Gesetzes über die Bundesbank (BBankG) ist die unbefugte Ausgabe und Verwendung von »Nebengeld« geregelt.[191]

Die potenzielle Eignung, das gesetzlich zugelassene Bargeld substituieren zu können, ist demnach das entscheidende Kriterium. Da es zum Paragraphen 35 BBankG kaum Gerichtsurteile gibt, ist die Abgrenzung, wann Geldzeichen zum Nebengeld werden und gegen Paragraph 35 verstoßen, aufgrund der Rechtsprechung nicht möglich. Generell soll eine geldähnliche Ausgestaltung und eine generelle Nutzung als Zahlungsmittel vermieden werden. Auf Anfrage gibt die Deutsche Bundesbank ein Standardschreiben heraus, in dem sie unverbindliche Empfehlungen ausspricht, wie man einen Verstoß gegen Paragraph 35 BBankG vermeiden kann:

1. Die Wertgutscheine sollten äußerlich keine Elemente aufweisen, die banknoteneigentümlich sind (zum Beispiel sollten sie einfarbig und ohne Guillochen gestaltet werden und sich sowohl in der Größe als auch durch die Papierart von Banknoten unterscheiden).
2. Eine Unterscheidung sollte durch den Aufdruck »Wertgutschein«, »Gutschein« oder »Warengutschein« erfolgen. Er sollte groß und deutlich in Erscheinung treten, eventuell hervorgehoben durch eine besondere Farbgebung.
3. Die Wertgutscheine sollten räumlich und zeitlich nur begrenzt verwertbar sein. Für eine Verbreitung in Deutschland käme zum Beispiel die räumliche Begrenzung des Geltungsbereichs auf den Bereich eines Stadt- bzw. Landkreises in Betracht.
4. Dienstleistungen und Waren, zu deren Bezug der Gutschein berechtigt, sollten konkret im Einzelnen auf dem Gutschein aufgeführt werden; ein Umtausch in Bargeld sollte damit unzulässig sein.
5. Schließlich sollen die Gutscheine möglichst auf den Namen einer bestimmten Person ausgestellt werden und mit einem deutlichen Aufdruck »nicht übertragbar« versehen werden.«[192]

Es handelt sich hier um Empfehlungen, denn die Entscheidung liegt bei den jeweiligen Gerichten im Fall einer Strafverfolgung. Es gibt allerdings noch einen interessanten Hinweis. In Zusammenhang mit der um 1960 geplanten Einführung eines Kaufschecks im Einzelhandel gab es anfänglich Widerstand der deutschen Bundesbank mit Hinweis auf Paragraph 35 BBankG. In einem Gutachten begründete Prof. Oswald Hahn, dass die Einwände nicht zutrafen, und er legte Kriterien fest, die Werteinheiten erfüllen müssen, damit sie als Geldzeichen in einem Währungsgebiet eine Geldfunktion ausüben und damit gegen Paragraph 35 BBankG verstoßen.

»Zeichen, die in einem Währungsgebiet Geldfunktion ausüben sollen, müssen

- eine Währungseinheit repräsentieren,
- sich durch allgemeine Annahmebereitschaft oder Bonität allgemeiner Anerkennung erfreuen,
- eine den Verkehrsbedürfnissen entsprechende Stückelung aufweisen,
- formlos übertragbar sein und endlich
- als Umlaufsmittel fungieren, das heißt ständig als Zahlungsmittel Verwendung finden können.«[193]

Nach Hahn müssen alle Kriterien erfüllt sein, damit es sich um Geldzeichen im Sinne von Paragraph 35 BBankG handelt.

Spielräume

Doch auch im Hinblick auf die oben genannten Empfehlungen der Deutschen Bundesbank zeigt die Praxis gewisse Spielräume. Zwischen November 2001 und April 2002 gab die Mineralölgesellschaft Aral an ihre Tankkunden über 30 Millionen »Danknoten« heraus mit einem Wert von 0,50 Euro pro Schein, der sowohl bei Aral als auch bei etwa zehn weiteren Unternehmen für den Kauf von Waren oder Dienstleistungen eingelöst werden konnte. Die Ausgabe und Akzeptanz war zwar zeitlich begrenzt, erfolgte aber bundesweit (vgl. Empfehlung 3). Auf dem Schein war die Bezeichnung »Danknote« aufgebracht (vgl. Empfehlung 2). Die Größe des Scheins war mehrfarbig und hatte fast die Größe eines 50-Euro-Scheins. Außerdem war – wie auf einer Banknote – ein Silberstreifen angebracht (vgl. Empfehlung 1). Die »Danknote« war nicht auf den Namen einer bestimmten Person ausgestellt, und es gab auch keinen Hinweis darauf, dass der Schein nicht übertragbar war (vgl. Empfehlung 5). Nur der Empfehlung 4 wurde von Aral voll entsprochen. Eine Strafverfolgung auf Basis der Strafvorschrift Paragraph 35 BBankG wurde nicht eingeleitet. Auch die Ausgabe des Bethel-Euroscheins, der offensichtlich die Empfehlungen der Bundesbank ebenfalls nicht erfüllt (hier wird im Gegensatz zur Aral-Danknote unter anderem die Empfehlung 4 vernachlässigt), wird schon fast hundert Jahre toleriert.

Das Gleiche galt für das so genannte Knochengeld (52 von unterschiedlichen Künstlern gestaltete Scheine mit einem Nennwert von 20 DM), das Ende 1993 in Berlin auf dem Prenzlauer Berg ausgegeben und als Zahlungsmittel genutzt wurde. In der Literatur und in den damaligen Zeitungsberichten wird zwar eine Auseinandersetzung mit der Bundesbank wegen Paragraph 35 BBankG kolportiert, die es aber – laut Aussagen der Initiatoren – nie gegeben hat. Da Erfahrungen bisher fehlen, ist die Grenze der Akzeptanz von komplementären Regionalwährungen von den zuständigen deutschen Behörden kaum prognostizierbar. Auch Erfahrungen aus dem europäischen Ausland sind wenig hilfreich, da – trotz einheitlicher Währung – die Einhaltung und Überwachung des Bargeldmonopols bis auf weiteres die Angelegenheit nationaler Staaten ist. Komplementärwährungen, die zum Beispiel in Frankreich erlaubt sind, könnten demnach in Deutschland verboten werden.

Fazit

Im Gegensatz zu Giralgeld oder E-Geld haben die Initiatoren einer regionalen Komplementärwährung auf Bargeldbasis – bedingt durch das Zentralbankmonopol – einige Kriterien zu beachten. Bei Giral- oder E-Geld besteht auch die Option der Ausgabe durch ein Kredit- oder E-Geld-Institut.

Wie wir gesehen haben, kann eine Nicht-Bank auf E-Geld-Basis eine regionale Komplementärwährung über eine »Kundentreue-Aktion« ohne gesetzliche Probleme in Umlauf bringen. Nach dem Motto »Was digital erlaubt ist, kann ›materialisiert‹ in Papierform nicht unerlaubt sein« sollte man überlegen, ob die E-Bonussysteme hier nicht die Tür für eine ähnlich konstruierte Komplementärwährung auf Bargeldbasis geöffnet haben. Es wäre den Versuch wert!

Währungen – Eine Typologie

Hier beschreiben wir das begriffliche Instrumentarium, um das gesamte Spektrum von Währungsmöglichkeiten aufzuzeigen. Damit verfolgen wir vor allem ein Ziel: die Vielfalt aktueller Experimente mit Komplementärwährungen begrifflich klar voneinander abgrenzen zu können und die Schaffung neuer Modelle zu vereinfachen.

Wir werden also alle Formen von Währungen klassifizieren, seien sie nun konventionell oder komplementär, historisch belegt oder noch im aktuellen Entstehungsprozess begriffen. Da die Neuschöpfung einer Währung ein vergleichsweise abstrakter Prozess ist, auch wenn sie recht konkrete Probleme lösen soll, ist es vielleicht eine gute Idee, anfangs ein klares Begriffsspektrum zu schaffen.

Wir schlagen hier eine Einteilung vor, die fünf verschiedene Dimensionen der Währung einbezieht. Dementsprechend lässt sich jede Währung mithilfe der folgenden Kriterien beschreiben:

1. Zweck oder Ziel,
2. Medium,
3. Funktion,
4. Geldschöpfungsprozess und
5. Mechanismus der Kostendeckung.

Wir werden diese fünf Dimensionen einer Währung und die Alternativen, die jede einzelne bietet, zuerst erläutern und auf die Vor- und Nachteile der einzelnen Modelle eingehen. Man kann anhand dieser Kategorisierung verdeutlichen, wie Vor- und Nachteile verschiedener Modelle entstehen, und somit eventuelle Gefahren frühzeitig erkennen.

Der Ausgangspunkt für die Klassifikation der Währungssysteme ist unsere Arbeitsdefinition für Geld als »Übereinkunft innerhalb einer Gemeinschaft, etwas als Tauschmittel zu benutzen«. Auf der Grundlage dieser Definition können wir viele soziale Instrumente, die als Zahlungsmittel benutzt wurden, benutzt werden oder werden könnten, als Währung betrachten.

Theoretisch ist es auch möglich, bei der Schaffung einer Komplementärwährung alle denkbaren Varianten auszuprobieren. Viele der potenziellen Kombinationen wurden schließlich noch nie in die Tat umgesetzt. Trotzdem sind einige davon praktisch und logisch, andere eher nicht. Letztere eigens zu erproben, hätte wohl wenig Sinn. Trotz alledem hoffen wir, mit unseren Ausführungen einen Referenzrahmen zu schaffen, der die Kreativität künftiger Erfinder von Komplementärwährungen anregt.

Klassifikation von Währungen nach ihrem Zweck

Weder für die Regionalwährung noch irgendeine andere Komplementärwährung gibt es ein »ideales« Modell. Jede Form der Währung weist unter bestimmten Umständen gewisse Vorteile auf, die sich unter anderen Bedingungen in Nachteile verkehren können. Wie eine Währung am besten gestaltet werden sollte, hängt letztlich einzig und allein von den Zielen ab, die man mit ihr erreichen will, und von den Bedingungen, unter denen sie funktionieren soll.

So kann man mit der Einführung eines Währungssystems verschiedene Zwecke verfolgen, die alle davon abhängen, welche Probleme sie lösen, welche Funktion die Währung spielt und welchen Menschen sie zur Verfügung stehen soll.

Gesetzliches Zahlungsmittel

Das gesetzliche Zahlungsmittel ist jenes, das von der Regierung zur Bezahlung der Steuern akzeptiert und das daher auch von allen anderen angenommen wird.[194] Zum Beispiel steht auf jeder US-Dollar-Note: »Dieser Geldschein gilt als gesetzliches Zahlungsmittel für öffentliche und private Verbindlichkeiten.« Das bedeutet ganz einfach, dass wir, wenn wir in den USA jemandem Geld schulden und diese Person oder Institution sich weigert, unsere Dollarnoten anzunehmen, unsere Schuld für nichtig erachten dürfen. Wenn nötig, unterstützen uns bei der Nichtigkeitserklärung sogar die Gerichte. Da die Steuern eine besonders wichtige Schuld sind, bedeutet der Ausdruck »gesetzliches Zahlungsmittel«, dass die Regierung dieses Landes allein diese eine Währung annimmt, wenn es um die Begleichung der Steuerschuld geht. Im Normalfall gilt nur die Standardwährung als gesetzliches Zahlungsmittel.[195]

Währungen zur Verbesserung von Geschäftsbeziehungen

Es gibt eine Vielzahl nichtkonventioneller Währungen, die im Güteraustausch eine Rolle spielen. Wir teilen sie hier nach der Art des Austauschs ein, den sie ermöglichen:

- B2B (Business to Business, nur für den Austausch zwischen Unternehmen),
- B2C (Business to Customer, für den Austausch zwischen Unternehmen und Kunden),
- C2C (Customer to Customer, für den Austausch zwischen den verschiedenen Kunden eines Unternehmens) und
- C2B (Customer to Business, für den Austausch zwischen Kunden und Unternehmen).

Gewöhnlich liegen diese Währungen nur in elektronischer Form vor und sind im Zuge der gewaltigen Kostenreduzierungsbestrebungen entstanden, welche die Computertechnologie in den letzten Jahrzehnten einleitete.

B2B: Für den Austausch zwischen verschiedenen Unternehmern

Mit diesen Verrechnungseinheiten versuchen die Unternehmen, den Austausch zwischen Zuliefererbetrieben und Großhandel zu vereinfachen. Dazu gehören alle so genannten *commercial barter currencies*. Bei den Bartersystemen geht es um den direkten Austausch von Gütern und Dienstleistungen, die mithilfe von Verrechnungseinheiten getätigt werden, ohne dass tatsächlich mit Geld gezahlt wird. Es gibt über 700 solcher Systeme für 500 000 Firmen allein in den USA. Organisiert sind sie in zwei Handelsorganisationen: der International Reciprocal Trade Association (IRTA) und dem Corporate Barter Council (CBC).

B2C: Für den Austausch zwischen Unternehmen und Kunden

Die meistverbreitete Form von Komplementärwährungen ist die Kundentreuewährung. Dabei gibt ein Unternehmen Anreize zum Sammeln einer Komplementärwährung, die den Kunden dauerhaft an das Unternehmen bindet. Das bekannteste System sind heute die »Bonusmeilen«. Eine ältere Form sind die früher omnipräsenten Rabattmarken, die man gegen Güter oder Dienstleistungen eintauschen konnte. Heute funktionieren diese Systeme zumeist mit Kundenkarten. So mauserte sich die Supermarktkette Tesco in England zur größten überhaupt, weil ihr Rabattsystem immer mehr die Züge einer voll funktionsfähigen Komplementärwährung angenommen hat. Heute ist in Großbritannien jeder dritte Haushalt Besitzer einer Tesco-Card, und das Tesco-Clubkarten-Magazin ist die größte Kundenzeitschrift Europas.

Mitte der neunziger Jahre führte Tesco ein Kundenbindungssystem ein, das so erfolgreich war, dass die Konkurrenz reagieren musste. Darum hat Sainsbury als stärkster Wettbewerber von Tesco eine Vereinbarung mit British Airways getroffen, die Bonusmeilen als Komplementärwährung in allen Sainsbury-Supermärkten zu akzeptieren. Dass diese Absprachen sich ändern und immer wieder neu gestaltet werden, braucht uns hier nicht zu interessieren. Wichtig ist hingegen die Feststellung, dass Kundentreueaktionen sich zu Komplementärwährungen entwickeln können und genau darin Gestaltungsfreiräume zu finden sind.

C2C: Für den Austausch zwischen verschiedenen Kunden eines Unternehmens

In gewisser Weise könnte man die konventionellen Zahlungssysteme (Schecks, Geldscheine etc.), die von den Banken gemanagt werden, als kommerzielle C2C-Systeme beschreiben. Außerhalb des Bankensektors wäre das »Pay-pal«-System von eBay, bei dem die eBay-Kunden die dort erworbenen Waren wieder verkaufen, ein gutes Beispiel. Bisher allerdings werden die meisten C2C-Systeme nur zum Austausch von Standardwährung benutzt.

C2B: Für den Austausch zwischen Kunden und Unternehmen
Eine interessante Innovation auf diesem Sektor wurde von der Strohalm Foundation (Niederlande) geschaffen: Man nennt das System »Consumer and Commerce Circuit« oder C3. Das C3 ist internetbasiert, und einige Grundregeln sorgen für einen einwandfreien Ablauf. Grundsätzlich ist das Netz jedoch lokal angelegt. Der Konsument kauft mit regulärem Geld Gutscheinpunkte vom C3-Netzwerk. Dafür erhält er eine Prämie, die von Ort zu Ort unterschiedlich ist und von 0 bis 10 Prozent des Gutscheinvolumens reicht. Die Prämie dient als Anreiz für den Beitritt zum C3. Mit diesen Punkten bezahlt man nun Güter und Dienstleistungen, die von den im C3 organisierten Unternehmen geliefert werden. Die Firmen wiederum können mit ihren Punkten andere C3-Unternehmen bezahlen oder sie beim C3 für eine geringe Gebühr gegen Geld eintauschen.

So kommen die Unternehmen zu Kunden, die sie auf andere Weise nur schwerlich ansprechen könnten, und stärken außerdem die Beziehung des Kunden zum Unternehmen. Der Geldfluss innerhalb des C3-Netzes wird von einer lokalen Bank gemanagt. Das Geld, das gerade nicht gebraucht wird, wird zinsfrei an die C3-Unternehmen verliehen bzw. zur Projektfinanzierung benutzt. Die Konsumenten werden durch Treuerabatte belohnt und können sogar mitbestimmen, wie ihr Geld investiert wird, denn Konsumenten und Unternehmen haben im Management des Systems gleiches Stimmrecht. Und natürlich umfasst jedes Netz mehr Verbraucher als Unternehmen. Dies und die Tatsache, dass die Kunden durch den Kauf der Punkte diese Komplementärwährung erst ermöglichen, macht das C3-System zu einer echten Finanzinnovation, die dem Konsumenten die entscheidende Position einräumt.

Kombinationsformen

Natürlich gibt es hier eine Menge Mischformen, zum Beispiel Währungen, die von Unternehmen ausgegeben und von Einzelpersonen genutzt werden. Ein klassisches Beispiel ist der WIR-Ring in der Schweiz oder das WAT-System in Japan.

Währungen für soziale Zwecke

Der Großteil der Währungen mit sozialer Zielsetzung hat einen ganz bestimmten Zweck. Sie dienen der Lösung sozialer Probleme – von der Altenpflege über die Beseitigung der Arbeitslosigkeit bis zur Bereitstellung von Bildungsmöglichkeiten.

Altenpflege

Die ersten komplementären Währungen nach dem Zweiten Weltkrieg entstanden in Japan.[196] Sie wurden 1950 entwickelt, als die Japanerinnen sich Gedanken darüber machten, wie ältere Menschen, Kinder und Behinderte effektiver versorgt werden könnten. 1978 gründete man dort eine »Volunteer Labor Bank«, eine »Bank für ehrenamtliche Arbeit«, ein Modell, das später auch im Westen Nachahmer fand: die Time Banks in den USA und in Großbritannien. In Japan gibt es auch heute eine wichtige und gebräuchliche Komplementärwährung zu Pflegezwecken: das Fureai-Kippu-System (siehe Kapitel VII).

Rentner

Eine der ersten Time-Dollar-Anwendungen in den Vereinigten Staaten wurde von Edgar Kahn in Altersheimen eingeführt. Sie ermöglichte den älteren Menschen, ihre Selbsthilfeaktivitäten besser zu organisieren. Darüber hinaus stärkte die Komplementärwährung das Gemeinschaftsgefühl.

Arbeitslose

Die ersten LET-Systeme, die 1982 in Kanada entstanden, hatten vor allem ein Ziel: die Behebung des Geldmangels in Regionen mit hoher Arbeitslosigkeit. Auch heute ist LETS am stärksten in Regionen mit hoher Arbeitslosigkeit verbreitet.

Bildung

Das MUSE-System[197] ist eine Komplementärwährung, die den gegenseitigen Unterricht von Jugendlichen fördert.[198] Im Sonoma County in Kalifornien wurde das System des C$D entwickelt, des »Community Service Dollar«. Das von der Skaggs Island Foundation geplante System erlaubt die zumindest teilweise Begleichung von Kosten für Schulgeld und andere kommunale Dienste mit Komplementärwährung ebenso wie Zahlungen für Gebühren und Kosten für den Besuch der State University.

Babysitting

In den meisten Ländern gibt es Gruppen von Eltern, die sich gegenseitig bei der Beaufsichtigung ihrer Kinder unterstützen. In Holland entsteht mithilfe des Internets ein System namens Care Miles. Es soll den 2,3 Millionen Familien helfen, die Schwierigkeiten haben, ihre Kinder auf dem Weg zum Kindergarten- oder Krippenplatz zu betreuen, was vor allem für Babys und Kleinkinder bis zu vier Jahren problematisch ist.[199]

Soziale Kontakte

Wenn Komplementärwährungen an Orten entstehen, in denen weder Arbeitslosigkeit noch sonstiger sozialer Druck herrscht, ist dafür meist der Wunsch nach einem funktionierenden Sozialleben in der Nachbarschaft der Grund. Die bekannten Systeme wie Time Dollar, LETS und Ithaca Hours haben ihre Nützlichkeit in dieser Hinsicht längst unter Beweis gestellt. Auch das balinesische System, das in der Banjar genutzt wird, kann als gut eingeführte Methode mit einer mehr als tausendjährigen Erfolgsgeschichte gelten (siehe Kapitel II).

Kulturelle Identität

Einige Komplementärwährungen wurden in erster Linie deshalb geschaffen, weil sie die Zugehörigkeit zu einer bestimmten Gemeinschaft oder Region stärken sollten. Im Logo der Ithaca Hours findet sich heute noch der Spruch »Auf Ithaca vertrauen wir«. Wenn Komplementärwährungen auf Papier ausgegeben werden, zeigt dessen Gestaltung meist eine lokale Besonderheit – ein Gebäude oder ein typisches historisches Ereignis –, welche die kulturelle Identität der »Geld«-Nutzer bestärkt.

Ökologie

Erstaunlicherweise wurden bisher nur wenige Komplementärwährungen zur Förderung ökologischen Verhaltens entworfen. Ein Beispiel ist das NU-Smartcard-System, das in Rotterdam eingesetzt wird, um bestimmte, ökologisch sinnvolle Dinge wie die Nutzung öffentlicher Verkehrsmittel, den Kauf Energie sparender Geräte oder eines Fahrrads zu unterstützen. Bei diesem System lädt man Green Points auf eine Smartcard (Chipkarte). Diese Green Points tauscht man gegen Rabatte ein, die man bei ökologisch sinnvollen Aktivitäten erhält.

Weniger erfolgreich ist das Earthday-Money, das in Shibuya, Japan, ausgegeben wird. Es wurde von einer Werbefirma eingeführt, um Menschen für umweltschonendes Verhalten zu belohnen. In Japan wurden wie gesagt eine ganze Reihe von Komplementärwährungen unter dem Namen »Eco-Money«, »Öko-Geld«, eingeführt. Trotz dieses Namens haben jedoch nur wenige dieser Projekte eine ökologische Zielsetzung.

Mehrere erfolgreiche Komplementärwährungen, die ökologische Ziele verfolgten, wurden in Curitiba entwickelt. Zusätzlich zu den in Kapitel II beschriebenen Bustickets, die für die getrennte Sammlung von Müll ausgegeben wurden und damit nicht nur zu sauberen Straßen, sondern auch zu einem besser ausgelasteten öffentlichen Verkehrssystem führten, haben Jaime Lerner und seine Stadtplaner auch das Baurecht genutzt, um eine Komplementärwährung einzuführen. Statt strikt zu verbieten, höher zu bauen als im Bebauungsplan vorgesehen, konnten Bauwillige einen »Ablass« in Form von Freiflächen kaufen, eine völlig neue Form von »komplementärer Währung«. So wurde höheres und damit dichteres Bauen durch zusätzliche Freiflächen ausgeglichen. Das Ergebnis ist, dass Curitiba als Großstadt in Lateinamerika über den höchsten Freiflächenanteil pro Einwohner verfügt – und in Kombination mit der hohen Auslastung des beispielhaften Bussystems auch über eine sehr hohe Luftqualität.

Ein Ergebnis dieser Bemühungen war, dass Curitiba von den Vereinten Nationen schon 1992 als die »ökologische Hauptstadt« der Welt ausgezeichnet wurde.

Andere soziale Ziele

Die Liste möglicher sozialer Ziele bei der Einführung von komplementären Währungen ließe sich unendlich verlängern. Tatsächlich werden Komplementärwährungen oft als *social money* (= »soziale Währungen«) bezeichnet, weil dies eine der häufigsten Zielsetzungen ist. Die obige Liste orientiert sich weitgehend an bereits existierenden Projekten, was nicht heißen soll, dass die Zukunft auf diesem Sektor nicht neue, bisher unbekannte Möglichkeiten bescheren wird.

Kombinationsformen

Natürlich lassen sich diese Zielsetzungen auch beliebig kombinieren. So wäre denkbar, die Pluspunkte, die man durch umweltschonendes Verhalten sammelt, in Babysitterstunden oder andere nützliche Dienste einzutauschen.

Klassifikation von Währungen nach ihrem Medium

Die verschiedenen Medien, in denen Währungen existieren, sind einfach zu verstehen, denn die meisten Menschen haben sie schon einmal selbst genutzt. Fast alle werden bei den konventionellen Währungen auch heute noch eingesetzt. Wollen wir eine Währung also nach ihrem Medium einteilen, so gibt es vier Möglichkeiten:

1. *Warengeld:* Die ältesten Formen eines Zahlungsmittels bestehen aus Gütern und Gebrauchsartikeln in vielfältigster Form. So haben unsere frühen Gesellschaften erfolgreich Salz, Eier, Vieh, Textilien, Werkzeug, Metallblöcke und andere Dinge als Geld benutzt. In Gefangenenlagern oder während der allgemeinen Notzeiten im Zweiten Weltkrieg wurden Zigaretten zur Währung. Ein aktuelles Beispiel für diese Art des »Warengeldes« ist die Holzkohlewährung in Osaka.

2. *Papier und Münzen:* Dies ist die uns am besten bekannte Form des Geldes. Will man eine nicht nur virtuell existierende Komplementärwährung schaffen, wird meist Papier verwendet, da das komplementäre Geld so billig in der Herstellung und leicht zu handhaben ist (zum Beispiel Ithaca Hours, WAT-Noten, LETS-Verrechnungshefte etc.).

3. *Elektronisches Geld:* Ein elektronisches Mediensystem braucht Konto- bzw. Kreditkarten, einen zentralen PC zur Erfassung der Verrechnungseinheiten, ein Internet-Netzwerk und/oder – wenn das System groß genug ist – einen Mainframe-Rechner. Der weitaus größte Teil des konventionellen Geldes tritt heute nur noch virtuell in Erscheinung. Diese Virtualisierung des Geldes dauerte etwa vierzig bis fünfzig Jahre und erfasst in zunehmendem Ausmaß auch die Komplementärwährungen.

4. *Kombinationsformen:* Wenn für eine Währung verschiedene Medien genutzt werden, steigert dies ihre Flexibilität ganz enorm. Die historische Entwicklung des Geldes folgte dabei mehr oder weniger dem Pfad der maximalen Bequemlichkeit. Man begann mit Geld, das noch einen Realwert hatte (wie zum Beispiel Edelmetallmünzen). Doch da es sehr viel einfacher ist, Urkunden zu transportieren, auf denen die Zahlung einer bestimmten Summe in realem Geld garantiert wurde, ging man bald zu Papiergeld über. Noch heute steht auf jeder britischen Pfundnote: »Ich werde dem Besitzer dieser Note die Summe von 1 Pfund Sterling auszahlen.« Aber natürlich sind Bits noch einfacher und kostengünstiger rund um den Globus zu transportieren als Papiergeld, zumindest dort, wo die nötige technologische Infrastruktur vorhanden ist. Daher nimmt eine konventionelle Währung häufig ganz verschiedene Formen an: Bits und Bytes, Papier oder Münzen.

Die Vor- und Nachteile der einzelnen Medien liegen klar auf der Hand:

- *Warengeld* hat den Vorteil, dass es keine soziale bzw. gesetzliche Infrastruktur braucht. Diese Art der »Währung« funktioniert sogar unter extremen Umständen, im Krieg zum Beispiel, wo auf sozialer und ökonomischer Ebene das Chaos herrscht. Dies liegt daran, dass der Nutzer es im Notfall selbst »verbrauchen« kann. Außerdem ist diese Währungsform weitgehend fälschungssicher. Ein großer Nachteil besteht darin, dass es schwer zu lagern, zu transportieren und zu handhaben ist.

- *Papiergeld* kann man dagegen recht einfach handhaben, und dazu ist es noch billig in der Produktion. Sein größter Nachteil liegt darin, dass es leicht gefälscht werden kann. Heute, wo ein guter Farbkopierer schon für jedermann zugänglich ist, stellt die Sicherung dieser Geldform ein beständiges Problem dar. Dasselbe gilt natürlich für Komplementärwährungen, zumindest wenn sie so erfolgreich sind, dass sich eine Fälschung lohnt.

- *Bargeldloses Tauschgeld* wie Talente und andere sind mittlerweile schon ziemlich weit verbreitet. Für kleinere bis mittelgroße Systeme genügt meist ein PC zur Verwaltung, vorausgesetzt, die Nutzer verfügen über Telefon bzw. ein anderes Kommunikationsmittel, mit dem sie mit der verwaltenden Person Kontakt aufnehmen können. Der Nachteil dieses Systems liegt natürlich darin, dass die Transaktionen nur mit höherem Arbeitsaufwand abgewickelt werden können. Internet-Verbindungen, mit deren Hilfe die Nutzer ihre eigenen Transaktionen vornehmen können, reduzieren zwar die allgemeinen Kosten, machen das Ganze allerdings auch anfälliger für betrügerische Machenschaften. Außerdem hat nicht jeder Mensch Zugang zu einem Computer.

- *Elektronisches* oder *E-Geld* auf Chipkarten oder Smartcards ist noch relativ selten. Ein Problem ist, dass sie Lesegeräte benötigen, die wiederum relativ teuer sind. Ob das System funktioniert, hängt letztlich von deren Verbreitungsgrad ab. Die beste Methode wäre wohl, wenn komplementäre Währungssysteme sich an einer bereits etablierten Smartcard beteiligen könnten. Dies würde geringere Kosten verursachen und einen hohen Nutzen mit sich bringen.

Natürlich ist die Kombination der verschiedenen Formen ideal, weil man so die Währung genau auf die Bedürfnisse ihrer Verwender zuschneiden kann. Die Schattenseite dieses Vorgehens liegt wiederum in der Frage der Sicherheit begründet. Das schwächste Glied der Kette bestimmt die Sicherheit des ganzen Systems.

Klassifikation von Währungen nach ihrer Funktion

Folgt man den klassischen Theorien, dann sind die drei wichtigsten Funktionen von Geld die folgenden:

1. die Festlegung des Wertstandards,
2. die Nutzung als Tauschmittel und
3. die Nutzung als Mittel zur Wertaufbewahrung.

Studiert man jedoch die Geschichte des Geldes, stellt man bald fest, dass diese Funktionen in den meisten Gesellschaften von verschiedenen Währungen übernommen wurden. So wurde der Preisstandard in vielen Ländern mit anderen Mitteln gemessen, als sie für den Warenaustausch benutzt wurden.

Im alten Europa war ein wichtiger Wertmaßstab das Vieh. Homer zum Beispiel hätte im Griechenland des 8. vorchristlichen Jahrhunderts unweigerlich von Ochsen gesprochen, wenn er uns einen Wert hätte vermitteln wollen. Zahlungen jedoch wurden mit weit praktischeren Mitteln vorgenommen: mit Bronzebarren, den so genannten Ingots zum Beispiel, oder mit Gold- bzw. Silberbarren. Später benutzte man dafür Münzen. Daher lässt sich jede Währung auch danach einteilen, welche Funktionen sie erfüllt.

Allgemeines Zahlungsmittel

Das allgemein anerkannte Zahlungsmittel erfüllt die drei klassischen Geldfunktionen. Es ist Verrechnungseinheit, Tauschmittel und Wertaufbewahrungsmedium. Historisch gesehen, fallen wohl die meisten Währungen unter diese Kategorie.[200] Heute erfüllen fast alle konventionellen Nationalwährungen diese drei klassischen Funktionen.

Allerdings gibt es zwischen zwei dieser Funktionen einen inhärenten Widerspruch. Wenn nämlich jemand Geld hortet, beraubt er die anderen gleichzeitig der Möglichkeit, es als Tauschmittel zu benutzen.[201] Aus ebenjenem Grunde wurden für diese beiden Funktionen des Öfteren verschiedene Medien geschaffen.

Wie gesagt werden Komplementärwährungen meist zu einem ganz bestimmten, eng begrenzten Zweck eingeführt. Obwohl ein erfolgreiches Komplementärsystem sich gewöhnlich immer stärker ausbreitet, gibt es im Moment keine komplementäre Währung, welche die allgemeinen Geldfunktionen vollkommen übernehmen könnte, auch nicht auf lokaler bzw. regionaler Ebene. Dies bedeutet allerdings nicht, dass dies auf immer und ewig so sein muss. Und wir haben im Kapitel IV Teilsysteme vorgestellt, die – miteinander verbunden – genau dies erreichen: ein Gesamtsystem, welches alle Funktionen des heutigen Geldes übernehmen kann.

Geld als Wertmaßstab

Die erste der klassischen Geldfunktionen ist die Festlegung des Preis- und Wertmaßstabes. Das Geld dient also als Verrechnungseinheit, mithilfe deren wir die sprichwörtlichen Äpfel und Birnen vergleichen können. Die meisten Komplementärwährungen versuchen erst gar nicht, diese Rolle zu übernehmen. Sie überlassen die Monopolstellung auf diesem Gebiet der Nationalwährung, sodass viele ebenfalls in der normalen Währung rechnen. Aber natürlich gibt es hier auch Ausnahmen, die wir weiter unten angeführt haben. Da mit der Aufgabe des Bretton-Woods-Systems 1971 jeder internationale Wertstandard abgeschafft wurde, können Komplementärwährungen in einigen Fällen sogar die Funktion der Verrechnungseinheit bei internationalen Geschäften erfüllen (zum Beispiel die Terra-Währung).[202] Man kann also jede Währung auch danach betrachten, wie sie ihre Funktion als Verrechnungseinheit erfüllt.

Verrechnung in der konventionellen Währung

Viele Komplementärwährungen benutzen als Recheneinheit die konventionelle Währung, logischerweise meist die des eigenen Landes. Gibt es damit Probleme, so lässt sich selbstverständlich auch mit der Währung eines anderen Landes rechnen. Ersteres gilt vor allem für die Systeme, die nach dem Muster der LETS-Ringe funktionieren (zum Beispiel die Green Dollars in Kanada bzw. Australien oder die Bobbins in Manchester). Der letztere Fall zeigt sich zum Beispiel in Südamerika, wo der Dollar als Einheit benutzt wird, oder im vormaligen Jugoslawien, das heute weitgehend in Euro rechnet.

Verrechnung in Zeiteinheiten

Die in Stunden bzw. Minuten ausgedrückte Währung steht auf der Beliebtheitsskala an zweiter Stelle. Wie der Name schon sagt, wird dieses System bei den Time Dollars bzw. dem japanischen Fureai-Kippu-System angewandt.

Verrechnung in konkreten Einheiten

Dies ist der Fall bei der heute bekanntesten Form der kommerziellen Komplementärwährung, den Bonusmeilen. Die Einheit bildet – wie der Name schon sagt – einen Flug über die Distanz von einer Meile ab. Doch es gibt auch andere Beispiele, für die ich hier wieder auf das bereits erwähnte »Experimentallabor Japan« zurückgreifen möchte: Da ist zum einen das WAT-Ticket (das einer Kilowattstunde Strom entspricht, der von Bürgerkooperativen aus regenerativen Energiequellen wie Wind, Wasser oder Sonne gewonnen wird). Dann das Gramm Holzkohle, das in Osaka als regionale Biowährung gilt. In Yokohama bzw. Kobe werden Leafs ausprobiert, eine Währung, die gegen landwirtschaftliche Produkte eingetauscht werden kann. Auch das WÄRA-Geld, das man in den zwanziger und dreißiger Jahren in Deutschland nutzte, wurde in Kilogramm Kohle ausgedrückt. Und der Terra stellt eine transnationale Verrechnungseinheit dar, deren Grundlage wie gesagt ein standardisierter Korb von Rohstoffen und Dienstleistungen ist. Der Terra ist für den internationalen Handel gedacht.

Natürlich gibt es auch hier wieder Vor- und Nachteile: Komplementärwährungen, die auf die nationale Währung als

Verrechnungseinheit zurückgreifen, sind ihren Anwendern vertraut. Außerdem ist zur Preisfindung kein kompliziertes *multiple pricing* nötig (wie viele Zeiteinheiten Arbeit für ein Dutzend Eier?), weil sie auf die Wertfeststellungsfunktion des konventionellen Geldes zurückgreifen können. Ist die Nationalwährung, auf der man aufbaut, einigermaßen stabil, wird diese Wahl durchaus sinnvoll sein (so wie die Einheit des WIR-Rings immer dem Schweizer Franken entspricht). Daraus folgt aber auch der gravierendste Nachteil dieser Methode: Wenn die Nationalwährung in Schwierigkeiten gerät (was zum Beispiel bei der Rubelabwertung von 1998 der Fall war), dann verliert auch die Komplementärwährung an Wert.

Währungen, die ihren Wert in zeitlichen Einheiten ausdrücken, sind dann sinnvoll, wenn über das entsprechende System hauptsächlich Dienstleistungen ausgetauscht werden sollen. Manchmal gibt es bei solchen Systemen allerdings gravierende Missverständnisse, so zum Beispiel, wenn man annimmt, dass jedermanns Zeit dasselbe wert sein muss. Das funktioniert deshalb nicht, weil es nicht wahr ist. So kann man einem Zahnarzt nicht verbieten, sich für eine Stunde Arbeit mehr Zeiteinheiten anrechnen zu lassen. Seine Arbeit erfordert schließlich im Vergleich mit einer Stunde ungelernter Tätigkeit eine lange Ausbildung und teure Geräte.

Zeitwährungen sind vor einem Crash der nationalen Währung vollkommen sicher. Außerdem erleichtern sie den Austausch mit anderen zeitbasierten Systemen. Der Nachteil ist allerdings, dass die Preisfindung alles andere als einfach ist, was im Geschäftsleben gewöhnlich nicht so gern gesehen wird. Dies lässt sich allerdings vermeiden, wenn man dafür sorgt, dass eine Zeiteinheit einem runden Betrag in konventioneller Währung entspricht. (Aus diesem Grund ist eine Ithaca Hour genau 10 US-Dollar wert und ein WAT 100 Yen.)

Währungssysteme, die konkrete Verrechnungeinheiten benutzen, weisen ähnliche Vorteile auf wie die zeitbasierten. Sie sind fest in der »physischen Realität verankert«. Wenn das benutzte Produkt in der Region wirklich verbreitet ist, kann es als sinnvolle Bioregionalwährung dienen. Aber natürlich gelten für diese Systeme dieselben Einwände wie für die Zeitwährungen. (Ein Gramm Holzkohle wird in Osaka etwa mit einem Yen gleichgesetzt.)

Geld als Tauschmittel
Bei Währungen, die nicht als allgemeiner Wert- und Preismaßstab gelten (was auf die meisten Komplementärwährungen zutrifft), tritt meist die Funktion als Tauschmittel in den Vordergrund, die den Austausch von Waren und Dienstleistungen zwischen den Marktteilnehmern vereinfacht. Wie praktisch und teuer sie sind, hängt letztlich davon ab, welches Medium man benutzt. Da wir darauf bereits ausführlich eingegangen sind, können wir hier wohl zum nächsten Punkt übergehen.

Geld als Mittel zur Aufbewahrung von Werten
Die letzte klassische Funktion des Geldes ist die Möglichkeit, damit Werte aufzubewahren. Bekanntermaßen ist es für eine Komplementärwährung besser, wenn sie diese Funktion nicht erfüllt.

Tatsächlich wurde in den meisten Kulturen Geld nicht zum Zweck der Wertbewahrung benutzt. Das Wort »Kapital« zum Beispiel stammt vom lateinischen Wort *caput* ab, was einfach »Kopf« bedeutet. Und das hieß schlichtweg »Stück Vieh« – wie bei Homer, im Texas des 21. Jahrhunderts oder bei den Watusi, wo man von einem reichen Mann etwa sagt: »Er ist tausend Kopf schwer.« In der westlichen Welt wurde – vom alten Ägypten bis zum Europa des 18. Jahrhunderts – Wert vor allem in Land gemessen. Dazu zählten auch die Mittel zu seiner Bearbeitung (Bewässerungsanlagen, Plantagen usw.).

Will man aber den Umlauf des Geldes sicherstellen und verhindern, dass es gehortet wird, dann gibt es auch dafür historisch bewährte Methoden. Wenn man eine Währung im Hinblick auf ihre Wertbewahrungsfunktion analysieren möchte, dann prüft man damit im Grunde, in welchem Verhältnis sie zur Zeit steht.

Zinstragende Währungen

Eine Möglichkeit, Menschen zum Sparen anzuregen, ist es, ihnen für ihre Einlagen Zinsen zu bezahlen. Genau das geschieht in allen konventionellen Währungssystemen, die letztlich durch Bankdarlehen geschaffen werden. Der Zins steht dabei in direkt proportionalem Verhältnis zur Zeitspanne, über die man sein Geld verleiht.

Folgendes geschieht dabei: Man tätigt eine Einlage in der entsprechenden Währung und erhält Zinsen. Umgekehrt kann man sich Geld leihen, wenn man Zinsen bezahlt. Man bezahlt also Zinsen, weil ein Konto eine Unterdeckung aufweist.

Die Zinswirtschaft wurde von allen Offenbarungsreligionen, die im vorderasiatischen Raum entstanden sind, abgelehnt: vom Judentum, vom Christentum und vom Islam. Heute hält nur noch der Islam das Zinsverbot aufrecht. Von welch eminenter Wichtigkeit dieses Thema ist, haben wir in anderen Büchern dargelegt.[203]

Zinslose Währungen

Der Großteil der Komplementärwährung bringt ihren Besitzern keine Zinsen ein. Weder die Bonusmeilen-Unternehmen noch die Kreditgenossenschaften zahlen Zinsen. Umgekehrt wird auch für Darlehen in der Komplementärwährung kein Zins verlangt.

Währungen mit Nutzungsgebühr

Das Gegenteil des Zinses ist die so genannte Demurrage oder Nutzungsgebühr. Auch hier geht es letztlich um Zeit. Ist das eigene Girokonto lange Zeit im Plus, zahlt man eine Gebühr, also einen negativen Zins, der dem Horten der Währung entgegenwirkt bzw. den Umlauf durch Weitergabe sichert.

Der Sinn dieses Ansatzes wurde von John Maynard Keynes, Silvio Gesell, Irving Fisher und Dieter Suhr theoretisch begründet und von Helmut Creutz mit zahlreichen Fakten belegt. In den dreißiger Jahren zog man die Nutzungsgebühr mithilfe von Marken ein. Die Währung verlor ihren Wert, wenn sie nicht zu einem bestimmten Zeitpunkt mit einer (teilweise nur gegen konventionelle Währung erhältlichen) Marke verlängert wurde (siehe WÄRA). Beim in Japan erfolgreichsten Graswurzelgeld, den Peanuts, wird eine Gebühr von 1 Prozent pro Monat berechnet.

Währungen mit einem bestimmten Zeitwert

Es gibt Währungen, die durch Sonderformen ihrer Handhabung in ihrer zeitlichen Gültigkeit beschränkt sind, was ebenfalls eine Art Demurrage darstellt. Im Mittelalter gab es beispielsweise die renovatio monetae. Das bedeutete, dass die ausgegebene Währung in einem bestimmten Rhythmus, zum Beispiel alle fünf Jahre, eingezogen und durch eine neue ersetzt wurde. Dabei wurden beispielsweise für vier alte Pfennige nur drei neue ausgegeben, was de facto eine Steuer auf die Währung von 25 Prozent bedeutete. Dieser Vorgang füllte die Taschen derjenigen, die das örtliche Münzrecht innehatten (normalerweise der Grundherr, der Bischof oder das Kloster), und stellte daher einen recht wirksamen Anreiz zum Ausgeben des Geldes bzw. zur Sicherung des Geldumlaufs dar.

Währungen mit Verfallsdatum

Eine Extremform der Zeitwertwährung ist eine Währung mit feststehendem Verfallsdatum. Dies käme im Moment des Verfalls einem Steuersatz von 100 Prozent gleich.

Mischformen

Auch bei den Funktionen, die eine Währung abdeckt, gibt es Mischformen. Wünscht man beispielsweise, dass das Geld stärker in Umlauf kommt, ist eine »Liegegebühr« oder Demurrage mit all ihren Sonderformen (Zeitwert bzw. Verfallsdatum) der angemessene Weg.

Ein Vorteil von zinstragenden Währungen ist es, dass sie für diejenigen, welche die Währung schaffen, also das auch »Seigniorage« genannte Münzrecht ausüben, Einnahmen schaffen. Ihr Nachteil aber ist, dass sie für einen kontinuierlichen Werttransfer von den Nicht-Besitzenden zu den Besitzenden sorgen. Das Zinssystem trägt also zur Konzentration von Kapital bei. Dies bedeutet, dass ein dauerhafter Anreiz besteht, in Geld- und nicht in Sachwerte zu investieren. Darüber hinaus fördern Zinsen *kurzfristiges* Gewinnstreben, da Einnahmen, die erst in ferner Zukunft entstehen, durch die Abzinsung des gebundenen Kapitals kaum eine reizvolle Anlage darstellen.

Wird eine Währung jedoch mit einer Nutzungsgebühr belegt, dann fördert dies den Geldumlauf. Außerdem regt es zu *langfristigen* Investitionen an, weil die ersparte Demurrage den Gewinn automatisch erhöht. Die Terra-Währung wurde speziell im Hinblick darauf entwickelt; sie ist auf einen Korb international gehandelter Waren abgesichert und überträgt die Lagerhaltungskosten auf die jeweiligen Geldhalter. Dadurch erfüllen diese Kosten eine zusätzliche soziale Funktion.

Klassifikation von Währungen nach dem Geldschöpfungsprozess

Dies wird wohl das am wenigsten bekannte von allen Klassifikationsmerkmalen sein. Dennoch ist es eines der wichtigsten. Wenn es bei der Einführung von komplementären Währungen dramatische Fehlschläge gibt, dann trägt dabei meist ein Problem bei der Geldschöpfung die Schuld (man denke zum Beispiel an das Scheitern der argentinischen Creditos). Es gibt folgende Wege, eine Währung zu schaffen:

Währungen mit Realdeckung

Die stärksten Währungen sind solche, die von einem Gut bzw. einer Dienstleistung voll »gedeckt« werden. In diesem Fall garantiert das Gesetz die jederzeitige direkte Umtauschbarkeit in dieses Gut. In der Geschichte gibt es viele Währungen, die eine 100-prozentige Umtauschgarantie in einen Rohstoff aufwiesen (zum Beispiel die Weizenwährung im alten Ägypten). Einige Komplementärwährungen bieten ebenfalls eine 100-prozentige Deckung durch den garantierten Umtausch in konventionelle Währung bzw. Güter und Dienstleistungen.

Darlehen gegen Sicherheit

Auf diese Weise entsteht der Großteil unseres konventionellen Geldes: durch Bankdarlehen gegen die Hinterlegung einer Sicherheit, wie es eine Hypothek, ein Grundstück oder das Inventarverzeichnis eines Betriebes ist. Auch dieses Geld kann im Grunde als »gedeckt« gelten, selbst wenn die Tilgung der Schuld durch Veräußerung der Sicherheit einen Akt des Gesetzgebers voraussetzt und eher die Ausnahme als die Regel darstellt. Einige Komplementärwährungen, zum Beispiel der WIR-Ring, gleichen in dieser Hinsicht den konventionellen Währungen.

Ungesicherte Darlehen

Auch dieses Geld entsteht aus einem Kredit, ohne jedoch formal von einer Sicherheit gedeckt zu sein (wenn man von dem vagen Versprechen, in der Zukunft eine bestimmte Leistung zu erbringen, einmal absieht). Auch das Mutual-Credit-System (siehe unten) könnte hier eingeordnet werden, da die Mitglieder eines solchen Tauschrings einander zunächst einmal Dinge bzw. Leistungen »leihen«, ohne Sicherheiten dafür zu haben. Es gibt auch Systeme, in denen ungesicherte Darlehen von einer Zentralstelle ausgegeben werden, welche als »Komplementärbank« funktioniert (etwa Bia Kud Kum in Thailand).

Käufliche, wieder einlösbare Gutscheine

Diese Gutscheine erwirbt man durch Kauf mit konventionellem Geld. Sie dienen als Tauschmittel und können unter bestimmten Bedingungen wieder in die Nationalwährung umgetauscht werden. Beispiele: Save-Australia-Buyers-Club-Gutscheine, Chiemgauer und Toronto-Dollar.

Unternehmensgutscheine

Unternehmensgutscheine ähneln den käuflichen Gutscheinen, können aber nicht in die Nationalwährung umgetauscht werden. Man erhält sie kostenlos (zum Beispiel zum Ausschneiden in Zeitschriften) oder als Rabatt für ein getätigtes

Geschäft. Gewöhnlich kann man sie nicht gegen Bargeld, sondern lediglich gegen diverse Güter bzw. Dienstleistungen einlösen. Im Regelfall gelten sie nur zwischen Unternehmen und Kunden. Als Zahlungsmittel werden sie kaum benutzt.

Kundenbindungswährung

Diese Art der Währung wird von einem Unternehmen an seine Kunden ausgegeben, und zwar in Abhängigkeit von der Menge des Konsums. Es handelt sich dabei ebenfalls um eine Art Gutschein, den man jedoch nur bei derselben Firma oder einem Konsortium verbundener Unternehmen einlösen kann. Das erste große System waren die Bonusmeilen. Ähnlich funktionieren in Deutschland die Payback-Karten oder die Digits.

Mutual Credit (gegenseitiger Kredit)

Bei diesem System entstehen durch den direkten Austausch von Gütern oder Dienstleistungen sowohl Guthaben als auch Verbindlichkeiten. Ein klassisches Beispiel für ein Mutual-Credit-System sind die LETS-Ringe oder die Time Dollars. Wenn Julia also für James etwas tut, was eine Stunde in Anspruch nimmt, dann entsteht auf ihrem Time-Dollar-Konto eine Stunde Guthaben, auf dem von James wird hingegen eine Stunde belastet. Durch die direkte Vereinbarung haben die beiden die für die Transaktion nötigen Time Dollars geschaffen. Der größte Vorteil dieser Systeme ist es, dass sie sich selbst regulieren und daher immer genügend »Geld« vorhanden ist.

Eines der besten historischen Beispiele, das leider nie in die Praxis umgesetzt wurde,[204] ist das von John Maynard Keynes ersonnene Bancor-System für den Ausgleich der internationalen Handelsbilanz. Keynes sah dabei vor, dass die Handelsbilanz zweier Länder am Ende jedes Jahres ausgeglichen werden muss. Auf Überschüsse würde letztlich ebenso Gebühr erhoben wie auf Defizite, sodass ein starker Anreiz entstünde, das Konto möglichst auszugleichen und die Überschüsse zu reinvestieren.[205]

Zentrale Ausgabe

Eine der einfachsten Methoden der Geldschöpfung ist es, wenn eine Zentralstelle das Geld an all jene ausgibt, die zum Empfang berechtigt sind. Dies geschieht gewöhnlich, wenn ein vollkommener Neuanfang ins Haus steht, wie zum Beispiel bei der Währungsreform in Deutschland nach dem Zweiten Weltkrieg, bei der Ausgabe des Creditos in Argentinien oder dem Kaufcoupon-Experiment in Japan 1999.

Kombinationsformen

Die meisten Systeme setzen auf verschiedene Formen der Geldschöpfung. Beim WIR-Ring gibt es zum Beispiel sowohl das Mutual-Credit-System als auch die Ausgabe von einer Zentralstelle als Darlehen gegen Sicherheit. Und manche Währungen mit sozialer Zielsetzung werden von einigen lokalen Unternehmen akzeptiert, um mehr Kunden an die Firma zu binden.

Auch hier lassen sich wieder für alle Systeme Vor- und Nachteile feststellen. Dabei kommt es zum ständigen Austausch zwischen den zwei wesentlichen Polen der Geldschöpfung: der Einfachheit des Ausgabeprozesses, dem wiederum die Schwierigkeit gegenübersteht, dem Geld seine Glaubwürdigkeit zu erobern und zu erhalten. Diese beiden Pole im Gleichgewicht zu halten, ist die Kunst jedes erfolgreichen Währungsmanagements.

Geht man unsere Liste von Punkt zu Punkt durch, so wird der Ausgabeprozess ständig einfacher. Gleichzeitig aber steigt die Schwierigkeit, der Währung Akzeptanz zu verschaffen. Währungen, die eine gesetzlich durchsetzbare Sicherung haben (wie dies bei den meisten Nationalwährungen der Fall ist), oder solche, die voll durch Güter bzw. Dienstleistungen gedeckt sind, an welchen ein großer Bedarf besteht, haben sicher nur geringe Akzeptanzprobleme. Dasselbe gilt, wenn diese Währungen jederzeit in das konventionelle Zahlungsmittel umgetauscht werden können. Andererseits profitieren gerade jene Menschen, die keine Sicherheiten anzubieten haben, am meisten von der Komplementärwährung.

Die Stabilität der Währungen, welche der Kundenbindung dienen, hängt in erster Linie vom Ruf des Unternehmens ab.

Das Mutual-Credit-System hat einen gewaltigen Vorteil: Die dadurch geschaffene Geldmenge ist exakt so groß, dass sie den damit verbundenen Bedarf abdeckt. Diese Art von »Geld« ist absolut inflationssicher, weil davon nie mehr im Umlauf ist, als gebraucht wird. Aus diesem Grund schlug Keynes auch diese Form für sein Bancor-System vor. Denn das Problem der unkontrolliert ansteigenden Umlaufmenge ist der größte Nachteil, der bei der Geldschöpfung durch ungesicherte Darlehen bzw. zentrale Ausgabe entsteht. Daher muss bei diesen Systemen die umlaufende Geldmenge genauestens kontrolliert werden, sonst verliert das Geld schnell an Wert und Glaubwürdigkeit.

Klassifikation nach dem Mechanismus der Kostendeckung

Alle Zahlungssysteme erfordern menschliche Arbeit, um sie am Laufen zu halten. Darüber hinaus fallen noch Kosten für die Infrastruktur an. Bei einigen Komplementärwährungen werden diese Kosten durch die Währung selbst abgedeckt. Dies trifft vor allem auf Zeitwährungen zu.

Manchmal aber werden auch andere Dinge benötigt, die mit konventionellem Geld bezahlt werden müssen: Computer, Internet-Zugang, Telefonkosten. Wenn man sich über diesen Aspekt keine Gedanken macht, wird das Währungssystem allmählich immer schlechter. Die Dienstleistungen erfolgen nach dem Zufallsprinzip, die Zufriedenheit der Nutzer nimmt Tag für Tag ab. Wenn also die Arbeit, die in das System gesteckt werden soll, nicht auf die eine oder andere Weise honoriert wird, kann man davon ausgehen, dass das System nicht dauerhaft und nachhaltig funktioniert.

Der erste Schritt dazu ist eine klare Aufstellung, welche Kosten in konventioneller Währung anfallen und welchen Teil der Kostenstruktur man mithilfe der Komplementärwährung abdecken kann. In beiden Währungen sollte daher eine gewisse Summe zur Finanzierung der Anschubphase und der Betriebskosten bereitstehen.

Im nächsten Schritt entscheidet man sich dann in jeder Währung für eine Art der Kostendeckung. Hier sind die Wahlmöglichkeiten begrenzt. Mehr als die im Folgenden aufgeführten Punkte lassen sich wohl kaum finden.

Keine zusätzliche Kostendeckung

Einige Systeme, in denen alle Teilnehmer auf gleicher Ebene miteinander agieren, sind so gestaltet, dass keine Kosten anfallen, sodass weder eine Mitgliedschaft noch andere Formen der Kostendeckung nötig sind. Auf diese Weise funktioniert zum Beispiel das WAT-System in Japan, bei dem Firmen sich gegenseitig mit Wechseln bezahlen.

Bei allen anderen Systemen, auch bei der konventionellen Währung, funktioniert dies nur, wenn keine Anschubfinanzierung nötig ist bzw. ein »Sponsor« diese großzügig über-nimmt.

In Mutual-Credit-Systemen kann ein Konto für »Einrichtung und Wartung des Systems« eröffnet werden; und jeder, der auf dieser Ebene tätig wird, erhält Verrechnungseinheiten als Gutschrift, die wiederum auf diesem Konto als Lastschrift auftauchen. Das heißt, es muss dann für die anfallenden Kosten keine Sonderdeckung eingeplant werden.

Gleich bleibende Gebühr

Die zweite Möglichkeit ist eine dauerhaft gleiche, von der Nutzung unabhängige Gebühr. Dies kann eine Mitgliedsgebühr sein (die beispielsweise jährlich oder vierteljährlich fällig wird) oder eine Eintrittsgebühr, welche die Teilnehmer zahlen, um ins System aufgenommen zu werden.

In manchen Fällen liegt die Gebühr für Unternehmen höher als für Einzelnutzer. Die Gebühr dient gewöhnlich dazu, jene Kosten abzudecken, die in konventioneller Währung beglichen werden müssen.

Transaktionsgebühr

Auch Transaktionsgebühren kennen verschiedene Arten der Ausgestaltung: Entweder wird ein bestimmter Prozentsatz der bei der Transaktion bewegten Summe fällig, oder eine gleich bleibende Gebühr fällt an. Gewöhnlich wird sie bei Abwicklung der Transaktion erhoben, obwohl auch die Möglichkeit besteht, sie den Teilnehmern beispielsweise einmal im Monat zu belasten. Die Transaktionsgebühr wird normalerweise in der Währung erhoben, in der die Transaktion getätigt wird.

Zinslastschrift, Demurrage und andere zeitabhängige Kosten

Wir haben die verschiedenen Formen der Zinsbelastung, Demurrage, Nutzungsgebühr, Stempelmarken oder Verfallsdaten bereits dargestellt. Natürlich schaffen diese Formen, Geld zu belasten, Einnahmen – wenn auch gewöhnlich nur in der Währung, in der die Transaktion getätigt wird. Diese Einnahmen würden sich hervorragend dazu eignen, die Kosten des Währungssystems zu tragen.

Kombinationsformen

Natürlich nutzen die meisten Systeme Kombinationen der oben dargestellten Methoden. Typische Beispiele sind:

- Gebühren für Überschuss und Defizit gleichermaßen (also Zinslastschrift und Demurrage gleichzeitig),
- Mitgliedsbeiträge zur Abdeckung der Kosten in der Standardwährung, während die Belastungen in Komplementärwährung über eine andere Form der Kostendeckung abgegolten werden.

Vor- und Nachteile der einzelnen Alternativen

Natürlich ist der beste Ansatz, die Kosten so niedrig wie möglich zu halten. Vor allem, wenn der in konventioneller Währung anfallende Kostenfaktor sehr hoch ist, kann man davon ausgehen, dass das Komplementärwährungssystem irgendwann in Schwierigkeiten gerät. Kosten, die in komplementärer Währung anfallen, sind leichter zu handhaben. Vor allem in Mutual-Credit-Systemen können diese leicht verrechnet werden.

Wann immer aber andere Mechanismen zur Kostendeckung nötig sind, sollte man diese nach den Vor- und Nachteilen auswählen, die oben dargestellt wurden. Dabei sollte der gewählte Mechanismus möglichst nicht im Gegensatz zu den Grundsätzen des gesamten Systems stehen. Einer der wichtigsten ist zum Beispiel, dass das Geld möglichst immer zum Umlauf angeregt wird.

In diesem Sinne ist die schlechteste Möglichkeit der Kostendeckung die Transaktionsgebühr, weil dies bedeutet, dass man, um Kosten zu sparen, die Transaktionen auf ein Minimum beschränken muss. Mitgliedsgebühren oder Nutzungsgebühren hingegen veranlassen die Mitglieder dazu, ihr Guthaben möglichst schnell wieder in Leistung umzusetzen, und sind daher vorzuziehen.

Zusammenfassende Typologie der Währungssysteme

Zunächst werden wir hier die verschiedenen Klassifikationsmerkmale noch einmal tabellarisch darstellen. Danach sollen in einer zweiten Tabelle zum besseren Verständnis einige bereits existierende, bekannte und unbekannte Währungen mithilfe unseres Systems eingeordnet werden.

Typologie der Währungen

Zweck	Gesetzliches Zahlungsmittel	
	Währungen zur Verbesserung von Geschäftsbeziehungen	B2B, B2C, C2C, C2B, Kombinationsformen
	Währungen für soziale Zwecke	Altenpflege, Rentner, Arbeitslose, Bildung, Babysitting, soziale Kontakte, kulturelle Identität, Ökologie, andere soziale Ziele, Kombinationsformen
Medium	Warengeld	
	Papier und Münzen	
	Elektronisches Geld	
	Kombinationsformen	
Funktion	Allgemeines Zahlungsmittel	
	Geld als Wertmaßstab	Verrechnung in der konventionellen Währung, Verrechnung in Zeiteinheiten, Verrechnung in konkreten Einheiten

	Geld als Tauschmittel	
	Geld als Mittel zur Aufbewahrung von Werten	Zinstragende Währungen, zinslose Währungen, Währung mit Nutzungsgebühr, Währungen mit einem bestimmten Zeitwert, Währungen mit Verfallsdatum, Mischformen
Geldschöpfungsprozess	Währungen mit Realdeckung	
	Darlehen gegen Sicherheit	
	Ungesicherte Darlehen	
	Käufliche, wieder einlösbare Gutscheine	
	Unternehmensgutscheine	
	Kundenbindungswährung	
	Mutual Credit (gegenseitiger Kredit)	
	Zentrale Ausgabe	
	Kombinationsformen	
Kostendeckung	Keine zusätzliche Kostendeckung	
	Gleich bleibende Gebühr	
	Transaktionsgebühr	
	Zinslastschrift, Demurrage und andere zeitabhängige Kosten	
	Kombinationsformen	

Darstellung verschiedener Währungstypen nach unserem Klassifikationssystem

	Zweck	Medium	Funktion	Geldschöpfungsprozess	Kostendeckung
Standardwährung	Gesetzliches Zahlungsmittel	Kombinationsformen	Allgemeines Zahlungsmittel	Darlehen gegen Sicherheit	Transaktionsgebühren, Zinsen
LETS	Sozial (Arbeitslosigkeit, Zusammenhalt)	Elektronisch (PC)	Tauschmittel, keine Zinsen	Mutual Credit	Mitgliedsgebühr und diverse andere Formen
Time Dollar	Sozial (Altenpflege, Studenten, Zusammenhalt)	Elektronisch (PC)	Wertmaßstab (Zeit), Tauschmittel, keine Zinsen	Mutual Credit	Keine Kostendeckung
Ithaca Hours	Allgemein	Papier	Wertmaßstab (Zeit), Tauschmittel, keine Zinsen	Käufliche Gutscheine	Eintrittsgebühr
Chiemgauer	Geschäftsbeziehungen, sozial	Papier	Tauschmittel, Demurrage	Käufliche Gutscheine	Demurrage und Rücktauschgebühr
Bonusmeilen	Geschäftsbeziehungen – B2C	Elektronisch	Wertmaßstab, Tauschmittel, keine Zinsen	Käuflicher Gutschein	Geringe Zusatzkosten
WAT	Geschäftsbeziehungen – B2B, C2C	Papier	Wertmaßstab, Tauschmittel, keine Zinsen	Mutual Credit	Keine Kostendeckung, da keine Kosten

Anmerkungen

1 Baumann, Zygmunt: *Globalization: The Human Consequences*, Cambridge 1998, S. 2.

2 Soros, George: *On Globalization*, New York 2002.

3 Im Hinblick auf Europa siehe Crooks, Ed: »Think Tank in grim warning of deflation«, in: *Financial Times* vom 22. Mai 2003, S. 4. In den USA wies Alan Greenspan, der Vorsitzende der Federal Reserve Bank, etwa zur selben Zeit, also im Mai 2003, zum ersten Mal auf die Risiken einer Deflation hin: »Die Gefahr [der Deflation] ist in so deutlichem Umfang vorhanden, dass die Zentralbank die Situation sorgfältig im Auge behalten und eventuell sogar handeln muss. [...] Wir haben im Umgang mit der Deflation so wenig Erfahrung, dass allein die Möglichkeit eines deflationären Umfelds äußerste Vorsicht erfordert. [...] Wir haben alles getan, um die Entstehung dieses Phänomens zu erforschen.« In: *Financial Times* vom 22. Mai 2003, S. 1. Siehe auch »Deflation: hear that hissing sound«, in: *The Economist* vom 17. Mai 2003, S. 89, und das entsprechende Editorial »The Joy of Inflation« auf S. 11.

4 Sacks, Jonathan: *The Dignity of Difference: How to avoid the clash of civilizations*, London, New York 2003, S. 22.

5 Huntington, Samuel: *Kampf der Kulturen: Die Neuordnung der Weltpolitik im 21. Jahrhundert*, München 2002.

6 Barber, Benjamin: »Jihad vs. McWorld«, in: *Atlantic Monthly* vom März 1992; in Buchform: ders.: *Coca-Cola und Heiliger Krieg*, Bern, München 1997.

7 Ausführliche Beispiele dazu finden Sie in Lietaer, Bernard A.: *Europe and Latin America and the Multinationals: A Positive Sum Game for the Exchange of Raw Materials and Technology in the 1980s*, London, New York 1979.

8 Bartersysteme nennt man den direkten Austausch von Gütern und Dienstleistungen ohne Zuhilfenahme eines wie auch immer gearteten Tauschmittels. Zum Vergleich solcher Systeme mit »normaler« Währung siehe Amann, Erwin, und Marin, Dalia: »Risk-sharing in International Trade: An Analysis of Countertrade«, in: *The Journal of Industrial*

Economics, Bd. XLII vom März 1994, S. 63–77; Williamson, Steve, und Wright, Randall: »Barter and Monetary Exchance under Private Information«, in: *The American Economic Review* vom März 1994, S. 104–123; Taurand, Francis: »Le troc en Économie Monétaire«, in: *L'Actualité Économique – Revue d'Analyse Économique*, Bd. 52 vom 2. Juni 1968.

9 Braudel, Fernand: *Frankreich*, Band 3, Stuttgart 1990, S. 476.

10 Iyer, Pico: *Video Night at Kathmandu and Other Reports from the Not-So-Far-East*, New York 1988, S. 30.

11 Im Balinesischen gibt es keine Wörter, um Begriffe wie »Kultur« oder »Kunst« zu beschreiben. Die Balinesen sprechen immer von einer bestimmten Aktivität, die untrennbar mit ihrem Kontext verbunden ist. So gibt es im Balinesischen keine Möglichkeit, den »Tanz« vom »Tänzer« bzw. von der »Aufführung« zu unterscheiden. Das balinesische Wort spricht nur von einem bestimmten Tanz (Pendet, Rejang, Baris Gede, Topeng etc.). Damit sind die Musik, die Geschichte und die rituelle Funktion gemeint, die der Tänzer vollführt. All dies kann begrifflich nicht getrennt werden. Das steht in scharfem Kontrast zum Bahasa Indonesia, der offiziellen Umgangssprache des heutigen Indonesien, wo es wie in den westlichen Sprachen durchaus abstrakte Ideen wie »Kunst« (indonesisch *seni*), »Kultur« (*budaya*), »Tanz« (*seni tari*) oder »Theater« (*seni drama*) gibt. Picard, Michel: *Bali: Cultural Tourism and Touristic Culture*, Archipelago Press, Singapur 1996, S. 135.

12 Norohna, R.: »Paradise Reviewed: Tourism in Bali – Tourism: Passport to Development?«, in: De Kadt, E. (Hrsg.): *Perspectives on the Social and Cultural Effects of Tourism in Developing Countries*, New York 1979, S. 201; Macnaught, T. J.: »Mass Tourism and the Dilemmas of Modernization in Pacific Island Communities«, in: *Annals of Tourism Research* 9/3, 1982, S. 359–381; Maurer, J. L., und Zeigler, A.: »Tourism and Indonesian Cultural Minorities«, in: Rossel, P. (Hrsg.): *Tourism: Manufacturing the Exotic*, International Workgroup for Indigenous Affairs, Kopenhagen 1988, S. 64–92; McTaggart, W. D.: »Tourism and Tradition in Bali«, in: *World Development* 8, 1980, S. 457–466.

13 Bali wurde 1597 von dem Holländer Cornelius Houtman entdeckt. Nach einem langen Aufenthalt auf der Insel beschlossen mehrere Mannschaftsmitglieder, dort zu bleiben, was in Holland den Mythos vom bislang unentdeckten Paradies noch verheißungsvoller machte. Und so trug das erste englischsprachige Buch über Bali auch folgerichtig den Titel *The Last Paradise*. Es wurde 1930 von dem amerikanischen Journalisten Hickman Powell veröffentlicht. Siehe dazu: Covarrubias, Miguel: *Island of Bali*, zuerst veröffentlicht in New York 1937; aktuelle Ausgabe Singapur 1998.

14 Nach dem Directorate General of Tourism sowie der Tourismusbehör-de der balinesischen Regierung. Bedauerlicherweise gibt es keine exakten Daten, was die Anzahl der jährlichen Touristen auf Bali angeht. Die vorliegenden Zahlen beziehen sich nur auf all jene Reisenden, die mit internationalen Flügen auf dem Bali Airport ankommen. Im Jahr 1970 waren dies 23 000, im Jahr 2000 hingegen 1,468 Millionen. 95 Prozent der internationalen Reisenden geben an, in Bali Urlaub machen zu wollen. 30 Prozent besuchen die Insel nicht zum ersten Mal. Alle Reisenden aber, die über Jakarta und andere indonesische Flughäfen, über die Fähren aus Indonesien oder die Schiffslinien aus Benoa oder Padang kommen, werden nicht registriert. Die Schätzungen der Gesamtzahl der Touristen variieren für 1994 zwischen 2,5 und 4 Millionen, für 2000 zwischen 4 und 5 Millionen.

15 De Kleen, T.: »Bali: its dances and customs«, in: *Sluyter's Monthly*, 1921, S. 129.

16 Picard, M.: *Bali: Cultural Tourism and Touristic Culture*, Singapur 1996.

17 Dazu eine Veröffentlichung aus balinesischer Feder: Ramseyer, Urs, I Gusti Raka Panji Tisna (Hrsg.): *Bali: Leben in zwei Welten. Ein kritisches Selbstporträt*, Basel 2000; und ein Kommentar, der nicht von einem Inselbewohner stammt: Vickers, A.: *Bali: A Paradise Created*, Berkeley 1989.

18 Erklärung des Gouverneurs von Bali, Ida Bagus Oka, in der Schrift *Bali: Apa Kata Mereka*, Denpasar 1991, S. 11, zitiert nach: Picard, a. a. O., S. 8.

19 Geertz, H., und Geertz, C.: *Kinship in Bali*, Chicago 1975.

20 Warren, Carol: *Adat and Dinas: Balinese Communities in the Indonesian State*, Kuala Lumpur 1993.

21 Genaueres über diese Forschungsarbeit finden Sie in Lietaer, Bernard A., und Demeulenare, Steven: »Sustaining Cultural Vitality in a Globalizing World: The Balinese Example«, in: *International Journal for Social Economics*, Bd. 30 vom 9. September 2003.

22 Agung & Purwita: »Permantan Adat Dalam Menunjang Usaha-Usaha Pembagunam«, Majelis Pembina Lembaga Ada, Denpasar 1983, S. 18.

23 Eisemann, F. B.: *Bali Sekala & Niskala: Essays on Society, Tradition and Craft*, Bd. 2, Berkeley 1990, S. 74.

24 Geertz, C.: »Form and Variation in Balinese Village Structure«, in: *American Anthropologist*, Bd. 61, S. 991–1012; Geertz und Geertz, a. a. O.; Guermonprez, J. F.: »On the Elusive Balinese Village: Hierarchy and Values Versus Political Models«, in: *Review of Indonesian and Malaysian Affairs*, 1990, Bd. 24, S. 55–89; Warren, C.: *Adat and Dinas: Balinese Communities in the Indonesian State*, Kuala Lumpur 1993.

25 De Meulenaere, S., Week, D., und Stevenson, I.: *The Standardisation and*

Mobilisation of the Tabu Traditional Shell Currency, Papua-Neuguinea 2002 (East New Britain Provincial Government).

26 So gibt es mittlerweile die weltweit erste Muschelbank in Papua-Neuguinea. Außerdem kann das Muschelgeld bei Bedarf zu einem festgelegten Kurs in Standardwährung umgetauscht werden. Siehe dazu Meldung im Archiv der Pazifik-Infostelle unter www.pazifik-infostelle.org/docs/archiv/pazifik_aktuell/paz-2002-02.html#3.

27 Die Daten des Zeitraums zwischen 1993 und 1995 stammen aus *Indústria, Comércio e Turismo Gestão Rafael Creca* vom Dezember 1996. Die entsprechenden Wachstumsraten liegen für Curitiba bei 8,6 Prozent, für Paranà bei 6 Prozent und für Brasilien bei 5 Prozent. – Das Wachstum pro Kopf liegt für Curitiba bei 277 Prozent, für Paranà bei 190 Prozent und für Brasilien bei 192 Prozent. Daten entnommen aus den *Informaciones Socioeconomicas*, hrsg. von der *Prefeitura da Cidade Curitiba* (1996). Die Daten für Brasilien stammen aus den statistischen Datensammlungen des SACEN, IPARDES und SICT/ICPI.

28 Eines der neuesten Forschungsprojekte führte die Bocconi-Universität in Mailand durch. Ziel der daran beteiligten Wissenschaftler ist es, das Phänomen »Regionalwährung« gründlich zu dokumentieren und einen theoretischen Rahmen zu seiner Erklärung bereitzustellen. Siehe dazu: Amato, M., Fantacci, L., und Doria, L.: *Complementary Currency Systems in a Historical Perspective*, Mailand 2003. Viele Informationen und Anregungen im ersten Teil dieses Kapitels verdanken wir den Gesprächen mit dieser Gruppe und der Lektüre ihrer Publikationen.

29 So musste zum Beispiel die Stadt Béthune in Frankreich 1511 ihre Lokalwährungen wieder einführen, weil es zu Unruhen kam, nachdem die zentralistische Regierung 1506 alle Lokalwährungen der Stadt verboten hatte. Siehe dazu Labrot, Jacques: *Une Histoire Économique et Populaire du Moyen Age: les Jetons et Méreaux*, Paris 1989, S. 41.

30 Die Daten von 1970 bis 1990 gehen zurück auf Deane, Marjorie, und Pringle, Robert: *The Central Banks*, New York 1995, S. 352–354, Tafel P. 1. Vervollständigt wurden sie mithilfe des *Monthly Bulletin of Statistics* vom International Labor Office.

31 Amato, M., et al., a. a. O. Der geschichtliche Abriss der Regionalwährungen in Europa geht auf noch unveröffentlichtes Material dieses Forscherteams zurück.

32 Bloch, Marc: *Esquisse d'une histoire monétaire de l'Europe*, Paris 1954; van der Beek, Marcel: »Het Muntwezen in de Landen van Herwaartsover«, in: *Keizer Karls Geldbeurs: Geld en Financiën in de XVIe Eeuw*, Gent, Brüssel 2000, S. 147–169 (Katalog zur Sonderausstellung in Gent vom 1. bis 24. April 2000, in Brüssel vom 15. Mai bis 30. Juni 2000).

33 Der eigentliche Name dieser Goldmünze war »Solidus«. Sie wurde zum ersten Mal von Konstantin I. (306–337) herausgegeben, später aber allgemein unter dem Namen »Bezant« bekannt. Sie wog 4,55 Gramm und bestand aus Gold höchster (98-prozentiger) Reinheitsstufe. In dieser Form hielt sie sich fast 700 Jahre lang. Bald war sie auch weit außerhalb des Byzantinischen Reiches verbreitet, zum Beispiel in Europa und dem Mittleren Osten.

34 Die Republik Venedig gab für den internationalen Handel den allgemein akzeptierten Ducato aus reinem Silber sowie den Zecchino aus reinem Gold heraus. Für den lokalen Gebrauch gab es Münzen aus weniger kostbaren Legierungen, die Nasoni und Cavallotti (persönliche Mitteilung von Luca Fantacci).

35 Fantacci, Luca: »Moneta Universale e Locale«, in: *Storia della moneta immaginaria*, Venedig 2004.

36 Rouyer, Jules: *Histoire du Jeton au Moyen Age*, Paris 1858; Forgeais, A.: *Collection de plombs historiés trouvés dans la Seine*, 6 Bde., Paris 1858–1866; Blanchet, A., und Dieudonné, A.: *Manuel de Numismatique Française, tome III: Médailles, Jetons et Méreaux*, Paris 1930; Labrot, Jacques: *Une Histoire Économique et Populaire du Moyen Age: les Jetons et Méreaux*, Paris 1989. – Für England gibt es nur zwei Studien: Berry, G.: *Medieval English Jetons*, London 1974; Mitchiner, M., und Skinner, A.: »English Tokens from 1200 to 1425«, in: *The British Numismatic Journal*, Bd. 53, 1984, S. 86–163. – Für Deutschland: Gerbert, C. F.: »Die Geschichte der Nürnberger Rechenpfennigschläger«, in: *Mitteilungen der Bayerischen Numismatischen Gesellschaft*, 1971. – Für die Beneluxländer: Dugniolle, J. F.: *Le jeton historique des 17 provinces des Pays-Bas*, 4 Bde., Brüssel 1976–1880.

37 Ausführlich wird dieser Prozess beschrieben in Lietaer, Bernard A.: *Mysterium Geld. Emotionale Bedeutung und Wirkungsweise eines Tabus*, München 2000, S. 201–215.

38 Labrot, a. a. O., S. 51.

39 Ebenda, S. 40.

40 Ebenda, S. 41.

41 Ebenda, S. 83.

42 Ebenda, S. 84.

43 Ebenda, S. 82f.

44 Die größte Sammlung von *méreaux*, die je in Frankreich gefunden wurde, kam zum Vorschein, als im 19. Jahrhundert in Paris die Seine ausgebaggert wurde. Siehe Forgeais, A.: *Collection de plombs historiés trouvés dans la Seine*, 6 Bde., Paris 1858–1866.

45 Labrot, a. a. O., S. 8.

46 Siehe beispielsweise Cipolla, Carlo Maria: *Il governo della moneta a Firenze e a Milano nei secoli XIV–XVI*, Bologna 1990.

47 Braudel, Fernand: *La dinamica del capitalismo*, Bologna 1981; de Maddalena, Aldo: *La ricchezza dell'Europa*, Mailand 1992.

48 Einaudi, Luigi: »Teoria della moneta immaginaria nel tempo da Carlomagno alla Rivoluzione francese«, in: *Rivista di Storia Economica*, Bd. I, 1 vom März 1936.

49 Amato, M.: *Il bivio della moneta*, Mailand 1999; Fantacci, Luca: »Teoria della moneta immaginaria nel tempo da Carlomagno a Richard Nixon«, in: *Rivista di Storia Economica*, Bd. XVIII, 3 vom Dezember 2002; ders.: *Storia della moneta immaginaria*, Venedig 2004.

50 Amato, M., Fantacci, L., und Doria, L.: *Complementary Currency Systems in a Historical Perspective*, Mailand 2003, S. 3; Hervorhebungen im Original.

51 Keynes, John Maynard: »A Tract on Monetary Reform«, in: *Collected Writings*, Bd. 4, London 1971; ders.: »A Treatise on Money«, in: *Collected Writings*, Bd. 5–6, London 1971.

52 Keynes, John Maynard: »Shaping the post-war world: the Clearing Union«, in: *Collected Writings*, London 1971; ursprünglich veröffentlicht 1945. Keynes schrieb von diesem Aufsatz sieben verschiedene Versionen, da er als Diskussionsgrundlage für Bretton Woods dienen sollte. Die radikalste ist die erste. Sie zeigt am deutlichsten, welche Meinung Keynes selbst vertrat. Die anderen sechs Versionen entstanden aus dem Versuch heraus, einen vernünftigen Kompromiss mit der amerikanischen Delegation zu schließen, die sich aber am Ende doch durchsetzte. Siehe dazu auch die Keynes-Biographie von Robert Skidelsy: *Fighting for Britain*, Viking 2001.

53 Fisher, Irving: »A Compensated Dollar«, in: *The Quarterly Journal of Economics*, Bd. 27, Nr. 2 vom Februar 1931.

54 Hayek, Friedrich August: *The Denationalization of Money: An Analysis of the Theory and Practice of Current Currencies*, London 1978.

55 Pauli, Wolfgang: *Aufsätze und Vorträge über Physik und Erkenntnistheorie*, Braunschweig 1961; Pauli, Wolfgang, und Meier, C. A. (Hrsg.): *Wolfgang Pauli und C. G. Jung. Ein Briefwechsel 1932–1958*, Berlin, Heidelberg 1992.

56 Heisenberg, Werner: »Über den anschaulichen Inhalt der quantentheoretischen Kinematik und Mechanik«, in: *Zeitschrift für Physik* 43/1927, S. 172–198: ders.: *Der Teil und das Ganze. Gespräche im Umkreis der Atomphysik*, München, Zürich ⁵1981; Heisenberg, Werner, und Dürr, Hans-Peter (Hrsg.): *Erste Gespräche über das Verhältnis von Naturwissenschaft und Religion, Physik und Transzendenz*, Bern, München, Wien ⁷1994, S. 295–307.

57 Bohr, Niels: *Atomtheorie und Naturbeschreibung. Vier Aufsätze mit einer einleitenden Übersicht*, Berlin 1931; ders.: »The connection between the sciences: Address at the International Congress of Pharmaceutical Science« in Kopenhagen, August 1960, in: *Essays 1958–1962 on Atomic Physics and Human Knowledge*, New York, London 1963, S. 17–22; ders.: *Atomphysik und menschliche Erkenntnis II. Aufsätze und Vorträge aus den Jahren 1958 bis 1962*, Braunschweig 1966.

58 François, Charles: *International Encyclopedia of Systems and Cybernetics*, München 1997, S. 63.

59 Eine Forschungsarbeit geht davon aus, dass der Taoismus das Rückgrat von Jungs Arbeit und Leben bildet. Siehe Rosen, David: *The Tao of Jung*, New York 1997.

60 Weizsäcker, Carl Friedrich von: *Die Einheit der Natur*, München 1971; ders.: *Die Tragweite der Wissenschaft*, Stuttgart ⁶1990; ders.: »Zeit und Wissen«, in: Krzysztof, Maurin, Krzysztof Michalski, und Enno, Rudolph (Hrsg.): *Offene Systeme II. Logik und Zeit*, Stuttgart 1981, S. 17–38.

61 Nach dem Begriff *fiat money* (= »Es werde Geld«) für Geld ohne Edelmetalldeckung; *fiat lux* (= »Es werde Licht«) waren der Bibel zufolge die ersten Worte, die Gott sprach.

62 LETS = Local Exchange Trading System (Lokales Tausch- und Handelssystem). Komplementärwährungssystem, das Anfang der achtziger Jahre von Michael Linton in British Columbia (Kanada) ins Leben gerufen wurde.

63 Prof. Edgar S. Cahn von der District of Columbia Law School entwickelte das Konzept für Time Dollars im Jahr 1986. Es handelt sich um die Vereinbarung in einer Gemeinschaft, zum Beispiel Arbeitsstunden als Tauschmittel zu verwenden. Siehe Lietaer, Bernard A.: *Das Geld der Zukunft*, München 1999, S. 312ff.

64 In den 350 LETS-Kreisen in Großbritannien, die zusammen etwa 30 000 Mitglieder haben, tauscht jedes Mitglied durchschnittlich etwa für 120 Euro pro Jahr.

65 Aristoteles hielt *autarkeia* noch für ein erstrebenswertes Gut (siehe *Politik* 1252b 28–1253a 1). Die Erfahrung der Weltwirtschaftskrise in den dreißiger Jahren sowie der Fall der Sowjetunion aber haben die Nachteile einer solchen ökonomischen Strategie deutlich aufgezeigt.

66 Kato, Toshiharu: »Silicon Valley Wave: Toward the Creation of the Next Generation Information Society«, www.ecomoney.net, Original in Japanisch.

67 Kato, Toshiharu: »Eco-Money: its Significance and Possibilities in the 21st Century«, www.ecomoney.net, Original in Japanisch.

68 Vgl. Simmel, Georg: *Die Philosophie des Geldes*, Frankfurt 2001.

69 *Age of Uncertainty*: Titel eines Buches von John Kenneth Galbraith, das im Deutschen unter dem Titel *Die Tyrannei der Umstände* erschienen ist (München 1978).

70 Siehe zum Beispiel Lietaer: *Das Geld der Zukunft*, a. a. O.

71 Die europäische Einheitswährung war nämlich bereits 1978 geplant. Es dauerte jedoch beinahe 25 Jahre, bevor man sie umsetzte. Die meisten Menschen wurden sich dessen erst in der Endphase bewusst, also zwischen 1999 und 2002, als die Ausgabe der Euro-Scheine und -Münzen erfolgte. Rückblickend betrachtet, wäre es sinnvoller gewesen, den Euro in einer Zeit der wirtschaftlichen Expansion, zum Beispiel in den achtziger Jahren, einzuführen, als jetzt, wo wir am Beginn einer globalen Rezession stehen.

72 Bergsten, C. Fred: »The Dollar and The Euro«, in: *Foreign Affairs* vom Juli/August 1997, S. 86.

73 Douthwaite, Richard, und Diefenbacher, Hans: *Jenseits der Globalisierung – Handbuch für lokales Wirtschaften*, 1998, S. 135.

74 Kennedy, Margrit: »Regionale Komplementärwährungen durch Gutscheinsysteme«, Vortrag beim Symposium »Regionalisierung einer globalen Wirtschaft durch neutrales Geld«, INWO-Deutschland in Zusammenarbeit mit dem Lebensgarten Steyerberg, vom 27. bis 30. Juni 2002; siehe auch Woitas, Alexander: »Regionalisierung einer globalen Wirtschaft durch neutrales Geld«, Veranstaltungsbericht, *r-evolution* Nr. 12, Oktober 2002, S. 24–26.

75 Christian Gelleri unterrichtet das Fach Wirtschaft an der Waldorfschule.

76 www.chiemgauer.info.

77 Siehe auch: www.Chiemgauer.info.

78 Das sind natürlich die teuersten Kredite.

79 Dieser Rückkauf australischer Firmen ist der Hauptgrund für die Gründung des kommerziell geführten Save Australia Buyers Club, denn 80 Prozent aller australischen Firmen befinden sich nach Aussagen des Initiators dieser komplementären Währung Robert Walsch in der Hand von Ausländern, und diese zahlen etwa sechs Prozent der Steuern, die in Australien erhoben werden. (Da die meisten ausländischen Firmen ihre Zentralen in Steuerparadiese, wie zum Beispiel die Cooks Islands, verlegen, können sie die Gewinne aus den australischen Tochterfirmen dorthin transferieren.) Um diesen Missstand zu beenden, verkauft der SABC Gutscheine, die dann wie eine eigene Währung zirkulieren. Mit einem Teil der hinterlegten Dollars werden Firmen zurückgekauft. An diesen wird den Mitgliedern des Clubs eine Teilhabe angeboten. Außerdem werden Clubmitgliedern und teilnehmenden Firmen Aufstellun-

gen zur Verfügung gestellt, die zeigen, welche Produkte in den Supermärkten aus Australien kommen, welche Firmen in australischer Hand sind und welche nicht. Inwieweit die Clubmitglieder dann die australischen Waren kaufen, bleibt ihnen allerdings selbst überlassen. (Weiter Informationen über: www.mcnallyaustralia.com.au.)

80 Martin, Paul C.: *Der Kapitalismus. Ein System, das funktioniert*, München 1986; ders.: *Aufwärts ohne Ende. Die neue Theorie des Reichtums*, Frankfurt 1991.

81 Eine ausführlichere Beschreibung der argentinischen Geldexperimente ist im *Zeit-Punkt* Nr. 67, April 2003, S. 22f. zu finden.

82 Diesen Begriff haben wir gewählt, um das Konzept von den zwei Grundmodellen, die es vereinen soll, zu unterscheiden: dem Tauschring, der zumeist gemeinnützig auf der lokalen Ebene funktioniert, und dem kommerziellen Barterbusiness, das im nationalen und internationalen Bereich kommerziell operiert.

83 Diese wird zumeist entweder eins zu eins zur Landeswährung eingeführt oder bezieht sich auf den durchschnittlichen Preis für eine Arbeitsstunde.

84 In Maleny und anderen australischen Kleinstädten ist dies seit vielen Jahren offizielle Politik ebenso wie in Japan (siehe Kapitel VII).

85 WIR ist die Abkürzung von »*Wir*tschaftsring-Genossenschaft«, aber auch eine Anspielung auf das Personalpronomen »wir« – im Gegensatz zu »ich«.

86 Je Mitgliedskonto ist meist eine Familie, ein Paar oder ein Betrieb ausgewiesen; das heißt, man geht davon aus, dass über tausend Personen in der Region erreicht werden.

87 Der Talente-Tauschring in Vorarlberg hat die Zahl seiner aktiven Konten von einem im Jahr 1996 auf 318 im dritten, 350 im fünften und 412 im siebten Jahr steigern können, dies ist sicherlich noch eine bescheidene Größe im Vergleich zu den Geldsummen, die normale Banken bewegen. Doch ist es in diesem Zusammenhang wichtig, dass ein solches Modell überhaupt funktionieren kann.

88 Jochum-Müller, Gernot: »Eine eigene Währung«, www.sonews.ch, 28. Mai 2003.

89 Vgl. Scherhorn, Gerhard: »Einleitung zu EBB – Euro Barter Business. Ihr Weg zu neuen Geschäften«, 2001, siehe auch www.ebb-online.com.

90 Im offiziellen Sprachgebrauch von Tauschgeschäften wird kein »Kredit« beantragt, sondern ein »Einkaufsrahmen« vereinbart, mit dem Einkäufe getätigt oder Dienstleistungen in Anspruch genommen werden können, ohne etwas verkauft zu haben. Dafür kann die Zentrale je nach Bonität des Teilnehmers eine Bankbürgschaft oder eine andere

Einkaufsrahmenabsicherung verlangen. Für Schulden auf ihrem Konto bezahlen die Teilnehmer – im Normalfall – zwölf Monate keine Zinsen. Kann der Teilnehmer in dieser Zeit keinen eigenen Verkauf tätigen, gibt es diverse Optionen: von der Überweisung der offenen Summe bis zum Ausgleich auf ein Treuhandkonto oder zur Übernahme von Gutscheinen aus dem Gutscheinsystem.

91 Bei einer entsprechenden Risikoversicherung.

92 Über eine deutsche Barterorganisation (das EBB – European Barter Business) allein bietet sich die Möglichkeit, 150 000 Unternehmen und eine Million Endkunden in 35 Ländern zu erreichen.

93 *Jord, Arbede, Kapital* (= »Land, Arbeit, Kapital«).

94 Dass diese Bank zinslos arbeitet, stimmt nur bedingt, denn in den »normalen« Zinsen sind auch die Gebühren für die Arbeit der Bank und die Risikokosten für den Kredit enthalten, die zusammengenommen etwa ein Drittel der Kosten ausmachen. Was entfällt, sind die Liquiditätsprämie für den Sparer, die auch als »Urzins« bezeichnet wird, und der Inflationsausgleich. Beide zusammen machen jedoch im Durchschnitt etwa zwei Drittel, das heißt die wesentlichen Anteile in den Zinsen aus. Siehe auch Kennedy, Margrit: *Geld ohne Zinsen und Inflation. Ein Tauschmittel, das jedem dient*, München 2003, S. 46.

95 Zum Beispiel 1,4 Prozent für Kredite über zwanzig Jahre und 4,1 Prozent für Kredite über zwei Jahre.

96 Zusammen entsprechen diese beiden Teilbeträge etwa der Höhe der Zinsen für einen normalen Bankkredit. Sie erzeugen aber erstens keinen Zinseszinseffekt und verlängern dadurch nicht die Rückzahlungszeit, und zweitens verschaffen sie den Teilnehmern – nach Abzahlung des Kredits – ein Guthaben in Höhe von etwa 90 Prozent des Kredits.

97 Dies ist – wenn man so will – das »JAK-Familientreffen«, auf dem die neuesten Informationen ausgetauscht und die wichtigsten Entscheidungen zur Weiterentwicklung der Bank gemeinsam gefällt werden.

98 Eine ausführlichere Diskussion dieses Themas findet sich in Kennedy: *Geld ohne Zinsen und Inflation*, a. a. O., und Creutz, Helmut: *Das Geldsyndrom – Wege zu einer krisenfreien Marktwirtschaft*, München 1993.

99 Kennedy: *Geld ohne Zinsen und Inflation*, a. a. O., S. 29.

100 Im JAK-System kann ehrenamtliche Arbeit durch Bonuspunkte ausgeglichen werden, durch die Erstattung von Reisekosten und den Aufenthalt bei der Mitgliederversammlung. Ähnliche Vergünstigungen sind in den meisten komplementären Geldsystemen als eine Anerkennung für ehrenamtlich erbrachte Leistungen vorgesehen.

101 In der JAK-Mitgliedsbank zum Beispiel ist der Direktor Oskar Kjellberg kein Ökonom, sondern Sozialwissenschaftler, und das ist für seine Auf-

gabe durchaus der richtige Hintergrund. Aber in den Positionen, in denen es um die Vergabe von Krediten geht und Bankfachwissen erforderlich ist – das sind bei 25 Mitarbeitern insgesamt nur drei –, sind dieses natürlich Fachkräfte mit einem entsprechenden Hintergrund und Erfahrungswissen.

102 Spinola, Roland: »The Whole Brain Model: Our four different selves«, *Money Moves – away from Greed and Scarcity*, internationales Symposium, Steyerberg 2003.

103 Das zeigt – als ein Beispiel – der Berliner Bankenskandal. Im Filz zwischen Politik und Finanzinstitutionen landet die Verantwortung letztlich beim Bürger, der – im Falle Berlins – die Verdoppelung seiner Schulden von 21 auf 42 Milliarden Euro aus der Übernahme der Bürgschaft für Schulden aus Immobilienspekulationen zu tragen hat. Siehe dazu Rose, Mathew D.: *Eine ehrenwerte Gesellschaft*, Berlin 2003.

104 Die zwei Umlaufsicherungen im heutigen Geldsystem sind die Inflation als »Peitsche« und der Zins als »Zuckerbrot«.

105 Creutz, a. a. O.; Kennedy: *Geld ohne Zinsen und Inflation*, a. a. O., Lietaer: *Das Geld der Zukunft*, a. a. O.

106 Jecklin, Hans, und Köhler, Martina: *Wirtschaft wozu? Abschied vom Mangel*, Winterthur 2003.

107 Bauer, Peter: »Regionalentwicklung in Zeiten leerer Kassen und drohender Rezession«, in: *Region Hesselberg auf mutigem Weg*, Frankfurt, Juli 2003.

108 Kennedy, Margrit: »Lernen und Spielen als kongruente Ereignisse«, in Frommberger, Herbert, Freyhoff, Ulrich, und Spiß, Werner (Hrsg.): *Lernendes Spielen – Spielendes Lernen*, Hannover 1976, S. 48–55.

109 www.openmoney.org/go/cc.html.

110 Gernot Jochum-Müller ist Unternehmensberater, Sprecher des Talente-Tauschkreises Vorarlberg und koordiniert Software-Projekte im Bereich Verwaltung und Clearing von Komplementärwährungen. Siehe auch www.zart.at und www.jochum-mueller.at, www.tauschkreis.net.

111 Gernot Jochum-Müller, mit dem wir für dieses Kapitel eng zusammengearbeitet haben, ist der Projektleiter des wahrscheinlich ersten funktionierenden Clearinghouses, welches verschiedene Komplementärwährungen verbinden kann und in Vorarlberg/Österreich entwickelt wurde.

112 In diesem Fall sollte man sich am Bancor-Modell orientieren, das John Maynard Keynes für die Wirtschaft nach dem Zweiten Weltkrieg ersonnen hat. Dabei unterliegen sowohl Gläubiger als auch Schuldner gewissen Höchstgrenzen. Außerdem wird unter bestimmten Bedingungen eine Demurragegebühr (Liegegebühr) fällig. Eine ausführliche

Beschreibung dieses Modells befindet sich in Monbiot, George: *United People. Manifest für eine neue Weltordnung,* München 2003.

113 In den USA wies Alan Greenspan, der Vorsitzende der Federal Reserve Bank, im Mai 2003 zum ersten Mal auf die Risiken einer Deflation hin: »Die Gefahr [der Deflation] ist in so deutlichem Umfang vorhanden, dass die Zentralbank die Situation sorgfältig im Auge behalten und eventuell sogar handeln muss. […] Wir haben im Umgang mit der Deflation so wenig Erfahrung, dass allein die Möglichkeit eines deflationären Umfelds äußerste Vorsicht erfordert. […] Wir haben alles getan, um die Entstehung dieses Phänomens zu erforschen« (in: *Financial Times* vom 22. Mai 2003, S. 1). Siehe auch »Deflation: hear that hissing sound«, in: *The Economist* vom 17. Mai 2003, S. 89, und das entsprechende Editorial »The Joy of Inflation« auf S. 11.

114 Maruyama, Makoto: »Local Currencies in New Zealand and Australia«, in: Koizumi, Junji (Hrsg.): *Dynamics of Cultures and Systems in the Pacific Rim,* Osaka 2003, S. 183.

115 Die positiven Auswirkungen der Han-Währungen auf die Gemeinschaft wurden untersucht von Maruyama, Makoto: »Hasatsu: Local Currencies in Pre-Industrial Japan«, in: Duncan, Colin, und Tandy, David (Hrsg.): *From Political Economy to Anthropology,* Oxford 1994, S. 122–132; ders.: »Local Currencies in Pre-Industrial Japan«, in: Gilbert, Emily, und Helleiner, Eric (Hrsg.): *Nation-States and Money: The Past, Present and Future of National Currencies,* London 1999, S. 68–81. Maruyama legte schon früher eine Untersuchung über die philosophischen Hintergründe bei Entscheidungen für oder gegen Komplementärwährungen vor: Maruyama, Makoto: »Local Currency as a Convivial Tool: A study of money uses from the point of view of substantive economy«, *Ph. D. Major Research Paper,* York University, Kanada, 1988.

116 Die meisten Menschen nehmen an, die ersten nach 1945 entstandenen Komplementärwährungen seien die LETS-Systeme gewesen, die 1982 in Kanada entstanden waren. Japan begann damit jedoch fast ein Jahrzehnt früher.

117 Die Informationsquelle ist ein persönliches Gespräch Bernard Lietaers mit Professor Misuya Ichien von der Kansai-Universität. Professor Misuya führte zu diesem Thema zwei Studien für das Research Institute of Ageless Society durch: *Report of Research – an Desirable Model of Non-profit Welfare Activities for the Elderly* (1991) und *Report of Research on Network System of Hour Deposit Systems* (1994). Beide Studien liegen nur in Japanisch vor.

118 Mizushima, Teruko: *Professional Housewife and Professional Mother,* Tokio 1983 (in Japanisch).

119 Mizushima behauptete später in ihrem *Newsletter of the Volunteer Labor Bank* (Nr. 51 vom 25. September 1992), dass Kanema ursprünglich ihrer Organisation angehört hätte.

120 Research Institute of Ageless Society, a. a. O. Diese Studie wurde von Mituya Ichien von der Verwaltung der Präfektur Hyogo in Auftrag gegeben.

121 Tamaki, Nara: *Saa Iou*, 10. März 1999, S. 8.

122 Dieses System wird genutzt von der Matsuyama Conference of Social Welfare in der Ehime-Präfektur, von der Welfare Bank Ohdate in der Akita-Präfektur, vom Nippon Active Life Club (NALC), von der Ainowa Bank in Seihaku Cho, Tottori-Präfektur.

123 Diese Methoden nutzen die Nippon Care System Association mit ihren 37 Franchise-Zweigstellen, das Nagareyama-Uai-Netz in der Chiba-Präfektur, das Sawayaka Aichi-Center in der Aichi-Präfektur bzw. die Senboku Tasukeai in Sakai bei Osaka.

124 Auf diese Weise funktionieren die Kobe Life Care Association und das Fureai-Tendo-System in Yamagata.

125 Siehe www.ecomoney.net (in Japanisch).

126 LOVE = Local Value Exchange. Eine Regionalwährung, die mithilfe der Meio-Universität eingeführt wurde.

127 Von Paul Glover 1991 initiierte Komplementärwährung für die kleine Universitätsstadt Ithaca im Norden des US-Bundesstaates New York.

128 Izumi, Rui: »The Role of Community Currencies and the Development in Japan«, in: *The Nonprofit Review*, Bd. 1, Nr. 2, 2001, S. 151–162 (in Japanisch); ders.: »Objectives and Systems of Community Currencies«, in: *The Quarterly Journal of Future Management*, Bd. 7, 2002, S. 24–31 (in Japanisch); ders.: »Trends in Community Currencies in Japan«, in: *Self-Government Research Monthly*, Bd. 44, Nr. 511, 2002a, S. 47–56 (in Japanisch); ders.: »Community Currencies in Japan«, in: *Yearbook of Japanese Environment*, Tokio 2003 (in Japanisch).

129 Entnommen aus Izumi, Rui: »The Role of Community Currencies and the Development in Japan«, a. a. O.

130 Ebenda.

131 Persönliches Gespräch mit Eiichi Morino in Oita, Mai 2003.

132 Persönliches Gespräch mit Eiichi Morino in Oita, Mai 2003; eine Dokumentation dazu findet sich auf der Website von Robert Mittelstädt (www.home.debitel.net/user/RMittelstaedt/Money/watto.htm) und in Japanisch auf www.watsystems.net.

133 Während eines langen Bankenstreiks in Irland nahmen die Schecks der Guinness-Brauerei eine ähnliche Funktion an. Sie wurden fast überall als Zahlungsmittel akzeptiert.

134 Wie das System genau funktioniert, können Interessierte nachlesen auf der Website von Robert Mittelstädt: http://home.debitel.net/user/RMittelstaedt/Money/watto.htm.

135 Namikawa, Takeshi, Ayama, Katuzaka, et al.: *Proposal for a P2P local currency system in a network*, Forschungsarbeit an der Fakultät für Software und Informationstechnologie der Universität der Präfektur Iwate, 2003.

136 Das Holzkohlemodell ist quasi die Wiedergeburt des deutschen WÄRA-Systems, das um 1920 von Max Hebecker aus Schwanenkirchen begründet worden war und mit einer Einheit Kohle rechnete. Siehe Lietaer: *Das Geld der Zukunft*, a. a. O., S. 263–268.

137 www.100himeji.jp (in Japanisch).

138 Uesugi Shiro hat sich mit der Übertragbarkeit der japanischen Experimente auf internationale Verhältnisse beschäftigt: Uesui, Shiro, und Lietaer, Bernard A.: »An insight into the consequences for e-business: Possible case for cross-border trading without using hard currency«, *Vortrag auf dem Symposium on Applications and Internet Workshops* (SAINT'03 Workshops) vom 27. bis 31. Januar 2003 in Orlando, Florida. Die Dokumentation dazu finden Sie auf der Website: www.computer.org/proceedings/saint-w/1873/18730139abs.htm.

139 Weitere Informationen unter www.freigeld.de/AssozWirtNeuro.pdf.

140 Weitere Informationen unter www.roland-regional.de.

141 Stransfeld, Reinhard: *Regionale Ökonomie als räumlicher Orientierungsansatz für integrierte Nachhaltigkeit – Eine Bestandsaufnahme* (Materialienband 2 A), *Ansatz und Realität* (Materialienband 2 B), Karlsruhe 1999.

142 Musil, Robert: *Geld, Raum und Nachhaltigkeit*, Lütjenburg 2000.

143 Weitere Informationen unter www.Chiemgauer-regional.de.

144 Weitere Informationen unter www.regionetzwerk.de.

145 Die weitere Entwicklung können Sie im Internet unter: www.regionetzwerk.de verfolgen.

146 Es sind darunter Bankfachleute und Ökonomen, Lehrer(innen) und Architekt(innen), Innovationsmanager und Rechtsanwälte, Unternehmensberater(innen), Sozialarbeiter und Hausfrauen, Journalist(innen) und Softwareentwickler, Geschäftsleute und Regionalplaner, Heilpädagogen und Musiker, Landwirte und Hochschullehrer(innen), Diplomkaufleute, Bildungsmanager, Schauspieler und Filmemacher, Verkehrsplaner und Energieberater, Familientherapeuten und Handwerker.

147 Bei der Gründungsversammlung des RegioNetzwerks in Prien am 29. September 2003 einigten sich alle Teilnehmer auf diesen Begriff, der dann für jede Region ergänzt wird um die spezielle regionale Bezeichnung wie Chiemgauer, Mangfalltaler, Kreiser, Havel-Taler, Heller usw.

148 Wenn zum Beispiel ein Geschäft den Euro als Bezahlung für eine Ware

nicht akzeptierte, wäre der Kaufinteressierte berechtigt, diese Ware mitzunehmen.

149 Die ersten Bezeichnungen haben meist einen direkten Bezug zur geographischen Situation wie der Chiemgauer, der Mangfalltaler, der Haveltaler; aber es gibt auch Bezüge zu historischen Persönlichkeiten wie der Justus nach Justus von Liebig in Gießen oder zum Zweck der Währung wie der Kreiser in Leipzig.

150 Die Umlaufsicherung meint die Besinnung auf die eigentliche Funktion des Geldes als Umlaufmittel. Natürlich ist Bargeld eine wenig rentable Sparform, aber trotzdem ist auch in der heutigen Zeit das Horten von Bargeld ein Fakt. Durch die regionale Begrenzung und die Koppelung an die Landeswährung ergibt sich zwar ein natürlicher Nachteil, der umlauffördernd wirkt. Langfristig wird das allerdings nicht ausreichen, und es braucht kreative Umlaufsicherungsmechanismen, die möglichst schon zu Anfang einer Regio-Initiative integriert sein sollten. Je früher die Innovation einer echten Umlaufsicherung mitbedacht wird, desto besser.

151 Die Begründung dafür haben wir in unseren früheren Büchern ausführlich beschrieben.

152 Dieser Abschnitt wurde in Zusammenarbeit mit Christian Gelleri für das RegioNetzwerk erstellt.

153 Stodder, James: »Reciprocal Exchange Networks: Implications for Macroeconomic Stability«, Paper presented at the International Electronic and Electrical Engineering (IEEC) Engineering Management Society (EMS) Conference, Albuquerque, New Mexico, USA, August 2000.

154 King, Mervin: »Challenges for Monetary Policy: New and Old«, Paper prepared for Symposium on »New Challenges for Monetary Policy«, sponsored by the Federal Reserve Bank of Kansas City at Jackson Hole, Wyoming, 27. August, 1999.
www.bankofengland.co.uk/speeches/speech51.pdf.

155 Stodder, James: »Corporate Barter and Macroeconomic Stabilization«, in: *International Journal of Community Currency Research*, Vol. 2, No. 2, 1998.

156 IRTA = International Reciprocal Trade Association. Eine Vereinigung, der mehr als 500 der größten Barterorganisationen in den Vereinigten Staaten angehören. Sie existiert seit über zwanzig Jahren und erlaubt ganz ähnliche statistische Korrelationen.

157 Studer, Tobias: »Le Systeme WIR dans l'optique d'un chercheur Americain«, in: *WIRPLUS*, Oktober 2000, und www.wir.ch.

158 Lietaer, Bernard A.: »The Future of Payment Systems«, Unisys Corporation, Mai 2002.

159 Protokoll des ersten RegioNetzwerk-Treffens am 28. September 2003 in Prien am Chiemsee.

160 Es gibt sicherlich nicht sehr viele Banker, die eine solche Sichtweise offiziell vertreten dürfen, ohne ihre Stellung zu gefährden. Aber die Delitzscher Sparkasse kann sich in ihrer sozialen Sichtweise hier auf eine alte Tradition berufen: Der Abgeordnete Schulz (aus) Delitzsch hat in einer der unseren entsprechenden Krisenzeit in der Mitte des 19. Jahrhunderts – auch gegen starken politischen Widerstand – die Gründung der heutigen Volksbanken als Genossenschaftsbanken angeregt und durchgesetzt.

161 Die Agenda 21, die alle wesentlichen Politikbereiche einer nachhaltigen umweltverträglichen Entwicklung behandelt, ist das 1992 in Rio de Janeiro von mehr als 170 Staaten verabschiedete Aktionsprogramm für das 21. Jahrhundert.

162 Gegründet 1991 als unabhängige Versammlung zur Vertretung der regionalen und lokalen Gebietskörperschaften innerhalb der Europäischen Union und deren Interessen bei der Festlegung der Gemeinschaftspolitik, Quelle: www.cor.eu.int/de/prss/prss_5qu.html.

163 Diefenbacher, Hans: »Lokale Agenda 21 – Zielsetzung, Nachhaltigkeit, Projekte«, in: *Zeitschrift für Sozialökonomie* 137/2003, S. 16f.

164 Musil: *Geld, Raum und Nachhaltigkeit*, a. a. O.

165 Ebenda, S. 70.

166 Stransfeld, Dr. Reinhard: *Regionale Ökonomie für integrierte Nachhaltigkeit – Ansatz und Realität*, unveröffentl. Manuskript, Teltow 1999, S. 15.

167 Meadows, Dennis L., et al.: *Die Grenzen des Wachstums. Club of Rome. Bericht des Club of Rome zur Lage der Menschheit*, Reinbek 1983 (1972).

168 Brunnhuber, Stephan, und Klimenta, Harald: *Wie wir wirtschaften werden – Szenarien und Gestaltungsmöglichkeiten zukunftsfähiger Finanzmärkte*, Frankfurt 2003.

169 Hier habe ich eine Idee aufgegriffen, die James Robertson in seinem Vortrag »The Role of Money and Finance – Changing a Central Part of the Problem into a Central Part of the Solution« weiter ausgeführt hat (auf der Konferenz »The Economics of the Noble Path – Fraternal Rights, the Convivial Society, Fair Shares for All« des Pio Manzu International Research Centre in Rimini, Italien, 18. bis 20. Oktober 2003). Auch wenn er von umfassenderen Reformen im Geldsystem ausgeht, sind die grundsätzlichen Forderungen mit den hier beschriebenen sicher vergleichbar, und wir teilen die gleiche Vision.

170 Dr. Hugo Godschalk weist ausdrücklich darauf hin, dass der Inhalt dieses Kapitels kein juristisches Gutachten zur rechtlichen Zulässigkeit von Komplementärwährungen darstellt. Derartige verbindliche Aussa-

gen können aus diesem Kapitel nicht abgeleitet werden. Der Inhalt ist eine Darstellung einiger in diesem Kontext relevanter währungs- und bankrechtlicher Aspekte.

171 Vgl. Pieper, N.: *Die rechtliche Struktur bargeldloser Verrechnungssysteme unter besonderer Berücksichtigung von Barter-Clubs und LET-Systemen*, Berlin 2002, S. 138ff.; siehe auch Brandenstein, Pierre, Corino, Carsten, und Petri, Thomas B.: »Tauschringe – ein juristisches Niemandsland?«, in: *Neue Juristische Wochenschrift (NJW)* 13/1997, S. 825ff.

172 Vgl. o. V.: »Elektronisierung des Zahlungsverkehrs in Europa«, in *EZB Monatsbericht* vom Mai 2003, S. 70f.

173 In diesem Beitrag sollen im Hinblick auf den vorhandenen Literaturmangel zwei Geldformen herausgegriffen werden, die von Nicht-Banken herausgegeben werden: E-Geld und Bargeld. Für die rechtlichen Probleme der Komplementärwährungen in Form von Giralgeld wie zum Beispiel Tauschringe oder Barterclubs sei auf die vorhandene Literatur verwiesen: Pieper, a. a. O.; Brandenstein, Corino, Petri, a. a. O.

174 Siehe unter anderen Krüger, Malte, und Godschalk, Hugo: *Herausforderung des bestehenden Geldsystems im Zuge seiner Digitalisierung – Chancen für Innovationen?*, Wissenschaftliche Berichte des Forschungszentrums Karlsruhe, FZKA 6160, Karlsruhe 1998; vgl. auch Hartmann, W.: »Zahlungsmittel und Zahlungsverfahren in der dritten Stufe der Europäischen Währungsunion«, in: Deutsche Bundesbank: Auszüge aus Presseartikeln vom 6. Oktober 1995, S. 16.

175 Hartmann, Wendelin: »Gefahren des elektronischen Geldes«, in: *Card-Forum* Nr. 12 (1996), S. 44.

176 Definition laut der so genannten E-Geld-Richtlinie der Europäischen Union (EU-Directive 2000/46/EC).

177 Siehe Issing, Otmar: »Hayek – Currency Competition and European Monetary Union«, in: Deutsche Bundesbank: Auszüge aus Presseartikeln Nr. 36 vom 27. Mai 1999, S. 9–17; ders.: »New Technologies in Payments – A Challenge to Monetary Policy«, Vortrag, Center for Financial Studies, 28. Juni 2000, Press Division ECB (www.ecb.int).

178 Vereecken, Marc: »A single market for electronic money«, in: *The Journal of International Banking Regulation*, Vol. 2, Nr. 2, Juli 2000, S. 59.

179 Diese Prognose gilt nur für die Herausgabe des »eigentlichen« E-Geldes (ohne kontenbasierte Systeme).

180 Siehe EZB: *Bericht über elektronisches Geld*, August 1998, S. 32f.; dies.: »Opinion of the European Central Bank of 18. 1. 99«, in: *Official Journal of the European Communities* Nr. C189 vom 6. Juli 1999, S. 9.

181 Die E-Geld-Menge erreichte 2002 in Euro-Land ein Volumen in Höhe von nur 240 Millionen Euro.

182 Vgl. Godschalk, Hugo: »Genesis of the EU-Directive on Electronic Money Institutions«, in: *ePSO-Newsletter* vom Mai 2001, S. 12ff.

183 Auch im europäischen Ausland sind vergleichbare Loyalty-Systeme auf dem Markt, zum Beispiel die Kärntner ShopIn Card oder die Shell SMART Card in Großbritannien.

184 Seit 1998 existiert eine so genannte »Vorstrukturierung« auf dem Geld-Karte-Chip zur Aufnahme von Zusatzanwendungen für alle ZKA-Chipkarten; u. a. ist die Applikation »elektronischer Fahrschein« und eine Anwendung »Marktplatz« realisiert, die einen händlerspezifischen oder -übergreifenden Gutschein bzw. eine Ausweisfunktion ermöglicht. Obwohl der Chip auf der Bankkarte genutzt werden kann, geben die lokalen Initiatoren oft kontoungebundene Chipkarten als Citycards heraus.

185 Siehe für eine detaillierte Begründung Godschalk, Hugo: »eMoney & eLoyalty: bankerlaubnispflichtiges Geschäft?«, in: Ketterer, K.-H., und Strobom, K. (Hrsg.): *Handbuch ePayment, Zahlungsverkehr im Internet; Systeme, Trends und Perspektiven*, Köln 2002, S. 374–387.

186 Anfrage des steuerpolitischen Sprechers der FDP-Bundestagsfraktion Carl-Ludwig Thiele.

187 Dieses Gesetz hatte die Novellierung des Kreditwesengesetzes zum Inhalt, wonach unter anderem die E-Geld-Richtlinie der EU in Deutschland umgesetzt wurde.

188 Brief der parlamentarischen Staatssekretärin beim Bundesministerium der Finanzen Dr. Barbara Hendricks vom 23. April 2002 (VII B 1–WK 5270–3/02) an das Mitglied des Deutschen Bundestages Carl-Ludwig Thiele. Diese Auffassung der Bundesregierung wurde in der Bundestags-Drucksache 14/8601, S. 11, bestätigt.

189 Bundesanstalt für Finanzdienstleistungsaufsicht.

190 Vgl. EZB: *Bericht über elektronisches Geld*, a. a. O., S. 59.

191 »Mit Freiheitsstrafe bis zu fünf Jahren oder mit Geldstrafe wird bestraft, 1. wer unbefugt Geldzeichen (Marken, Münzen, Scheine oder andere Urkunden, die geeignet sind, im Zahlungsverkehr an Stelle der gesetzlich zugelassenen Münzen oder Banknoten verwendet zu werden) oder unverzinsliche Inhaberschuldverschreibungen ausgibt, auch wenn ihre Wertbezeichnung nicht auf Euro lautet; 2. wer unbefugt ausgegebene Gegenstände der in Nummer 1 genannten Art zu Zahlungen verwendet.«

192 Schreiben der Deutschen Bundesbank an den Autor vom 27. Juni 2003. In einem Schreiben von 1994 wurden fast identische Empfehlungen genannt.

193 Hahn, Oswald: *Die Möglichkeiten einer Förderung des Scheckverkehrs*, Frankfurt 1962, S. 65.

194 Es gibt eine bekannte Theorie des Geldes, die von den so genannten
»Chartalisten« vertreten wird, einer Schule, die um 1920 von Georg
Friedrich Knapp begründet wurde. Diese definiert Geld als alle mone-
tären Medien, die die Regierung für Steuerzahlungen akzeptiert. Siehe
Knapp, Georg Friedrich: *Zur staatlichen Theorie des Geldes*, Basel 1958.
Diese Schule hat heute noch viele Anhänger, zum Beispiel Wray, Ran-
dall: *Understanding Modern Money*, Cheltenham 1998.

195 Ausnahmen bestätigen die Regel, auch wenn sie heutzutage nicht von
langer Dauer sind. So akzeptierte die russische Regierung nach dem Zusammenbruch des Rubels 1998 Rohstoffe und andere Güter, mit welchen die Unternehmen ihre Steuern beglichen.

196 Als Pionierin der modernen Komplementärwährungen kann Teruko
Mizushima gelten. Sie erblickte 1920 in Osaka das Licht der Welt und
schrieb 1950 einen visionären Artikel über eine »Labor Bank«, eine
»Bank für Arbeit«. Ihr glänzender Beitrag wurde mit dem Preis der Zeitungsherausgeber ausgezeichnet.

197 MUSE = Mutual Unit for Sustainable Education.

198 Siehe Lietaer, Bernard A.: *Die Welt des Geldes: Das Aufklärungsbuch*,
Würzburg 2002.

199 Organisiert werden diese Aktivitäten von einer Gruppe namens »Re-
geltante«: siehe www.regeltante.nl.

200 Der Lehrstuhl für Wirtschaftsgeschichte an der Bocconi-Universität in
Mailand hat eine breit angelegte Studie zu historischen Komplementärwährungen vorgelegt, die belegt, dass in Europa vom 8. bis zum 18. Jahrhundert viele lokale Währungen existierten, die neben der zentralen
Währung kursierten. Einige davon wurden sogar von den örtlichen
Autoritäten ausgegeben, jedoch nicht zur Begleichung der Steuerschuld
(beim König oder Kaiser) akzeptiert. Siehe dazu Fantacci, Luca: *Storia della moneta immaginaria*, Venedig 2004; Labrot, Jacques: *Une Histoire Économique et Populaire du Moyen Age: les Jetons et les Méreaux*, Paris 1989.

201 Das Bankensystem löst diesen Widerspruch teilweise auf, indem die
Bank das bei ihr deponierte Geld wiederum verleiht. Vom regionalen
Standpunkt aus betrachtet, ist dies aber keine Garantie, dass das Geld
tatsächlich in den Wirtschaftskreislauf zurückfließt, in dem es entstanden ist. Dies schränkt die sinnvolle Wiederverwendung der Geldwerte
im Bankensystem deutlich ein.

202 Der Terra stellt eine transnationale Verrechnungseinheit dar, deren
Grundlage ein standardisierter Korb von Rohstoffen und Dienstleistungen ist.

203 Zum Beispiel Kennedy: *Geld ohne Zinsen und Inflation*, a. a. O.; Lietaer:
Das Geld der Zukunft, a. a. O.

204 Wenn man die letzten 25 Jahre betrachtet, lässt sich in der Rückschau klar feststellen, dass das Bancor-System wesentlich stabilere und fairere wirtschaftliche Bedingungen für alle Staaten geschaffen hätte. Einer seiner strukturellen Vorteile, welchen weder die Vereinbarungen von Bretton Woods noch der im Folgenden angewandte Modus bot, ist, dass sowohl die Länder mit Handelsüberschuss als auch die mit einer defizitären Bilanz etwas für deren Ausgleich unternehmen müssen.

205 Siehe auch Monbiot, a. a. O., S. 153–194.

Ausgewählte Literatur

Brandenstein, Pierre, Corino, Carsten, und Petri, Thomas B.: »Tauschringe – ein juristisches Niemandsland?«, in: *Neue Juristische Wochenschrift (NJW)* 13/1997, S. 825ff.

Creutz, Helmut: *Das Geldsyndrom – Wege zu einer krisenfreien Marktwirtschaft*, München 1993

Douthwaite, Richard, und Diefenbacher, Hans: *Jenseits der Globalisierung – Handbuch für lokales Wirtschaften*, Mainz 1998

E-Geld-Richtlinie der Europäischen Union (EU-Directive 2000/46/EC)

EZB: *Bericht über elektronisches Geld*, August 1998, S. 32f.

EZB: »Opinion of the European Central Bank of 18. 1. 99«, in: *Official Journal of the European Communities* Nr. C189 vom 6. Juli 1999, S. 9

Godschalk, Hugo: »eMoney & eLoyalty: bankerlaubnispflichtiges Geschäft?«, in: Ketterer, K.-H., und Stroborn, K. (Hrsg.): *Handbuch ePayment, Zahlungsverkehr im Internet; Systeme, Trends und Perspektiven*, Köln 2002, S. 374–387

Godschalk, Hugo: »Genesis of the EU-Directive on Electronic Money Institutions«, in: *ePSO-Newsletter* vom Mai 2001, S. 12ff.

Greco, Thomas H.: *Money – Understanding and Creating Alternatives to Legal Tender*, Vermont 2001

Hartmann, Wendelin: »Gefahren des elektronischen Geldes«, in: *Card-Forum* Nr. 12 (1996), S. 44

Hartmann, Wendelin: »Zahlungsmittel und Zahlungsverfahren in der dritten Stufe der Europäischen Währungsunion«, in: Deutsche Bundesbank: *Auszüge aus Presseartikeln* vom 6. Oktober 1995, S. 16

Hayek, Friedrich A. von: *Entnationalisierung des Geldes*, Tübingen 1977

Issing, Otmar: »Hayek – Currency Competition and European Monetary Union«, in: Deutsche Bundesbank: *Auszüge aus Presseartikeln* Nr. 36 vom 27. Mai 1999, S. 9–17

Issing, Otmar: »New Technologies in Payments. A Challenge to Monetary Policy«, Vortrag, Center for Financial Studies vom 28. Juni 2000, Press Division ECB (www.ecb.int)

Jecklin, Hans, und Köhler, Martina: *Wirtschaft wozu? Abschied vom Mangel*, Edition Spuren, Winterthur 2003

Kennedy, Margrit: *Geld ohne Zinsen und Inflation – Ein Tauschmittel, das jedem dient*, München 1990 (7. Auflage 2003)

Kingsnorth, Paul: *Global Attack – Der neue Widerstand gegen die Macht der Konzerne*, Bergisch Gladbach 2003

Krüger, Malte, und Godschalk, Hugo: *Herausforderung des bestehenden Geldsystems im Zuge seiner Digitalisierung – Chancen für Innovationen?*, Wissenschaftliche Berichte des Forschungszentrums Karlsruhe, FZKA 6160, Karlsruhe 1998

Lietaer, Bernard: *Das Geld der Zukunft. Über die destruktive Wirkung des existierenden Geldsystems und die Entwicklung von Komplementärwährungen*, München 1999

Lietaer, Bernard: *Mysterium Geld. Emotionale Bedeutung und Wirkungsweise eines Tabus*, München 2000

Martin, Paul C.: *Der Kapitalismus. Ein System, das funktioniert*, München 1986

Martin, Paul C.: *Aufwärts ohne Ende. Die neue Theorie des Reichtums*, Frankfurt 1991

Monbiot, George: *United People, Manifest für eine neue Weltordnung*, München 2003

Musil, Robert: *Geld, Raum und Nachhaltigkeit*, Lütjenburg 2000

Perlas, Nicanor: *Die Globalisierung gestalten – Zivilgesellschaft, Kulturkraft und Dreigliederung*, Frankfurt am Main 2000

Pieper, Niklas: *Die rechtliche Struktur bargeldloser Verrechnungssysteme unter besonderer Berücksichtigung von Barter-Clubs und LET-Systemen*, Berlin 2002

Rose, Mathew D.: *Eine ehrenwerte Gesellschaft*, Berlin 2003

Sikora, Joachim, und Hoffmann, Günter: *Vision einer Gemeinwohl-Ökonomie – auf der Grundlage komplementärer Zeit-Währungen*, Bad Honnef 2001

Stransfeld, Reinhard: *Regionale Ökonomie als räumlicher Orientierungsansatz für integrierte Nachhaltigkeit – Eine Bestandsaufnahme* (Materialienband 2 A), *Ansatz und Realität* (Materialienband 2 B), Karlsruhe 1999

Vereecken, Marc: »A single market for electronic money«, in: *The Journal of International Banking Regulation* Vol. 2, Nr. 2, Juli 2000, S. 59

Websites

www.accessfoundation.org

www.chiemgauer.info

www.Chiemgauer-regional.de

wwww.freigeld.de/AssozWirtNeuro.pdf

www.jochum-mueller.at

www.margritkennedy.de

www.monneta.org

www.openmoney.org/go/cc.html

www. regionetzwerk.de

www.roland-regional.de

www.tauschkreis.net

www.zart.at

Index

Statt eines Glossars wird das Auffinden von Erläuterungen der in diesem Buch verwendeten Begriffe und Konzepte dadurch erleichtert, dass die dazugehörigen Seitenzahlen im Index **fett** gedruckt sind.

DAS ZUKUNFTS-PROGRAMM

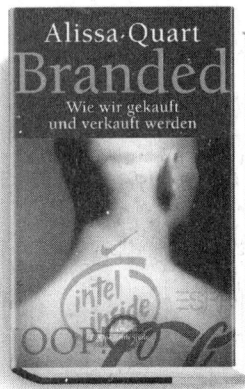

Alissa Quart
Branded
ISBN 3-570-50029-2

James Bruges
Das kleine Buch der Erde
ISBN 3-570-50030-6

Eric Schlosser
Fast Food Gesellschaft
ISBN 3-570 50043-8

J. de Graaf, D. Wann, Th. Naylor
Affluenza
ISBN 3-570-50026-8

Riemann
One Earth Spirit